云南大学
周边外交研究丛书

段涛 ◎ 著

战略对接理论建构
基于中国与东南亚国家实践

中国社会科学出版社

图书在版编目（CIP）数据

战略对接理论建构：基于中国与东南亚国家实践 / 段涛著 . —北京：中国社会科学出版社，2021.11

（云南大学周边外交研究丛书）

ISBN 978–7–5203–9080–4

Ⅰ.①战⋯ Ⅱ.①段⋯ Ⅲ.①中外关系—研究—东南亚 Ⅳ.①D822.333

中国版本图书馆 CIP 数据核字（2021）第 184148 号

出 版 人	赵剑英
责任编辑	马 明 孙砚文
责任校对	赵 洋
责任印制	王 超

出　　版	中国社会科学出版社
社　　址	北京鼓楼西大街甲 158 号
邮　　编	100720
网　　址	http://www.csspw.cn
发 行 部	010–84083685
门 市 部	010–84029450
经　　销	新华书店及其他书店

印　　刷	北京明恒达印务有限公司
装　　订	廊坊市广阳区广增装订厂
版　　次	2021 年 11 月第 1 版
印　　次	2021 年 11 月第 1 次印刷

开　　本	710×1000　1/16
印　　张	14
字　　数	223 千字
定　　价	78.00 元

凡购买中国社会科学出版社图书，如有质量问题请与本社营销中心联系调换
电话：010–84083683
版权所有　侵权必究

云南大学周边外交研究中心
学术委员会名单

主 任 委 员： 郑永年

副主任委员： 邢广程　朱成虎　肖　宪

委　　　员：（按姓氏笔画排序）
　　　　　　　王逸舟　孔建勋　石源华
　　　　　　　卢光盛　刘　稚　许利平
　　　　　　　李一平　李明江　李晨阳
　　　　　　　杨　恕　吴　磊　陈东晓
　　　　　　　张景全　张振江　范祚军
　　　　　　　胡仕胜　高祖贵　翟　崑
　　　　　　　潘志平

《云南大学周边外交研究丛书》编委会名单

编委会主任：林文勋

编委会副主任：杨泽宇　肖　宪

编委会委员：（按姓氏笔画排序）
孔建勋　卢光盛　刘　稚
毕世鸿　李晨阳　吴　磊
翟　崑

总　　序

近年来，全球局势急剧变化，国际社会所关切的一个重要议题是：中国在发展成为世界第二大经济体之后，其外交政策是否会从防御转变为具有进攻性？是否会挑战现存的大国和国际秩序，甚至会单独建立自己主导的国际体系？的确，中国外交在转变。这些年来，中国已经形成了三位一体的新型大外交，我把它称为"两条腿，一个圈"。一条腿是"与美、欧、俄等建立新型的大国关系，尤其是建立中美新型大国关系"，另一条腿为主要针对广大发展中国家的发展倡议，即"一带一路"；"一个圈"则体现于中国的周边外交。这三者相互关联，互相影响。不难理解，其中周边外交是中国外交的核心也是影响另外"两条腿"行走的关键。这是由中国本身特殊的地缘政治考量所决定的。首先，周边外交是中国在新形势下全球谋篇布局的起点。中国的外交中心在亚洲，亚洲的和平与稳定对中国至关重要，因此能否处理好与周边国家良性发展的关系，能否克服周边复杂的地缘政治环境将成为影响中国在亚洲能否崛起并建设亚洲命运共同体的关键。其次，周边外交是助推中国"一带一路"主体外交政策的关键之举。"一带一路"已确定为中国的主体外交政策，而围绕着"一带一路"的诸多方案意在推动周边国家的社会经济发展，考量的是如何多做一些有利于周边国家的事，并让周边国家适应中国从"韬光养晦"到"有所作为"的转变，并使之愿意合作，加强对中国的信任。无疑，这是对周边外交智慧与策略的极大考验。最后，周边外交也是中国解决中美对抗、中日对抗等大国关系的重要方式与途径。中国充分发挥周边外交效用，巩固与加强同周边国家的友好合作关系，支持周边国家的发展壮大，提升中国的向心力，将降低美日等大国在中国周边地区与国家中的影响力，并化解美国在亚洲同盟与中国对抗的可能性与风险，促成周边国家自觉地对中国的外交政策做出适当的调整。

从近几年中国周边外交不断转型和升级来看，中国已经在客观上认识到了周边外交局势的复杂性，并做出积极调整。不过，目前还没能拿出一个更为具体、系统的战略。不难观察到，中国在周边外交的很多方面既缺乏方向，更缺乏行动力，与周边国家的关系始终处于"若即若离"的状态。其中该问题的一个重要原因是对周边外交研究的不足与相关智库建设的缺失，致使中国的周边外交还有很大的提升和改进空间。云南大学周边外交中心一直紧扣中国周边外交发展的新形势，在中国周边外交研究方面有着深厚的基础和特色定位，并在学术成果与外交实践上硕果颇丰，能为中国周边外交实践起到智力支撑与建言献策的重要作用。第一，在周边外交研究的基础上，云南大学周边外交中心扎实稳固，发展迅速。该中心所依托的云南大学国际问题研究院从20世纪40年代起就开始了相关研究；21世纪初，在东南亚、南亚等领域的研究开始发展与成熟，并与国内外相关研究机构建立了良好的合作关系，同时自2010年起每年举办的西南论坛会议成为中国西南地区最高层次的学术性和政策性论坛。2014年申报成功的云南省高校新型智库"西南周边环境与周边外交"中心更在中央、省级相关周边外交决策中发挥着重要作用。第二，在周边外交的研究定位上，云南大学周边外交中心有着鲜明的特色。该中心以东南亚、南亚为研究主体，以大湄公河次区域经济合作机制（GMS）、孟中印缅经济走廊（BCIM）和澜沧江—湄公河合作机制（LMC）等为重点研究方向，并具体围绕区域经济合作、区域安全合作、人文交流、南海问题、跨界民族、水资源合作、替代种植等重点领域进行深入研究并不断创新。第三，在周边外交的实际推动工作上，云南大学周边外交中心在服务决策、服务社会方面取得了初步成效。据了解，迄今为止该中心完成的多个应用性对策报告得到了相关部门的采纳和认可，起到了很好的咨政服务作用。

云南大学周边外交中心推出的"云南大学周边外交研究丛书"系列与"云南大学周边外交研究中心智库报告"等系列丛书正是基于中国周边外交新形势以及自身多年在该领域学术研究与实践考察的深厚积淀之上。从周边外交理论研究方面来看，该两套丛书力求基于具体的区域范畴考察、细致的国别研究、详细的案例分析,来构建起一套有助于建设亚洲命运共同体、利益共同体的新型周边外交理论,并力求在澜沧江—湄公河合作机制、孟中印缅经济合作机制、水资源合作机制等方面有所突破与创新。从周边外交的具体案例研究来看,该套丛书结合地缘政治、地缘经济的实际情况以及实事求是的田野调查,以安全合作、经济合作、人文合作、环境合作、边界冲突等为议题,进行了细致的研究与客观独立的分析与思考。从对国内外中国周边外交学术研究与对外实践外交工作的意义来看,该丛书不仅将为国内相关研究同人提供借鉴,也将会在国际学界上起到交流作用。与此同时,这两套丛书也将为中国周边外交实践工作的展开提供智力支撑与建言献策的积极作用。

郑永年
2016 年 11 月

前　言

本书在分析中国与东南亚国家发展战略关系的案例研究基础上，吸收和批判当前国际关系理论研究成果，借鉴和融入管理学和经济学"对接"理论体系，初步梳理出基于"战略对接"分析新型国家发展战略关系的理论工具体系，并为推进"一带一路"建设和实现周边命运共同体目标提出务实策略和措施建议。

通过分析中国与东南亚各自国家发展战略的现状，从战略互动维度进行考察，分析了战略理念、目标、路径甚至是项目层面的竞争与合作状况。此外，还从政治安全、经济贸易、区域合作以及文化交流等领域，系统分析了中国与东南亚国家发展战略对接中的外部影响。通过内部和外部的系统分析，形成对发展战略对接现实状况的全面梳理结论，明确国家在对外开放与合作领域，通过公开的战略性表达，明示总体及长远发展理念、方向、目标和任务，为锁定研究领域和范围界定、支撑研究逻辑后续展开、构建理论框架以及提出对策建议奠定基础。

此外，从国家间互动的要素及因素角度，结合战略层面考量维度，从历史渊源、地缘利益、政治基础、国土安全与军事、互联互通、经济产业、文化观念等方面切入，全面考察国家发展战略对接的动力因素，包括中国与东南亚国家之间的安全、经济、文化等普遍动力因素，也包括历史渊源、地缘毗邻、观念相近等特殊动力因素。明确了战略对接是国家基于国内外综合收益考量，而形成的原则性和长远性开放合作目标体系，既由普遍国家间竞争合作动力因素决定，也受中国与东南亚国家自身独特历史、地缘和文化因素影响，具有高度综合性和抽象性。

借助国际关系传统的现实主义、自由主义、建构主义以及安全范式等理论分析工具，分别推演分析了中国与东南亚国家之间战略对接的权力对比逻辑、制度利益逻辑、身份认同逻辑和国家安全逻辑，并从新时期经济全球化、信息全球化、风险全球化角度，尤其是人类命运共同体视角，分析了国家利益诉求由传统单一向现代多元、地缘竞争短期性向合作长期性、国际规则无秩序向国际治理新秩序、国家安全依靠军事强权向政治经济文化综合保障等转变发展的大背景下，传统国际关系分析理论存在的理论创新不足与实践运用失效具体表现，为构建国家发展战略对接理论体系明确了框架功能和体系目标。

本书提出，国家发展战略"对接"的概念可以归纳为：在国家主权管辖权涉及区域合作领域，国家相互间通过主动磨合和主动调适，以共商共建共享为原则，形成互利和稳定状态的一种"高阶"合作。从阶段过程方面，提出国家发展战略对接可划分为战略评估与决策、战略实施与反馈、战略互动与调适等不同的三个阶段，以及主动型、联动型和关联型等三类战略对接阶段的不同类别。提出国家发展战略对接的动力因素，要在考量保障安全底线的基础上，以国家间利益合作并创造增量为主要目标，兼顾国家文化交流与规则合作，形成互利共赢和可持续战略对接动力体系。在国家发展战略对接机理模型方面，分类分析硬资源和软资源不同对接机理，进而归纳战略对接高和低的两层次模型，提出竞争、中性、合作与共生四类基本关系，总结出战略对接中利益合作竞争的实质就是资源整合，核心是通过对接与合作，克服国际秩序无政府状态导致的"零和博弈"趋势，克服国际市场资源配置失灵的影响，并由资源整合产生战略对接的增量收益，实现"1+1>2"的效果。在以上分析的基础上，从合作形式的"高阶性"、合作行为的主动性、合作原则的共商共建共享、地区主义的开放性、对接过程的磨合调适性、对接实质的利益创造和分配性等方面，对国家发展战略对接的理论内涵进行梳理建构。

本书初步提出了"战略对接"理论分析框架体系，但理论支撑度、逻辑严密性、考量覆盖面以及运用操作性等方面均有待完善，诸如：形成国际关系"对接"理论的渊源支撑；论证"战略对接"理论单列发展可行性；基于"战略对接"理论体系，提出新型国际规范、机制、制度和体系等国际关系协调新工具；等等。

从2010年从事国际贸易和投资研究和实务工作以及2015年进入云南

大学国际关系研究院攻读博士学位以来，我就开始聚焦东南亚政治经济进行系统性和学术性研究。本书也是我博士研究的主攻方向，云南大学国际关系研究院也成为科研工作的重要平台和窗口，成为学习和研究工作顺利展开的基础保障。

最后，我要感谢中国社会科学出版社的各位老师，为本书的编辑出版所做的努力和付出。

2021年6月

作为一个基地而使人类物种的全部自然禀赋都将在它那里面得到发展的一种普遍的世界公民状态——终将有朝一日会成为现实。①

——伊曼努尔·康德（Immanuel Kant）

---

① 康德：《世界公民观点之下的普遍历史观念》，何兆武译，商务印书馆1997年版，第18页。

目 录

第一章 导论 ……………………………………………………… (1)
  第一节 战略对接：实践与理论的错位 ………………………… (1)
  第二节 战略对接概念与理论缘起 ……………………………… (9)
  第三节 战略对接理论研究评述 ………………………………… (18)
  第四节 研究方法和分析结构 …………………………………… (33)

第二章 战略对接概念辨析与理论反思 ………………………… (38)
  第一节 战略对接基本内涵分析 ………………………………… (38)
  第二节 战略对接类型与形式分析 ……………………………… (44)
  第三节 战略对接基础与条件 …………………………………… (49)
  第四节 战略对接相关理论辨析 ………………………………… (53)
  第五节 传统国际关系理论反思 ………………………………… (63)
  第六节 国际新秩序需要竞争中合作的新型国际关系理论 ……… (72)

第三章 战略对接理论框架与模型建构 ………………………… (75)
  第一节 内涵界定 ………………………………………………… (75)
  第二节 阶段划分 ………………………………………………… (84)
  第三节 动力因素 ………………………………………………… (89)
  第四节 机理模型 ………………………………………………… (99)

第四章 中国与东南亚国家发展战略对接历史推演 …………… (111)
  第一节 历史渊源及地缘捆绑 …………………………………… (111)
  第二节 政治互信波动发展 ……………………………………… (116)

    第三节　经贸与互联互通成为实质动力 …………………（120）
    第五节　文化观念渊源成为看不见的纽带 ………………（125）
    第六节　基于竞争合作发展历史与动力体系 ……………（128）

第五章　中国与东南亚国家发展战略对接实践分析 …………（134）
    第一节　评估与决策分析 …………………………………（134）
    第二节　实施与反馈分析 …………………………………（154）
    第三节　互动与调适分析 …………………………………（159）
    第四节　外部应对分析 ……………………………………（163）

第六章　中国与东南亚国家发展战略对接趋势与政策思考 ………（168）
    第一节　发展趋势 …………………………………………（168）
    第二节　发展挑战 …………………………………………（170）
    第三节　政策思考 …………………………………………（174）

第七章　结束语 …………………………………………………（181）

参考文献 …………………………………………………………（188）

第一章

导　　论

随着 2015 年中国发布"一带一路"倡议，以合作共赢为核心，构建新型国际关系，逐步成为被普遍接受的国际理念。其中，"战略对接"的表述也逐步成为构建新型国际关系普遍认同的重要途径。但学术界还没有关于"对接"的理论阐释和概念化建构。无论是权力核心的现实主义、制度崇拜的自由主义还是观念认同的建构主义，均专注于对国际社会以及国家间行为关系的阐释与解释，却忽视了国家间互动和国际关系"应然"的发展目标之共识，以及实现该共识和目标的原则与方法。对于当代全球化危机，国际关系理论的发展不应只停留在理论分析工具层面，更应从目标和路径两个方面，提供能形成共识和实现共赢的解决方案。

第一节　战略对接：实践与理论的错位

一　新型国际治理秩序的理论缺失

有学者提出，当今世界是一个西方主导的世界。[1] 因而，不可否认当代国际关系理论基本上以西方理论为主。但亚历克斯·杨也认识到，国际关系理论向"西"倾斜，这会削弱其解释和产生社会福利的能力。[2] 从国家互动关系维度看，包括现实主义的权力平衡（Balance of Power）或

---

[1] 邹吉忠：《从中央之国到天下世界——如何在西方主导的世界上进行中国思考》，载《学术界》2009 年第 5 期，第 14 页。

[2] 亚历克斯·杨：《西方理论主导世界：国际理论中的西方偏见》，载《国外社会科学文摘》2015 年第 3 期，第 60—63 页。

者均势理论①、自由主义的机制（Institution）理论②和建构主义的认同（Identity）理论。③ 此外，相关理论来源还包括经济学中的系统经济资源配置（Resource Integration）理论，④ 管理学中的供应链（Supply Chain）管理理论⑤和博弈论（Game Theory），⑥ 区域经济学中的公共物品理论（Public goods）⑦ 等。

在现实主义理论框架中，国际关系概念所探寻的实质是对国家利益的追求，以及国家间权利的斗争。但随着全球一体化导致全球问题不断涌现，诸如恐怖主义、区域环境保护和治理、跨境河流管理等，国家之间必须要通过互相的信任和密切的合作来完成。⑧ 传统现实主义理论体系难以适应国家权力以及国家利益内涵不断丰富的历史发展趋势。尤其是经过二次世界大战后，现实主义倾向于以战争、暴力维持国际关系稳定的逻辑逐步显现片面性，国际关系持续和平与发展需要更丰富和高层次的分析体系。新现实主义理论一直强调从国际体系的物质结构及自我利

---

① 20世纪以来，国际关系现实主义学派的兴起和发展推动了均势的理论化和系统化，摩根索、怀特、基辛格和沃尔兹等学者在均势概念、生成机理和功能等方面的学术论争使均势理论日臻成熟，奠定了均势理论作为现实主义学派基本逻辑的学理地位。参见魏炜《均势的理论化及其对国际关系的影响》，载《国际观察》2006年第1期，第55—60页。

② 基欧汉（Keohane）认为，"机制是有关国际关系特定问题领域的、政府同意建立的有明确规则的制度"。参见 Keohane, R. O., "International institutions and state power", *Proceedings of the Annual Meeting*, Vol. 93, 1989, pp. 375 – 379。

③ 1997年温特发表力作《国际政治中的认同和结构变化：国际关系理论中文化和认同的回归》，在国际关系学界"第三次论战"中为建构主义理论奠定了"挑战方"的地位。参见张建新《建构主义国际体系理论及其社会结构观》，载《世界经济与政治》2002年第12期，第11—16页。

④ 资源配置的目标就是兼顾经济增长与持续发展。参见昝廷全《系统经济学探索：资源配置新论》，载《社科纵横》1992年第2期，第30—33页。

⑤ 供应链包括从原材料阶段到最终用户阶段的与货物的流动与转化有关的一切活动，供应链管理就是通过增强供应链成员间的关系来整合这些活动，以达到可持续发展的战略优势。参见王海萍《供应链管理理论框架探究》，载《经济问题》2007年第1期，第16—18页。

⑥ 博弈论是指在研究的问题范围内，相互影响的多方主体之一方得到其他方的决策信息并利用之，反过来进行决策以影响其他方的方法。参见冯立威《博弈论与信息经济学》，载《中国信息导报》2004年第8期，第29—30页。

⑦ 公共物品理论是研究公共事务的一种现代经济理论。参见吴伟《西方公共物品理论的最新研究进展》，载《财贸经济》2004年第4期，第88—92页。

⑧ 苏亚琳：《现实主义国际关系理论的理论内涵和历史局限问题分析》，载《前沿》2014年第13期，第50—51页。

益的角度来解释和说明国际政治现象。[①] 新现实主义虽然从国家视角，将包括经济和政治收益在内的国家利益，提升到高于国家军事实力的考察因素，但仍然只是将国家权力由军事实力简单扩充纳入政治和经济实力，没有考察到国家间互动背后人的因素，以及可以超越国家的人的社会性和集体性因素。

在过去的70年中，国际间关系发生重大变化，自由主义各派别针对现实主义进行了批判，尤其是现实主义无法合理解释的非常规案例。核心就在于否定国家为理性行为体的理性主义假定，目的是复兴自由主义理论范式，使之取代现实主义成为国际关系学的新的主导理论。[②] 自由主义从国际规则约束国家相互依存的表象，分析深入国家内部规则能力对国际规则的塑造，回答了国际规则对国家行为约束力的来源，认为无政府状态下的合作是可能的，但缺乏对国际制度和规则体系的本源力及驱动路径的考量。

建构主义尝试以社会观念以及公众认知为切入点，从社会学和心理学领域解释国际关系和国际政治。这给予现实主义特别是新现实主义很大的冲击，在一定意义上甚至具有革命性。[③] 建构主义从国际关系中人的核心因素出发，并将人的社会性作为国家行为分析的关键，同时，将观念的考量上升为作为文化的共有观念，这一方面满足了人在国际关系中"意义"的需求，形成"意义转向"；[④] 另一方面也为通过集体文化及身份的认同破解国际关系的纷繁复杂性，建立了一套科学有效的分析工具，也就是观念可以成为国际关系中的"首要因素"。虽然，建构主义在国际上以及在中国发展与运用迅速且广泛，得到深度认可和推崇，但一方面从哲学的物质第一性和意识第二性看，建构主义强调观念建构作用似乎有违此原理；另一方面，建构主义仍然需要结合经济全球化和世界国际

[①] 刘永涛：《西方新现实主义理论与建构主义批评》，载《世界经济与政治》1998年第11期，第26—30页。

[②] 秦亚青：《新现实主义和新自由主义：从论争到趋同——第三次国际关系学理辩论的终结》，载《国际论坛》2001年第3期，第6—13页。

[③] 姜川：《试论建构主义理论的观念结构及其理论局限》，载《江南社会学院学报》2004年第6期，第15—18页。

[④] 秦亚青：《建构主义：思想渊源、理论流派与学术理念》，载《国际政治研究》2006年第3期，第1—23页。

化需求不断发展，尤其是明确"意义转向"后，何为"应然之意义"，也就是人、集体、国家和国际社会"应然的意义"是什么，以及如何实现等问题。

综上可以看出，无论是权力核心的现实主义、制度崇拜的自由主义还是观念认同的建构主义，均专注于对国际社会以及国家间行为关系的阐释与解释，却忽视了国家间互动和国际关系"应然"的发展目标之共识，以及实现该共识和目标的原则与方法。当一个已有范式遭遇反常或危机时，这便是新理论凸显的适当的前奏。[①] 对于当代全球化危机，国际关系理论的发展不应停留在理论分析工具层面，更应从目标和路径方面，提供能形成共识和实现共赢的解决方案。国家发展战略对接虽然与现代国际关系的竞争与合作紧密相连，却是新型国际治理秩序的中国方案和中国智慧，亟待从国际关系理论体系高度开展系统研究。

二 中国与东南亚国家：竞争与合作复合体

东南亚地处亚洲大陆板块的东南区域，主要是由中南半岛区域与马来群岛区域构成，包括11个独立国家。[②] 东南亚北部陆地与中国接壤，东部连接太平洋，西部连接印度洋，并与印度、孟加拉国区域相连，南部则与澳大利亚等大洋洲国家相隔一片海洋。东南亚区域成为连接亚洲和大洋洲，以及贯通太平洋和印度洋的重要通道，地理位置上具有两洲两洋之间"十字路口"重要作用。

从中华人民共和国成立以来，直至提出"一带一路"倡议，中国对东南亚国家展示出的战略诉求、合作路径和发展目标也在不断演变。中国与东南亚具体国家发展战略变化大致可以分为：中华人民共和国成立至改革开放的封闭敌对阶段；改革开放至1997年亚洲金融危机的积极参与阶段；1997年亚洲金融危机至提出"一带一路"的深化合作阶段；深

[①] 托马斯·库恩、金吾伦、胡新和：《科学革命的结构》，载《科技创新与品牌》2018年第4期，第37—41页。

[②] 分别为：越南、柬埔寨、老挝、泰国、马来西亚、缅甸、新加坡、文莱、印度尼西亚、菲律宾和东帝汶等。

入推进"一带一路"的主动引领阶段。

随着"一带一路"倡议下中国周边地缘格局的升级发展，东南亚区域成为太平洋和印度洋战略"路桥"，也是陆上丝绸之路和海上丝绸之路的重要转承支撑区域，成为地缘安全、政治、经济、文化和非传统挑战多重叠加的焦点区域。在东南亚区域国家体制转型和快速发展的时期，该区域不仅对于中国来说，是从太平洋海上通往环太平洋和印度洋世界的交通要道，也是重要油气能源资源渠道和保障。对于日本来说，东南亚地区也是日本和韩国等东北亚国家航行通向中东的重要路径。对于美国来说，东南亚地区还是经西太平洋进入中东地区的海上重要航线之一。中国与东南亚国家之间的发展战略互动中，实现战略对接存在一定的基础条件和支撑，包括在国家发展历史进程中有共同经历和共同追求；在维护和发展本地区繁荣特别是稳定方面具有共同的利益；在国际和地区重大事务中有共同语言和诉求，进而对"一带一路"尤其是古丝绸之路的精神，存在共同的解读以及相似的文化渊源。中国历来坚持的和平发展、和平共处五项原则、双赢战略、经济上的合作与相互依赖已成为中国和东南亚国家的共识，双方都以此为基础来建设区域内国家间的和谐关系。[1]

综上，东南亚国家与中国的关系变得日益多元化，双方的关系逐渐由双边走向多边，从区域扩展到全球。此外，该区域也面临恐怖主义威胁、毒品及武器、海外投资财产及人员安全、跨国有组织犯罪等一系列非传统安全的挑战，特别是在东盟共同体建成以及南海仲裁案之后，该区域国家间发展战略对接，也呈现出前所未有的频繁性、变化性和复杂性。"东南亚国家独特的战略思维模式和战略行为偏向模式，形成了特有的战略文化和国家安全战略。"[2] 因此，中国与东南亚各个国家间发展战略的对接，其所处的语境不断演化，既是各自国家争取主权相关核心利益最大化的博弈，也是从当前与长远实现均衡收益的综合考量，既包括

---

[1] 桑巴特：《中国的"和谐世界"政策及其对中国—东南亚国家关系的启示》，吉林大学，硕士学位论文，2012年，第62—71页。

[2] 李眉颖：《战略文化视角下的东南亚国家安全战略选择》，国防科学技术大学，硕士学位论文，2012年，第40—48页。

战争军事、领土领海等传统安全，也包括经贸、文化和意识形态等非传统安全。在经济全球化和区域一体化等诸多因素推动下，中国与东南亚间关系已经发展成为相互竞争与合作的复合体。可见，中国与东南亚国家间发展战略对接的问题，已经成为新的历史语境下必须正面对待的课题，并亟待通过全面梳理分析，进而形成预判或者指导未来中国与东南亚国家对话、协调与合作的对策措施。

三 "一带一路"：全新区域合作理念与实践

2017年5月14日，"一带一路"国际合作高峰论坛开幕式上，习近平主席发表主旨演讲时强调，"'一带一路'建设不是另起炉灶、推倒重来，而是实现战略对接、优势互补"。[①] 同期发布的《共建"一带一路"：理念、实践与中国的贡献》更是明确，"中国努力推动共建'一带一路'倡议与'一带一路'沿线国家的发展战略对接，寻求合作的最大公约数"。[②] 经过作者梳理发现，战略"对接"的概念正式出现于2015年3月，在中国发布的《推动共建丝绸之路经济带和21世纪海上丝绸之路的愿景与行动》倡议书中，提出："'一带一路'建设是一项系统工程，要坚持共商、共建、共享原则，积极推进沿线国家发展战略的相互对接。"[③] 但在之前中国"一带一路"以及相关政策文件中并没有"对接"这一正式的概念表述。直至2019年4月，习近平在第二届"一带一路"国际合作高峰论坛圆桌峰会上的开幕词中指出"继续把共建'一带一路'同各国发展战略、区域和国际发展议程有效对接"。可见，"对接"在官方文件、讲话和媒体中用得很多，已经成为中国与周边国家进一步加强双边关系，进而推动合作、实现共赢和共同繁荣的重要手段。[④] 但是，在目前有关研究文献中找不到有关"对接"的理论阐释和概念架构，即尚未有

---

① 《习近平："一带一路"建设不是另起炉灶、推倒重来》，新华网，http://www.xinhuanet.com/world/2017-05/14/c_129604248.htm。

② 《共建"一带一路"：理念、实践与中国的贡献》，中华人民共和国国家发展和改革委员会网站，http://www.ndrc.gov.cn/gzdt/201705/t20170511_847228.html。

③ 《推动共建丝绸之路经济带和21世纪海上丝绸之路的愿景与行动》，中华人民共和国商务部网站，http://www.mofcom.gov.cn/article/resume/n/201504/20150400929655.shtml。

④ 岳鹏：《供需平衡原则对国家间战略对接成败的影响》，载《国际关系研究》2015年第6期，第41—43页。

"对接"的确切定义。① 总体来看，目前学术界在分析研究国家间的发展战略互动关系时，并未使用"对接"的表述（英文可翻译为 Coordination），很多情况下使用的是"竞合"的概念（英文可翻译为 Co-opetitionism）。学术界还没有关于"对接"的理论阐释和概念化建构。②"战略对接"不仅是国际互动理念和观念上的一次更新，还是对传统国际关系理论体系的包容和超越，是更多元、更方便解读国际体系，包括国际关系结构、行为体及过程的全新视角，有着更大、更进一步的思考和探索空间。③

2019 年 4 月 22 日中国发布的《共建"一带一路"倡议：进展、贡献与展望》报告也指出，中老经济走廊合作建设开始启动，泰国"东部经济走廊"与"一带一路"倡议加快对接，中国与柬老缅越泰（CLMVT）经济合作稳步推进。④ 在实践层面，中国与东南亚国家在双多边合作机制层面，中国—东盟（10+1）合作机制、澜湄合作机制、大湄公河次区域经济合作（GMS）发挥的积极作用越来越明显。但目前从学术层面看，学术界对中国与东南亚国家发展战略对接的研究成果纷呈，主要集中在域外大国介入的影响领域，或者聚焦于经贸、非传统安全、南海问题等局部热点现实问题。但在"一带一路"全新区域合作理念背景下，对于"战略对接"的系统性和综合性研究相对缺乏，以"对接"理论化和概念化分析国家发展战略关系更是空白。本书分析的背景既包括"一带一路"倡议和具体推进，也包括 21 世纪以来中国一贯坚持的和平发展和周边外交大背景的沿承。东南亚国家发展战略的主体范畴，包括东南亚各个独立的国家，以及东盟、GMS 等区域合作的整体。东南亚国家发展战略的客体范畴，即对国家和区域具有关键和全局长远影响的涉外领域，并对该领域进行理念性、方向性和原则性的谋划及举措。

---

① 庞中英：《论"一带一路"中的国际"对接"》，载《探索与争鸣》2016 年第 5 期，第 121—124 页。
② 卢光盛、段涛等：《"一带一路"视阈下的战略对接研究——以中国—中南半岛经济走廊为例》，载《思想战线》2017 年第 6 期，第 160—168 页。
③ 储昭根：《竞合主义：国际关系理论的新探索》，载《太平洋学报》2015 年第 8 期，第 43—52 页。
④《共建"一带一路"倡议：进展、贡献与展望》，中国一带一路网站，https：//www.yidaiyilu.gov.cn/zchj/qwfb/86697.htm。

四 战略对接：理论与实践的高阶发展

在"一带一路"为标志、主张合作共赢的新全球化趋势下，必须超越主张制度合作的新自由主义、以身份认同决定合作的建构主义以及国家间必然相互激烈竞争的现实主义，而采取更具多元的"战略对接"新范式来思考和解读国际关系。

（一）构建战略对接概念及理论体系

"互利共赢新型国际关系"是中国提出"一带一路"倡议中的关键概念和政策建议，也是推进"一带一路"实施的重要外交政策工具，属于全球化贸易投资和政治外交范畴。在"一带一路"新一轮全球化大背景下，对于国家间关系分析的现实主义、自由主义和建构主义等传统概念来说，"对接"被赋予了构建三个共同体，也就是利益共同体、命运共同体和责任共同体的新视角，具有更新、更深和更全的理论内涵和概念体系，亟待进行概念化（Conceptualization）。

（二）建立中国与东南亚国家发展战略对接分析体系

在"一带一路"背景下，梳理东南亚国家发展战略脉络，进而对中国与东南亚国家发展战略的对接进行推演剖析，在对比现实主义、自由主义和建构主义等不同分析范式基础上，试图形成发展战略对接的综合分析理论体系，包括动力机制、互动模型和发展机理等理论框架。

（三）务实有效推进"一带一路"倡议与东南亚国家发展战略互动

"一带一路"倡议体现的中国国家战略意图可以追溯至以改革开放为标志的中国和平发展战略。中国通过主动改革国内体制和创新机制，积极全面参与国际间市场竞争，充分利用国际和国内两个市场和两种资源，一方面通过招商引资大力"引进来"，另一方面通过对外投资促进资本和劳动力及技术等"走出去"，成为中国一贯坚持和平发展理念的具体实践。在该战略意图的指导下，中国与东南亚国家发展战略对接不断发展和升级。通过对"一带一路"倡议意图剖析，并全面梳理东南亚国家发展战略演变过程，从中发现中国"一带一路"与东南亚国家发展战略对接的现象及规律，在全面理论分析和再构建基础上，提出对中国与东南亚国家间发展战略的对接策略措施建议。

（四）以中国与东南亚国家发展战略对接为案例，提出"一带一路"陆海全面推进和全球各发展阶段国家协调推进策略

东南亚区域各个国家既是"一带一路"重要部分，也是周边区域范围内与中国毗邻的国家最多、人口最密集、资源最丰富、历史渊源最久、市场最活跃、国别发展阶段最多元、面临共同挑战最多的地区。因此，梳理中国与东南亚国家发展战略对接经验，并提出策略措施建议，也将服务"一带一路"陆海全面推进，也可为中国与各个发展阶段国别的发展战略对接提供有益借鉴。

（五）提升中国周边外交的理念和策略

张蕴岭教授多次指出"周边是中国崛起的战略依托"。[①] 李晨阳教授也指出"从结果来看，我们经营了周边几十年，真正的铁杆哥儿们并不是很多"。[②] 然而，中国与东南亚地区具有天然地缘联系，而且相互之间的经贸往来和人文交流也十分密切，相互的战略作用和地位也十分关键。因此，通过融入"一带一路"大背景和新使命的"对接"概念体系，重新审视中国与东南亚国家发展战略互动历程，将有利于从中国成为全球性强国的高度来提升周边外交理念，也将有利于从打造亚洲命运共同体的纵深来提升经略周边的实效。

第二节　战略对接概念与理论缘起

（一）源于军事战争的战略内涵

战略（英文为 strategy）一词最早来源于希腊文：srategos，意为对战争全局的统筹和领导，有"将军的指挥艺术"（英文意义为 the art of the general）之含义。随后，德国军事理论家冯·克劳塞维茨在《战争论》中提出，"战略"是"运用战斗的手段达到战争的目的"，[③] 并把战略要

[①] 张蕴岭：《周边是中国崛起的战略依托》，载《中国领导科学》2015 年第 10 期，第 51 页。

[②] 李阳晨：《中国崛起需要什么样的周边国家》，载《政府法制》2017 年第 23 期，第 9 页。

[③] 夏征难：《克劳塞维茨战争哲学思想研究》，载《哲学动态》1986 年第 12 期，第 23—25 页。

素分为精神要素、物质要素、数学要素、地理要素和统计要素。基于当时的局限性,《战争论》可谓围绕古典战争的教科书,重点强调的是如何具体的战斗,以及在战争中取胜,进而围绕战争与政治经济的关系,探讨了战争组织的技巧和艺术,形成了"军事战略"的雏形。可见,战略最初是军事战争领域的概念,可以与军事战略的概念进行同类分析和比较。随后,英国的军事思想家和战略史家利德尔·哈特将军进行了概念运用拓展,由纯粹的军事领域拓展到主权国家的政治目的和对外政策等领域。在总结第一次世界大战造成巨大伤亡的基础上,哈特批判克劳塞维茨"战略"定义过于狭隘。哈特认为具体的战斗并不是战争胜利的唯一途径,通过交通封锁、切断供给、心理压迫、经济打压等综合手段,有针对性地制约对方、降低对方战斗力、提升自身获胜掌控力才是真正的军事战略。可见,如果克劳塞维茨的战略理论可以归纳为"战斗的艺术",则哈特的战略理论则真正拓展为"战争的艺术"。在此基础上,哈特也提出"大战略的任务为协调和指导所有一切的国家资源,以达到战争的政治目的"。[①] 超出军事领域之外的"大战略"概念显现了雏形。但直到二战结束,"战略"概念严格意义上讲仍属于战争和军事范畴。[②] 二战后,随着世界对战争质疑的不断增强,和平逐步成为国家利益和目标的主流。2500 多年前的《孙子兵法》就对战与不战进行了辩证分析。这里孙子即提出了战争核心目标是利益的权衡和得失,也提出"危"而不"畏战",但更要"慎战"。无论是孙子、伯里克利,还是黎塞留、列宁、俾斯麦、毛泽东等,都是战略思想家和杰出实践者。就国际关系和国家对外战略而言,关于战略由军事向国家大战略发展的思考与行动,也就从一定程度上构成了人类政治思考和实践中最悠久的传统之一。[③]

可见,战略概念缘起于军事领域,以制胜为目标,只是逐步从战斗制胜拓展为军事制胜,进而拓展为包括战争与和平手段在内的利益制胜。

[①] 钮先钟:《西方战略思想史》,广西师范大学出版社 2003 年版,第 380 页。
[②] 钮先钟:《西方战略思想史》,广西师范大学出版社 2003 年版,第 2 页。
[③] 时殷弘:《国家大战略理论与中国的大战略实践》,载《现代国际关系》2004 年第 3 期,第 36—42 页。

从现实和时代发展上看，战略概念仍是基于为实现"制胜"的战略目标，而采取的系统、长期和原则性行动策略和方针，只不过战略目标从军事和战争"制胜"已经逐步发展和拓展为安全、政治、经济、文化以及意识形态和全球影响力等综合领域。

（二）国家战略的时代更迭

国家战略从字面上看，就是国家的战略。古典"战略"概念均基于战争和军事领域，但战争和军事并不一定基于国家主体。随着主权国家不断诞生，以及主权国家之间关系和行为不断丰富，古典战略理论从以战争为视角向以国家为主体延伸。战略产生于国家政治，并为实现国家的一定的政治目的服务。[1] 正如列宁所说，"战略服从于政治，两者是密切相关的"。由于战争与国家利益以及国家政治天生不可分，战略也天生具有国家利益和国家政治的基因，并不断向国家战略、发展战略、大战略、外交战略、国际战略、区域合作战略等发展。也就是说，随着战略由服务战争向服务国家发展，已成为国家通过一切资源的调动，实现国家利益和目标的艺术和科学。尤其是随着国际关系不断发展，国际社会的和平环境既符合国家自身利益，又符合国际社会需求。因而，国家利益既包括战争的胜利，也包括基于和平的收益。国家战略的目标已经从追求战争胜利，发展为最终目标是追求和平。"国家战略"思想强调使用多种手段，运用综合国力，以达到政治政策目标。[2]

综上，从国家参与国际关系的层面来说，国家战略是国家战略体系中最高层次的战略，指导和决定着国家规划、国家行为，包括国家政治行为和市场行为。从国家基本利益和诉求上看，国家战略可以由国家安全战略和国家发展战略组成，前者关注国家领土和主权安全，后者关注国家经济发展和国际综合影响力的体现和载体。

（三）国家发展战略与全球化发展

国家发展战略属于国家战略范畴，[3] 是主权国家通过最高决策，形成

---

[1] 倪世雄：《当代西方战略理论》，四川人民出版社1989年版，第2页。

[2] 刘洋、牛佳宁：《历史视角下国家战略理论创新研究》，载《大连海事大学学报》（社会科学版）2017年第2期，第86—92页。

[3] 薄贵利：《论国家战略的科学内涵》，载《中国行政管理》2015年第7期，第20页。

一定时期内的国家整体发展目标、基本原则、实现途径和保障措施等重大谋划和设计。国家发展战略就是为实现国家发展目标而制定的，是实现国家发展目标的艺术和科学，集中反映了国家执政的国家观、发展观、世界观和利益观，既指引国家内部政治和经济发展方向，也彰显国家外交和对外政策的选择。国家发展战略根据不同内涵和视角，可以分为国家内部战略、国家外部战略、国家大战略、国家外交战略等，以及国家政治、安全、经济、军事、社会、科技、文化等。国家的发展战略中，对国与国之间经济领域的合作，尤其是全局性、长远性和关键性的筹划和决策，进而对外部区域经济合作产生影响，构成区域经济合作战略。而国家大战略则是国家政府本着全局观念，为实现国家的根本目标而开发、动员、协调、使用和指导国家所有政治、军事、经济、技术、外交、思想文化和精神等类资源的根本操作方式。[1]

综上，国家发展战略概念是基于国家发展重大谋划，也侧重于国家在国际关系中的主动作为，通过综合运用政治、经济、外交、军事以及其他手段，实现国家总体和长远发展目标的统筹和指导。国家发展战略既基于国家安全，又从新的全球化出发拓展了国家安全，丰富为国家政治、经济和文化各个领域。同时，国家发展战略的公开性和互动性，也区别于国家安全战略的隐秘性和博弈性。也就是说，国家发展战略是聚焦于国家在全球化和国际合作中的方针，其本身就是开放的，也必须通过开放与合作的国际环境实现其战略目标。

（四）现实主义理论：基于国家权力对比

传统现实主义对国家间关系的理论探讨历史最为深远，其对国际战争与冲突的实证研究与现实强烈的契合度，也体现了传统现实主义理论强大的科学性和生命力。包括现实主义大师汉斯·摩根索（Hans J. Morgenthau）的政治权力论[2]和伯特兰·罗素（Bertrand Russell）的国家

---

[1] 时殷弘：《国家大战略理论论纲》，载《国际观察》2007年第5期，第15—21页。
[2] 汉斯·摩根索在《国家间政治》中曾指出："今天国际舞台上的权力之争不仅是对军事优势和政治统治的争夺，而且在特定的意义上是对人们思想的争夺。这样国家的权力不仅依赖于外交的技术和武装的强大，而且依赖于它的政治哲学、政治机构和政治政策对其他国家的吸引力。"参见柳红霞《国际关系理论视野下的国家权力》，载《当代亚太》2007年第2期，第125—127页。

权力论,[1] 以及基辛格（Kissinger）和克里斯托·莱恩（Christo Ryan）权力平衡或者制衡论、[2] 查尔斯·格拉泽（Chales Glaser）的理性合作理论。[3] 此外，还有罗伯特·奥斯古德（Robert Osgood）的国家利益四要素理论[4]对国家权力进行了细化分层，阿诺德·沃尔弗斯（Arnold Wolfers）的民族国家与非国家行为同权理论[5]将个人以及非政府行为提升到与国家行为同等重要层面考察，乔治·利斯卡（George Liska）的国家协同体理论[6]则对国家权力之间的联盟可能性提供了有力支撑，爱因斯坦（Einstein）和约翰·斯特雷奇（John Stretch）的世界政府理论[7]则从超越国家角度提出理想化的国际秩序维护权力，对国家权力妥协博弈保持乐观的罗伯特·罗思坦（Robert Rothstein）的"全球讨价还价"论,[8] 等等。

在传统现实主义理论体系中，国家之间权力的对比成为国家互动的唯一决定因素。这种直截了当和务实简洁的分析，确实有很强现实说服力。随着科学技术的发展和全球竞争方式的转变，物质主义（Materialism）逐步展现更大影响力，主导了一些国家的安全思维，尤其是军事和经济等主要由物质因素决定的领域，对国家对外行为的决策产生了长远影响。传统权力理论被注入了经济的因素，以及经济与政治相互影响和制约关系，尤其在后冷战国际关系中的影响日益凸显，导致新现实主义在"修正和补充"传统现实主义过程中逐步形成。包括肯尼思·沃尔兹（Ken-neth N. Waltz）的结构现实主义理论[9]以及罗伯特·吉尔平（Robert

---

[1] [英]伯兰特·罗素:《权力论》，吴友三译，商务印书馆1991年版，第211页。
[2] 刘舸:《冷战后美国霸权战略与世界格局走向》，解放军外国语学院，硕士学位论文，2001年，第78页。
[3] 于嘉汐:《超越竞争：格拉泽现实主义理性合作理论研究》，北京外国语大学，硕士学位论文，2017年，第35页。
[4] 万军:《意识形态与国家利益关系研究综述》，载《当代世界与社会主义》2007年第4期，第150—155页。
[5] 代江花:《阿诺德·沃尔弗斯国际政治理论初探》，天津师范大学，硕士学位论文，2009年，第79页。
[6] 斯坦利·H. 科伯、绳利:《评〈超级大国和国际冲突〉》，载《国外社会科学》1981年第1期，第53—54页。
[7] 熊伟民:《论爱因斯坦的世界政府》，载《长沙大学学报》2003年第3期，第9—42页。
[8] Rothstein, R. L., "Global Bargaining", *Foreign Affairs*, No. 32, 2015, pp. 988–989.
[9] 宋伟:《国际政治系统理论的真正架构——浅析肯尼思·沃尔兹的结构现实主义》，载《世界经济与政治》2000年第8期，第20—24页。

Gilpin)的"国家中心"现实主义,[1] 均对国家权力与国家政治及经济结构之间的相互关系的存在保持确定;而苏珊·斯特兰奇(Susan Strange)的结构性权力理论[2]更是开辟了国际政治与国际经济的结合分析体系。

此外,格伦·斯奈德(Glenn Snyder)的"同盟困境"理论[3]和斯蒂芬·沃尔特(Stephenm Walt)的威胁平衡理论[4]均对潜在威胁的现实影响给予强烈认同,而兰德尔·施韦勒的"利益平衡论"[5] 则提供了国家间互动的核心是利益均衡与互利机制。

(五)自由主义理论:基于规则制度约束

随着人类社会文明不断发展,从物质因素需求逐步向精神因素需求发展,国家需求与目标中也逐步体现出一些非物质因素。文化、规则以及制度等,以观念认同为核心的软权力逐渐被国际关系理论考察体系纳入,从而出现自由主义理论体系。

自由主义国际关系理论的直接源头要追溯到18世纪启蒙运动开始的理想主义,[6] 包括德国哲学家伊曼纽尔·康德(Immanuel Kant)的永久和平理念、[7] 约翰·洛克(John Locke)的自由与权威平衡论、[8] 让雅克·卢梭的社会契约论,[9] 这些理论均朴素地认为人性本不恶,国家也不以追

---

[1] 郑先武:《全球经济新秩序的国际政治经济学分析——罗伯特·吉尔平"国家中心"现实主义观点述评》,载《欧洲研究》2003年第5期,第43—54页。

[2] Susan Strange, *The Retreat of the State*, Cambridge University Press, 1996(苏珊·斯特兰奇:《全球化与国家的销蚀》,载《马克思主义与现实》1998年第3期,第70—73页)。

[3] 韩献栋:《同盟政治的安全困境——连累抛弃模型的解释力及其局限》,载《国际论坛》2006年第5期,第19—25页。

[4] [美]斯蒂芬·沃尔特:《联盟的起源》,周丕起译,北京大学出版社2007年版,第112页;聂莹莹:《斯蒂芬·沃尔特防御性现实主义理论评析》,山东师范大学,硕士学位论文,2017年,第67页。

[5] [美]兰德尔·施韦勒:《没有应答的威胁:均势的政治制约》,陈永译,刘丰校,北京大学出版社2015年版,第215页。

[6] 郑安光:《自由主义国际关系理论的源流》,载《历史教学问题》2004年第6期,第40—47页。

[7] [德]康德:《永久和平论》,何兆武译,上海人民出版社2005年版。

[8] 秦秀莲:《自由与权威的平衡:约翰·洛克政治思想的解读》,载《长春理工大学学报》(社会科学版)2012年第5期,第33—35页。

[9] 游雅南:《从社会契约到人民主权——浅析卢梭〈社会契约论〉》,载《法制与社会》2010年第4期,第283页。

求冲突为目标，国际关系可以通过自由交往达成和谐关系。到20世纪20—30年代，理想主义从否认人性恶的本质发展到依靠国际法和国际组织的力量来追求国际社会和平与正义，形成现代理想主义。代表人物主要有美国总统兼学者伍德罗·威尔逊（Woodrow Wilson）的国际联盟思想、[1] 约翰·默里（John Murray）的社会多元论、[2] 帕克·穆恩（Parker T. Moon）的国际法约束理念，[3] 以及英国学者阿尔弗雷德·齐默恩（Alfred E. Zimmern）、菲利浦·诺尔贝克（Philip Noel-Baker）和大卫·米特兰尼（David Mitrany）等人。他们批判了个人以及国家自觉，却也认为国家间自由互动可以形成合作关系，但需要国际规则和制度予以引导和约束，可是却并没有合理解释国际规则约束的强制力来源。

　　直至20世纪80年代，以罗伯特·基欧汉（Robert Keohane）《霸权之后》（1984）为代表，主张相互依存理论的新自由制度主义诞生，[4] 对现实主义忽视非国家主体行为的影响展开了挑战与理论延伸。约瑟夫·奈（Joseph, S. Nye, Jr.）以"软实力"概念将国家间相互依存拓展到文化吸引力、意识形态或政治价值观念感召力及塑造国际规则和决定政治议题的能力，[5] 理查德·罗斯克兰斯（Richard Rosecrance）以大战略理论将国家安全依托的资源由国际延展至国内。[6] 此外，还有主张制度理论（Institution theory）和机制理论（Regime theory）[7] 的新自由主义，包括奥兰·扬（Oran, R. Young）的世界治理理论提出国际制度互动的综合性框

---

[1] 邓蜀生：《伍德罗·威尔逊》，上海人民出版社1982年版，第213页。
[2] B. 道格拉斯：《大众哲学与当代多元论》，亦云译，载《国外社会科学》1990年第8期，第42—43页。
[3] 郑安光：《自由主义国际关系理论的源流》，载《历史教学问题》2004年第6期，第40—47页。
[4] 李颖：《西方建构主义国际关系理论评介》，载《国际政治研究》2001年第4期，第33—40页。
[5] 张小明：《约瑟夫·奈的"软权力"思想分析》，载《美国研究》2005年第1期，第20—36页。
[6] 罗斯克兰斯、阿瑟·斯坦主编：《大战略的国内基础——大战略研究丛书》，刘东国译，北京大学出版社2005年版，第178页。
[7] Fritz, JanStefan, "Regime theory: a new theory of international institutions", *London School of Economics & Political Science*, Vol. 7, 2000, pp. 89–99.

架,① 恩斯特·哈斯（Ernst, B. Haas）国家合作外溢论强调了国际关系中国家赋权国际组织的规则反约束效力。② 尤其以"民主和平论"为集中体现，认为基于民主国家较少发动和参与战争的经验事实，强调通过民主家内部制度约束，以及通过民主国家之间的规范和文化约束，可以形成国际关系的永久和平局面。然而无论从民主概念到战争历史现实还是国内民主约束以及国际民主集体气质等逻辑上均存在缺陷，但民主和平论契合了西方输出其所认同的民主制度的理论需要，成为自由主义国际关系理论的代表。随着全球化的发展，新自由主义逐步回应全球化，向全球治理的方向发展。

美国乔治·华盛顿大学教授詹姆斯·N. 罗斯诺以"分合论"（fragmegration）③ 构建了当代全球治理理论体系的基础。④ 戴维·赫尔德（David Held）通过对民主与全球化的分析，提出世界主义社会民主的全球盟约，⑤ 其全球化理论在整体上呈现出社会民主思想的特色。⑥ 恩斯特－奥托·岑皮尔（Ernst-Otto-Czempie）则通过对超级大国由冲突、对峙转向合作的分析，提出东西方合作与融合国际体系的可能性。⑦ 此外，还有马丁·休逊（Martin Hewson）、马克·赞齐（Mark, W. Zacher）、克雷格·墨菲（Craig, N. Murphy）、多米尼克·鲍威尔（Dominic Powell）等人，均认为随着全球多极化发展，科技及技能革命不断推动经济全球化，全球共同挑战提升了跨国合作的可能性，也推动了国家权威迁移。全球治

---

① ［美］奥兰·扬：《世界事务中的治理》，陈玉刚、薄燕译，上海人民出版社2007年版，第33页。

② Ruggie, J. G., Katzenstein, P. J., Keohane, R. O., et al., "Transformations in World Politics: The Intellectual Contributions of Ernst B. Haas", *Annual Review of Political Science*, Vol. 8, No. 1, 2005, pp. 271–296.

③ "分合"（fragmegration）的英语单词是由"分散"（frag-mentation）一词的前半部分（fragme–）和"整合"（integration）一词的后半部分（–gration）结合而成。

④ 郑安光：《"分合论"的世界观和当代世界政治中的权威迁移——解读詹姆斯·罗斯诺的全球治理思想》，载《国际政治研究》2004年第2期，第37—45页。

⑤ ［英］戴维·赫尔德、安东尼·麦克格鲁著：《全球化与反全球化》，陈志刚译，社会科学文献出版社2004年版。

⑥ 李刚：《论戴维·赫尔德的全球化理论分析框架》，载《南阳师范学院学报》2009年第2期，第13—16页。

⑦ ［德］恩斯特－奥托·岑皮尔：《变革中的世界政治：东西方冲突结束后的国际体系》，晏扬译，华东师范大学出版社2000年版，第89页。

理理论将国际关系理论从国家中心视角,提升放大为世界政治经济维度,与时代发展新趋势契合。但从新自由主义发展而来的全球治理理论,仍然没有彻底放弃传统的西方国家视角理论,仍然描绘的是一个片面的和个别集团式的全球化,而非命运共同的全球化。

(六)建构主义理论:基于身份认识与认同

现实主义与新自由制度主义两大学术主流派的发展,出现了由相互争论与批判,向相互融合与趋同发展的态势。① 20 世纪 90 年代,国际关系理论出现了一批统称为反思理论的非主流理论,建构主义就是其中之一。1998 年,尼古拉斯·奥努弗(Nicholas Greenwood Onuf)首先提出建构主义概念并引入国际关系领域,② 强调行为体与结构是相互构建的,主张用社会学视角看待国际关系,也包括语言哲学、结构理论以及其他国际关系新理论分析框架,形成规则建构主义。

随后,弗里德里希·克拉托赫维尔(Friedrich Kratoehwill)提出规范建构主义理论,赋予规范一定的本体论地位。③ 约翰·鲁杰(John, G. Ruggie)则通过体系演进理论,强调国际关系行为体建构和重新建构国际体系的能动作用,进而提出行为体交往密度的变化会导致国际体系的变化。④ 彼得·卡赞斯坦(Peter Katzenstein)则提出安全文化理论和社会建构主义观点,强调规范、认同和文化在国际国内安全中的影响。⑤ 美国学者江忆恩(Alastair Iain Johnston)则提出战略文化理论,强调国家的历史、文化、意识形态等内生因素会影响国家的战略行为。⑥

从传统国际关系理论分析视角,以国家间相对独立的实力、规则、

---

① 秦亚青:《国际体系的无政府性——读温特〈国际政治的社会理论〉》,载《美国研究》2001 年第 2 期,第 135—145 页。

② 孙吉胜:《国际关系中的言语与规则建构——尼古拉斯·奥努弗的规则建构主义研究》,载《世界经济与政治》2006 年第 6 期,第 60—66 页。

③ 赵杨:《克拉托赫维尔规范建构主义理论研究》,中国人民大学,硕士学位论文,2009 年,第 67 页。

④ 朱杰进、黄超:《交往密度与国际体系的演变——约翰·鲁杰建构主义思想述评》,载《国际政治研究》2006 年第 1 期,第 144—154 页。

⑤ [美]彼得·卡赞斯坦:《国家安全的文化:世界政治中的规范与认同》,宋伟、刘铁娃译,北京大学出版社 2009 年版,第 136 页。

⑥ 李晓燕:《战略文化与国家行为——江忆恩战略文化理论述评》,载《世界经济与政治》2006 年第 7 期,第 33—39 页。

国际秩序、安全等变量为考量，分析互动模式与机制，梳理协调、管控、争端解决等全过程，归纳出可反复适用的原则，可以预测或者解释中国与东南亚国家互动中的决策和行动。但从战略对接的目标与理念角度，逐一考察传统国际关系理论实际运用以及推演分析过程，可以得出相互的差异性，进而逐步清晰战略对接的理论框架。

第三节　战略对接理论研究评述

针对中国与东南亚国家发展战略关系的研究纷纷繁繁，也取得了很多积极进展和成果：①学者更多从微观层面对东南亚个别国家对华战略的政策演进进行梳理，在方法论上也较多侧重于经贸合作与外交互动等方面的分析；②学者也从东南亚国情、历史、文化、非传统安全、自贸区等专门领域开展了深入研究；③就中国与东南亚国家发展战略对接这个主题来看，学术界关注更多的是中国与东南亚的合作具体领域，以及东南亚国家普遍采取的大国平衡外交战略对中国的影响，形成了中国与东南亚国家发展战略存在"对接"的研究结论，并没有以"对接"作为理论工具进行国家发展战略层面的分析研究，而均是采用自由主义、建构主义或者现实主义等传统国际关系理论，以及相关衍生理论体系进行分析。

一　国外研究的丰富传统理论成果

关于国家发展战略对接领域理论体系基本上为西方成果。根据对本体论和研究范式上不同的视角，传统国际关系学术领域产生了以摩根索、沃尔兹为代表的现实主义学派，以基欧汉、约瑟夫·奈为代表的自由主义学派，以温特为代表的建构主义学派等。但从传统国外研究来看，从国际政治经济学的研究考察，西方主要以发达国家经历为根据，以发达国家利益为参照物形成价值判断和看法，对发展中国家注意不够，需要我们从国际政治经济学的角度研究发展中国家出现的新问题。如约翰·西奥西拉里的《大国平衡对当代东南亚的影响》对东南亚区域普遍存在的大国平衡进行了分析，从产生到发展再到未来，最终得出东南亚诸国在该地区不排斥任何一个大国，但一直通过国际规范、规制以及相互依赖等方式，强化对地区安全的影响，以此来弱化和平衡大国利益。① 大量学术分析是从美国与中国博弈视角论证东南亚的战略互动。如美国学者尚博·D 的《中美对抗在东南亚：动力换挡或竞争共存？》，②就从中美博弈和对抗角度，分析了东南亚形势和趋势。如德国学者马可·布特的《中国在东南亚的崛起及其对区域制度建设的影响：谁领导谁？》，③ 也从南海问题等领域梳理中国的行动和角色，进而分析该区域国家间竞争与合作的互动行为。如澳大利亚学者弗恩斯·尼古拉斯的《"亚洲的新希望"？澳大利亚、美国与东南亚经济发展促进》，④ 也从东南亚区域外大国的介入，尤其是澳大利亚与美国合作的视角，分析并提出域外大国合作是东南亚区域经济发展的有效动力。如罗里·梅德卡夫在《重新想象亚洲：从亚太到印度—太平洋》⑤ 中提出，在中国、美国以及印度等国家不断介入和提升影响力的背景下，亚洲区域秩序框架已经逐步拓展为印度—太平洋框架下的竞争与合作。

此外，也有大量西方以及东南亚自身学者，从东南亚自身特点，以及东南亚参与国际合作的不同领域进行分析。如阿米塔·阿查亚《建构安全共同体：东盟与地区秩序》⑥ 及《文化、区域主义与东南亚认同》，⑦ 以及穆罕默德·赛义德《亚太到印度—太平洋：扩大中美战略竞争》⑧ 和伊弗

---

① Ciorciari, J. D., "The balance of great-power influence in contemporary Southeast Asia", *International Relations of the Asia-Pacific*, Vol. 9, No. 1, 2009, pp. 157–196.

② Shambaugh, "D. U. S. – China Rivalry in Southeast Asia: Power Shift or Competitive Coexistence?", *International Security*, Vol. 42, No. 4, 2018, pp. 85–127.

③ Bünte, M., "China's Rising Power in Southeast Asia and Its Impact on Regional Institution-Building: Who Is Leading Whom?", *Initiatives of Regional Integration in Asia in Comparative Perspective*, 2018, pp. 97–118.

④ Ferns, N., "'A New Hope for Asia'? Australia, the United States and the Promotion of Economic Development in Southeast Asia", *Australian Journal of Politics & History*, Vol. 64, No. 1, 2018, pp. 34–51.

⑤ Medcalf, R., "Reimagining Asia: From Asia-Pacific to Indo-Pacific", *International Relations and Asia's Southern Tier*, 2018, pp. 121–143.

⑥ ［加］阿米塔·阿查亚著：《建构安全共同体：东盟与地区秩序》，王正毅等译，王正毅校，上海人民出版社2004年版。

⑦ Acharya, A., Imagined Proximities, "The Making and Unmaking of Southeast Asia as a Region", *Asian Journal of Social Science*, Vol. 27, No. 1, 1999, pp. 55–76（22）.

⑧ Saeed, M., "From the Asia-Pacific to the Indo-Pacific: Expanding Sino – U. S. Strategic Competition", *China Quarterly of International Strategic Studies*, 2018, pp. 1–14.

林·高《大国力量与东南亚的等级秩序：区域安全战略分析》[1]等，主要从安全和文化角度进行研究，一方面提出了该区域面临共同挑战，需要公共产品供给体系等建议；另一方面也缺乏从经济以及发展视角考察，且客观上也强化了安全的竞争性和文化的差异性，不利于该区域协调合作与良性发展。詹姆斯·艾尔特等的《竞争与合作：与诺贝尔经济学家谈经济学和政治学》展示了一个新趋势，也就是经济学理论被运用到政治学理论中的方法和路径，从而也产生一个积极效果，也就是促进了政治学与经济学两大学科的合作。[2]詹姆斯·艾尔特等的《竞争与合作：与诺贝尔经济学家谈经济学和政治学》[3]、P.奥沙利文的《地理政治论：国际间的竞争与合作》[4]均对国际战略竞合进行了分析研究。

此外，马思拉玛尼及彼得森的《东盟方式：建设性接触的结构支柱》对东盟在对待缅甸军政府问题采取的措施进行了分析研究。[5]蒂西南·蓬苏希拉克的《东盟在东亚地区秩序中的定位》[6]则提出东亚地区正借助东盟这一区域合作机制的不断成长和成熟，在国际秩序与国际竞争合作中提升自身区域的整体性影响力。美国著名缅甸问题学者大卫·斯坦伯格的《缅甸：人人都需要知道》对缅甸自独立以来的外交政策进行了梳理分析，认为缅甸自独立以来一直采取了中立主义外交路线，试图以这样一种方式平衡大国博弈对缅甸产生的影响。[7]还有科夫和米内尔《中国

---

[1] Goh, E., "Great Powers and Hierarchical Order in Southeast Asia: Analyzing Regional Security Strategies", *International Security*, Vol. 32, No. 3, 2008, pp. 113-157.

[2] ［美］詹姆斯·艾尔特等：《竞争与合作：与诺贝尔经济学家谈经济学和政治学》，万鹏飞、常志霄等译，北京大学出版社2011年版。

[3] ［美］詹姆斯·艾尔特等：《竞争与合作：与诺贝尔经济学家谈经济学和政治学》，万鹏飞、常志霄等译，北京大学出版社2011年版。

[4] ［英］奥沙利文：《地理政治论：国际间的竞争与合作》，李亦鸣译，国际文化出版公司1991年版。

[5] Antolik, M., "The Asean Regional Forum: The Spirit of Constructive Engagement", *Contemporary Southeast Asia*, Vol. 16, No. 2, 1994, pp. 117-136.

[6] Pongsudhirak, T., "Locating ASEAN in East Asia's Regional Order", *Asia Policy*, Vol. 25, No. 2, 2018, pp. 52-56.

[7] Martin, A., "Burma/Myanmar-What Everyone Needs to Know", *Foreign Affairs*, Vol. 89, No. 1, 2010.

"一带一路"：行动、目标和挑战》① 以及伊尔萨德《从"一带一路"看中巴经济走廊对巴基斯坦经济有利吗？》② 等，都从中国提出"一带一路"后，提出各自的看法，并针对相关国家的影响进行了分析。

二 国内研究的丰富现实视角和理论维度

围绕国家发展战略对接，国内学者研究成果主要分为以下几类。

（一）国家战略理论以及战略思路

这类研究有从战略理论以及战略选择因素上分析，如门洪华的《国际机制与中国的战略选择》③ 时殷弘的《国际政治与国家方略》④ 等；也有通过历史方法开展案例分析和总结的，如钮先钟的《西方战略思想史》⑤和《孙子三论：从古兵法到新战略》⑥ 等，也有从国家战略互动中提出中国战略思路与策略的，如黄仁伟的《中国崛起的时间和空间》、⑦ 叶自成的《中国大战略：中国成为世界大国的主要问题及战略选择》、⑧ 张蕴岭主编的《未来10—15年中国在亚太地区面临的国际环境》、⑨ 唐世平的《塑造中国的理想安全环境》、⑩ 门洪华的《构建中国大战略的框架：国家实力、战略观念与国际制度》、⑪ 阎学通和孙学峰等的《中国崛起及其战略》、⑫ 杨

---

① D. P. Wolff, "China's 'Belt and Road' Initiative-Challenges and Opportunities", *German Development Institute*.

② Irshad, M. S., Xin, Q., Arshad, H., "One Belt and One Road: Dose China-Pakistan Economic Corridor benefit for Pakistan's Economy?", *Social Science Electronic Publishing*, 2015.

③ 门洪华：《国际机制与中国的战略选择》，载《中国社会科学》2001年第2期，第178—187、208页。

④ 时殷弘：《国际政治与国家方略》，北京大学出版社2006年版。

⑤ 钮先钟：《西方战略思想史》，广西师范大学出版社2003年版。

⑥ 钮先钟：《孙子三论：从古兵法到新战略》，广西师范大学出版社2003年版。

⑦ 黄仁伟：《中国崛起的时间和空间》，上海社会科学院出版社2002年版。

⑧ 叶自成：《中国大战略：中国成为世界大国的主要问题及战略选择》，中国社会科学出版社2003年版。

⑨ 张蕴岭主编：《未来10—15年中国在亚太地区面临的国际环境》，中国社会科学出版社2003年版。

⑩ 唐世平：《塑造中国的理想安全环境》，中国社会科学出版社2003年版。

⑪ 门洪华：《构建中国大战略的框架：国家实力、战略观念与国际制度》，北京大学出版社2005年版。

⑫ 阎学通、孙学峰等：《中国崛起及其战略》，北京大学出版社2005年版。

洁勉的《大合作：变化中的世界和中国国际战略》、① 时殷弘的《战略问题三十篇：中国对外战略思考》。② 此外，还有部分学者从美国等其他大国战略研究视角进行分析，如牛军主编的《战略的魔咒：冷战时期的美国大战略研究》③ 等。此外，很多研究从一个或者少数关键变量进行切入分析；从文化因素对战略互动的影响分析，如赵景芳的《战略文化的再思考》；④ 从制定和实施战略的政府机构要素分析，如李际均的《论战略》；从国家领导人或者决策者对战略影响角度分析；从战略的决策、执行和调整的过程分析；从利益集团对战略的影响分析，尤其是国内利益集团对国际体系的影响。也有少数学者从方法论的角度，试着建立一套理解国家战略行为和互动的新理论框架体系。如左希迎、唐世平的《理解战略行为：一个初步的分析框架》⑤。

（二）竞合理论在经济学和管理学拓展

该类研究成果比较丰富，并且有向政治学转化的强烈趋势，也出现了一些成果。如刘洋的《基于博弈论的政府与社会组织竞合关系研究》⑥，运用"囚徒困境"和"智猪博弈"等经典博弈模型，分析政府与社会组织行为，从而对公共服务供给提供策略选择。在此基础上，通过对政府与社会组织竞争与合作的驱动力进行系统分析，建立了政府与社会组织竞争与合作的演化与博弈模型。张幼松的《竞合理论刍议》⑦ 探讨竞合理论的内涵和渊源，分析了竞合产生的原因，以及实施竞争与合作过程中需要的决策要素和观念共识等条件。研究提出，竞合理论是现代企业为主体，在适应复杂多变的市场环境中，逐步形成指导企业竞争与合作的新型的战略理论。这种理论区别于传统的单纯竞争或者单纯合作模式，

---

① 杨洁勉：《大合作：变化中的世界和中国国际战略》，天津人民出版社 2005 年版。
② 时殷弘：《战略问题三十篇：中国对外战略思考》，中国人民大学出版社 2008 年版。
③ 牛军：《战略的魔咒：冷战时期的美国大战略研究》，上海人民出版社 2009 年版。
④ 赵景芳：《战略文化的再思考》，载《世界经济与政治》2008 年第 1 期，第 14—24 页。
⑤ 左希迎、唐世平：《理解战略行为：一个初步的分析框架》，载《中国社会科学》2012 年第 11 期，第 178—202 页。
⑥ 刘洋：《基于博弈论的政府与社会组织竞合关系研究》，西安建筑科技大学，硕士学位论文，2012 年。
⑦ 张幼松：《竞合理论刍议》，载《长春理工大学学报》（社会科学版）2011 年第 8 期，第 33—34 页。

强调并分析了企业主体之间,在市场竞争与合作二者间存在相互促进的关系。另外,比较有意思的是,东方传统的阴阳学说,以及"和"与"合"学说,还有"和而不同"的文化观念,都可以为这种新型竞合理论提供东方智慧和文化渊源。

(三) 竞合理论在国际关系理论层面延伸

该类研究整体还处于探索阶段,缺乏比较成熟的理论化支撑和全面的体系化构建。如储昭根的《竞合主义:国际关系理论的新探索》[1]借用"竞合主义"的新范式,试图对当前不断变化的国际关系,提供理论新尝试,从而解决理论危机。文章重点提出,国际关系理论发展趋势与经济学、管理学等有着一致性,因为国际关系趋于向市场要素合作以及人类社会协同发展,相互同步和关联。随着协同学、共生学等相关学术研究成果的不断突破,经济一体化、信息全球化等诸多因素不断发展,推动了各类研究试图对合作开展新解剖和认识构建。而"竞合"理论从理念上则是新经济学和新管理学发展的又一次革新。熊李力的《共生型国际体系还是竞合型国际体系——兼议亚太地区国际体系的历史与现实》[2]提出现代人的发展兼具个体以及社会属性的融合,进而形成竞争和合作兼备的竞合型社会体系。同样理念,在以主权国家为基本考察单元的国际社会体系中,各国之间不可避免既存在大量的共同利益以及与之伴生的共同观念文化,也一定存在相互差异化甚至相互对抗的利益诉求,从而逐步构成了竞争与合作两种状态并存的竞合新型国际社会体系。相比亚洲地区历史上的传统秩序,当代国际体系呈现出更多、更深和更加持续的合作性。与此同时,基于各国主权的独立性,相互之间利益冲突不可避免。因此,当代亚洲国际社会体系呈现竞争与合作并存,不断趋于成熟的竞合型国际社会体系。金应忠的《为什么要倡导共生型国际体系——与熊李力先生对共生性学说理论批判的商榷》提出,国际体系内在本质的共生性外化为共生型国际体系具有历

---

[1] 储昭根:《竞合主义:国际关系理论的新探索》,载《太平洋学报》2015年第8期,第43—52页。

[2] 熊李力:《共生型国际体系还是竞合型国际体系——兼议亚太地区国际体系的历史与现实》,载《探索与争鸣》2014年第4期,第36—40页。

史必然性。① 惠耕田的《层次分析视角下的国际竞争与合作》② 提出，竞争与合作的激发动力主要存在于与社会宏观结构与层次差异性上；在相互作用层面，竞争与合作的持续动力则主要取决于互动双方的主观选择。在更进一步的混合动力型竞争与合作中，竞争表现在消极的对策调整，合作表现在积极主动的相互调适进而实现双方共赢的利益最大化。陈慧君、冷树青的《国家间的竞争合作与借鉴创新》③ 提出横向融合的一体化模式，并认为这种模式是人类社会不断进化与发展的重要标识。文章进而指出，对于人类社会横向跨区域的融合，主要动力来源于国际层面的国家间关系竞争与合作程度，而非本国国家内部的社会结构或者基本矛盾，属于外部决定型。国家之间的利益竞争与合作，迫使国家之间相互学习，进而带动文化沟通与文明交流。此外，还有徐勇的《治理转型与竞争——合作主义》、④ 张季良的《对传统国际关系理论的突破——介绍〈国际关系学概论〉》、⑤ 俞正梁的《当前国际关系理论研究中最值得深入探讨的问题》、⑥ 华尔兹的《国际政治理论》、⑦ 尹继武的《单边默契、信号表达与中国的战略选择》⑧ 等。

（四）具体国别和领域国家战略互动的应用

主要是从大国间以及热点区域，开展了有关国家战略对接的研究。如中国现代国际关系研究院世界政治所课题组、王鸿刚的《世界步入更

---

① 金应忠：《为什么要倡导共生型国际体系——与熊李力先生对共生性学说理论批判的商榷》，载《社会科学》2014年第9期，第3—10页。

② 惠耕田：《层次分析视角下的国际竞争与合作》，载《国际安全研究》2009年第2期，第7—12页。

③ 陈慧君、冷树青：《国家间的竞争合作与借鉴创新》，载《理论导报》2013年第6期，第20—21页。

④ 徐勇：《治理转型与竞争——合作主义》，载《开放时代》2001年第7期，第　页。

⑤ 张季良：《对传统国际关系理论的突破——介绍〈国际关系学概论〉》，载《世界知识》1988年第16期，第33页。

⑥ 俞正梁：《当前国际关系理论研究中最值得深入探讨的问题》，载《世界经济与政治》2003年第4期，第12—13页。

⑦ ［美］肯尼思·华尔兹：《国际政治理论》，信强译，苏长和校，上海人民出版社2003年版。

⑧ 尹继武：《单边默契、信号表达与中国的战略选择》，载《世界经济与政治》2014年第9期，第4—33页。

加动荡的多事之秋》[1] 提出，以 2016 年为例，持续调整中的国际关系并未促进世界更加和平与和谐。与此相反，随着国际秩序不断打破旧状态，构建新秩序的各方力量不断博弈，各自核心利益不断扩大并相互对立，导致乱象不减反增，全球化治理的能力和共识不断瓦解。邵峰的《大国竞合的四类主要分歧及化解之道》[2] 提出各国尤其是大国，包括其政府和领导人，都应该像"和平学之父"约翰·加尔通（Johan Galtung）所说的从"消极和平"向"积极和平"保持定力，使全球大国之间处于良性的、稳定的、可控的状态。陈向阳的《增强运筹大国关系战略主动权》[3] 提出全球大国间关系不断发展，全方位的竞争与合作相互交织，"竞合"中的"博弈"不断发展升级，老牌与新兴大国各自群体间"集群博弈"不断涌现。刘鸣的《中美竞合关系发展——基于国际规范、国际战略对冲与协调的视角》[4] 提出中美两个超级大国，在国家的战略目标方面差异性较大，战略实施方面也存在相互猜疑和排斥。王代敬、李敦瑞的《中美经济竞合的必要性和途径》[5] 提出中美经济竞合沟通是关键，合作的道路是妥善处理中美相互建立合作渠道和具有风险应对共识。此外还有从单个国别角度的分析，如张春的《试析中美在非洲的竞合关系》、[6] 刁大明的《中美关系"竞合"常态化》、[7] 王磊的《从吉布提看中美在非洲竞合》、[8] 邓秀杰的《俄罗斯与里海沿岸国家的竞合关系》、[9] 韦宗友的《国际

---

[1] 中国现代国际关系研究院世界政治所课题组、王鸿刚：《世界步入更加动荡的多事之秋》，载《现代国际关系》2017 年第 1 期，第 5—11、67 页。
[2] 邵峰：《大国竞合的四类主要分歧及化解之道》，载《国家治理》2015 年第 25 期，第 26—34 页。
[3] 陈向阳：《增强运筹大国关系战略主动权》，载《瞭望》2015 年第 30 期，第 54 页。
[4] 刘鸣：《中美竞合关系发展——基于国际规范、国际战略对冲与协调的视角》，载《国际观察》2016 年第 5 期，第 94—105 页。
[5] 王代敬、李敦瑞：《中美经济竞合的必要性和途径》，载《四川文理学院学报》2006 年第 4 期，第 101—107 页。
[6] 张春：《试析中美在非洲的竞合关系》，载《教学与研究》2012 年第 6 期，第 66—74 页。
[7] 刁大明：《中美关系"竞合"常态化》，载《世界知识》2011 年第 12 期，第 20—20 页。
[8] 王磊：《从吉布提看中美在非洲竞合》，载《世界知识》2016 年第 13 期，第 42—43 页。
[9] 邓秀杰：《俄罗斯与里海沿岸国家的竞合关系》，载《当代世界》2015 年第 2 期，第 46—49 页。

体系转型、中美竞合与新型大国关系构建》、① 叶仁杰和张淼的《亚太地区 TPP 与 RCEP 的竞合分析及中国软实力提升对策》、② 晓岸的《回望 2015 年的中美关系——正式开启竞合新常态》、③ 周密和杨莹的《中国与印度：大国间的竞合未来》、④ 崔立如的《美国"再平衡"战略与对华"竞合"关系》、⑤ 张贵洪的《竞争与合作：地区视角下的中印关系》、⑥ 甘均先的《中美印围绕新丝绸之路的竞争与合作分析》、⑦ 还有从能源等具体领域进行战略竞合分析。如崔宏伟的《中俄欧在中亚的能源竞合关系——地缘政治与相互依赖的制约》、⑧ 余建华的《中南亚能源政治博弈中的大国竞合》⑨ 等。

（五）东南亚区域的国家战略互动实践领域

在东南亚区域，对中国以及该地区国家战略协调的研究也是热点，并充分考虑了域外影响的结合分析。如李晨阳的《中国东南亚政治研究的反思与建构》⑩ 提出，中国学者对东南亚政治的研究数量和质量并不平衡，而且理论和方法论水平都有待提高。周桂银的《中国周边外交的当前态势和未来重点》⑪ 提出，在新的全球化战略形势下，中国外交应坚持

---

① 韦宗友：《国际体系转型、中美竞合与新型大国关系构建》，载《复旦国际关系评论》2013 年第 2 期，第　页。

② 叶仁杰、张淼：《亚太地区 TPP 与 RCEP 的竞合分析及中国软实力提升对策》，载《产业与科技论坛》2016 年第 15 期，第 15 页。

③ 晓岸：《回望 2015 年的中美关系——正式开启竞合新常态》，载《世界知识》2016 年第 1 期，第 55—57 页。

④ 周密、杨莹：《中国与印度：大国间的竞合未来》，载《进出口经理人》2014 年第 11 期，第 35—37 页。

⑤ 崔立如：《美国"再平衡"战略与对华"竞合"关系》，载《美国问题研究》2013 年第 2 期，第 25—33 页。

⑥ 张贵洪：《竞争与合作：地区视角下的中印关系》，载《当代亚太》2006 年第 12 期，第 12—18 页。

⑦ 甘均先：《中美印围绕新丝绸之路的竞争与合作分析》，载《东北亚论坛》2015 年第 1 期，第 107—117 页。

⑧ 崔宏伟：《中俄欧在中亚的能源竞合关系——地缘政治与相互依赖的制约》，载《国际关系研究》2014 年第 2 期，第 64—73 页。

⑨ 余建华：《中南亚能源政治博弈中的大国竞合》，载《外交评论》2011 年第 5 期，第 11—27 页。

⑩ 李晨阳：《中国东南亚政治研究的反思与建构》，载《国际政治研究》2017 年第 1 期，第 9、135—149 页。

⑪ 周桂银：《中国周边外交的当前态势和未来重点》，载《东南亚研究》2017 年第 1 期，第　页。

提升对周边重要性的认识，尤其是以东南亚方向为优先。全毅、杨立冰的《中国周边地区经济竞合新趋势与我国的对策》①认为大国在中国周边地区的经济竞争激烈，政治角逐更是不断激化，成为影响中国与周边国家合作发展甚至是一体化发展的重要因素。姜志达的《中美规范竞合与东亚秩序重塑》②从理性主义的独特视角出发，通过对东亚区域性规范分析，得出"双极发展"、"二元平衡"和"单极发展"三种秩序模型。从亚洲发展的趋势看，文章提出中国与亚洲发展适用于多元模式融合发展。刘一姣的《中国东盟经贸关系中的竞合》③从纷繁复杂的国际经济现象中，抽象出"表象—载体及机制—效应"三位一体概念，成为"竞合"的狭义定义。此外，还有黄云卿和庞中英的《演进中的共生秩序与多重权力竞合——一种东亚地区治理框架》、④王望波和邵允振的《合作竞争与互利睦邻——试论新时期中国与东盟关系》、⑤黄晓岚的《中日与东南亚关系中的竞争与合作研究》、⑥尹君的《冷战后中日在湄公河地区竞争与合作研究》、⑦杜兰的《中美在中南半岛的竞争态势及合作前景》、⑧卢光盛和周洪旭的《中国与东南亚国家反恐合作的态势、问题及对策》、⑨郭安娜的《当代中国与东南亚国家政党外交研究》、⑩王栋梁的《中国对

---

① 全毅、杨立冰：《中国周边地区经济竞合新趋势与我国的对策》，载《亚太经济》2006年第5期，第11—16页。
② 姜志达：《中美规范竞合与东亚秩序重塑》，外交学院，博士学位论文，2014年。
③ 刘一姣：《中国东盟经贸关系中的竞合》，中国经济出版社2015年版。
④ 黄云卿、庞中英：《演进中的共生秩序与多重权力竞合——一种东亚地区治理框架》，载《太平洋学报》2017年第2期。
⑤ 王望波、邵允振：《合作竞争与互利睦邻——试论新时期中国与东盟关系》，载《世界经济与政治论坛》2005年第5期，第93—96页。
⑥ 黄晓岚：《中日与东南亚关系中的竞争与合作研究》，载《现代商贸工业》2009年第1期，第150—151页。
⑦ 尹君：《冷战后中日在湄公河地区竞争与合作研究》，云南大学，硕士学位论文，2011年。
⑧ 杜兰：《中美在中南半岛的竞争态势及合作前景》，载《南洋问题研究》2016年第3期，第95—104页。
⑨ 卢光盛、周洪旭：《中国与东南亚国家反恐合作的态势、问题及对策》，载《云南师范大学学报》（哲学社会科学版）2016年第6期，第63—72页。
⑩ 郭安娜：《当代中国与东南亚国家政党外交研究》，外交学院，硕士学位论文，2016年。

东南亚的经济外交分析》、① 邓永永的《中国崛起在东南亚的外交战略分析》。② 还有针对中国与东南亚具体国别的战略互动关系和对策研究，如陈翔的《中越关系属性的四维分析》③ 从历史、地缘、意识形态、发展四维分析中越关系发展。此外，还有路艳丽的《变动中的缅甸与中国对缅安全战略》、④ 徐敏的《中国与东盟国家相互投资的现状、特点及展望》、⑤ 李进和杨艳明的《21世纪以来中国与老挝关系的发展》、⑥ 潘玥的《试析中印尼在南海问题上的互动模型》、⑦ 何峰的《浅析越南与中国东南亚外交突破的关系》、⑧ 杜兰的《"一带一路"建设背景下中国与缅甸的经贸合作》、⑨ 周士新的《演进中的中越关系：转型与前瞻》、⑩ 彭俏的《建交以来的中国与文莱关系》、⑪ 王冬梅的《中国与东盟铁路互联互通建设研究》⑫ 等。

（六）"一带一路"倡议推进的战略对接研究

"一带一路"倡议推进的战略对接研究有的从"对接"整体概念上去分析和梳理，如庞中英的《论"一带一路"中的国际"对接"》⑬ 提出，

---

① 王栋梁：《中国对东南亚的经济外交分析》，载《商》2016年第11期，第130页。
② 邓永永：《中国崛起在东南亚的外交战略分析》，载《长江丛刊》2016年第16期，第107页。
③ 陈翔：《中越关系属性的四维分析》，载《战略决策研究》2016年第1期，第80—100页。
④ 路艳丽：《变动中的缅甸与中国对缅安全战略》，载《学术探索》2017年第3期，第34—39页。
⑤ 徐敏：《中国与东盟国家相互投资的现状、特点及展望》，载《东南亚纵横》2016年第2期，第73—79页。
⑥ 李进、杨艳明：《21世纪以来中国与老挝关系的发展》，载《东南亚纵横》2016年第4期，第10—15页。
⑦ 潘玥：《试析中印尼在南海问题上的互动模型》，载《东南亚南亚研究》2017年第1期。
⑧ 何峰：《浅析越南与中国东南亚外交突破的关系》，载《社会科学》（全文版）2016年第2期，第288页。
⑨ 杜兰：《"一带一路"建设背景下中国与缅甸的经贸合作》，载《东南亚纵横》2017年第1期，第　页。
⑩ 周士新：《演进中的中越关系：转型与前瞻》，载《东南亚纵横》2016年第6期。
⑪ 彭俏：《建交以来的中国与文莱关系》，广东外语外贸大学，硕士学位论文，2016年。
⑫ 王冬梅：《中国与东盟铁路互联互通建设研究》，广西大学，硕士学位论文，2016年。
⑬ 庞中英：《论"一带一路"中的国际"对接"》，载《探索与争鸣》2016年第5期，第38—43页。

"对接"是中国发起的"一带一路"倡议中的一个中心的政策概念,但目前没有系统概念和理论研究。岳鹏的《供需平衡原则对国家间战略对接成败的影响》[①] 提出,国家间进行战略对接本质上是一种合作行为,这需要两国间的供给和需求处于平衡状态,从而实现战略对接并保障其持久性。王存刚的《国家发展战略对接与新型国际关系构建——以中国的"一带一路"战略为例》[②] 也提出,所谓国家发展战略对接,是新的历史条件下国家实施对外开放、开展国际合作的一种新形式,包括不同观念、规划以及领导人意图的相互协同。又如冯维江的《"一带一路"的战略对接》[③] 和张洁的《"一带一路":战略对接与安全风险》[④] 提出,国家之间从产业到战略的对接并非无成本的,按照我们欢迎发展中国家"搭快车、搭便车"的原则,中国可能还会支付相对较多的成本,要让"一带一路"的战略对接投入产生更大的效益,就必须在对接国家选择上坚持慎重和科学的方法,找准我们的战略依托。此外,针对东南亚区域国家发展战略的对接,主要集中在印度尼西亚和文莱等海上丝绸之路领域。如马博的《文莱"2035宏愿"与"一带一路"的战略对接研究》[⑤] 提出,中国与文莱战略对接有利于更好合作应对共同威胁与挑战,但也必须克服经济发展、规则共识和民族宗教产生的阻碍。又如黄永弟的《"21世纪海上丝绸之路"与印尼"全球海洋支点"战略对接的思考》、[⑥] 李皖南和王亚琴的《从雅万高铁看中国印尼战略对接》[⑦] 等,

---

① 岳鹏:《供需平衡原则对国家间战略对接成败的影响》,载《国际关系研究》2015 年第 6 期,第 40—55 页。

② 王存刚:《国家发展战略对接与新型国际关系构建——以中国的"一带一路"战略为例》,载《中国战略报告》2016 年第 2 期。

③ 冯维江:《"一带一路"的战略对接》,载《当代金融家》2016 年第 9 期,第 109—111 页。

④ 张洁:《"一带一路":战略对接与安全风险》,载《世界知识》2016 年第 7 期,第 70 页。

⑤ 马博:《文莱"2035宏愿"与"一带一路"的战略对接研究》,载《南洋问题研究》2017 年第 1 期。

⑥ 黄永弟:《"21世纪海上丝绸之路"与印尼"全球海洋支点"战略对接的思考》,载《宏观经济管理》2017 年第 3 期,第 63—67 页。

⑦ 李皖南、王亚琴:《从雅万高铁看中国印尼战略对接》,载《亚太经济》2016 年第 4 期,第 17—22 页。

提出印尼从地缘政治和发展阶段上看，都与中国存在战略对接的可能性，但仍需要以历史与文化为基础，综合考虑政治、军事、社会、民众、宗教与经济等方面的具体合作点，化解冲突与矛盾，推动互利共赢和可持续合作。另外，还有项义军和张金萍的《中俄区域经济合作战略对接的障碍与冲突》、① 王志远的《"一带一盟"：中俄"非对称倒三角"结构下的对接问题分析》、② 金玲的《"一带一路"与欧洲"容克计划"的战略对接研究》、③ 陈菲的《"一带一路"与印度"季风计划"的战略对接研究》、④ 陈水胜和席桂桂的《"一带一路"倡议的战略对接问题：以中国与印度的合作为例》、⑤ 华倩的《"一带一路"与蒙古国"草原之路"的战略对接研究》、⑥ 杨文兰《中俄"一带一盟"战略对接框架》、⑦ 吴思科的《"一带一路"框架下中国与中东国家的战略对接》、⑧ 王勇等的《"一带一路"倡议下中国与土耳其的战略合作》、⑨ 王卫东等的《"一带一路"倡议与〈2020年欧盟领土议程〉的战略对接》⑩ 等，主要研究分析了中国"一带一路"与欧洲、中东以及周边国家的战略对接问题。

---

① 项义军、张金萍：《中俄区域经济合作战略对接的障碍与冲突》，载《国际贸易》2016年第1期，第33—38页。

② 王志远：《"一带一盟"：中俄"非对称倒三角"结构下的对接问题分析》，载《国际经济评论》2016年第3期，第97—113页。

③ 金玲：《"一带一路"与欧洲"容克计划"的战略对接研究》，载《国际展望》2015年第6期，第1—14页。

④ 陈菲：《"一带一路"与印度"季风计划"的战略对接研究》，载《国际展望》2015年第6期，第15—32页。

⑤ 陈水胜、席桂桂：《"一带一路"倡议的战略对接问题：以中国与印度的合作为例》，载《南亚研究季刊》2015年第4期，第72—79页。

⑥ 华倩：《"一带一路"与蒙古国"草原之路"的战略对接研究》，载《国际展望》2015年第6期，第 页。

⑦ 杨文兰：《中俄"一带一盟"战略对接框架》，载《开放导报》2017年第1期。

⑧ 吴思科：《"一带一路"框架下中国与中东国家的战略对接》，载《阿拉伯世界研究》2015年第6期，第3—11页。

⑨ 王勇、希望、罗洋：《"一带一路"倡议下中国与土耳其的战略合作》，载《西亚非洲》2015年第6期，第70—86页。

⑩ 王卫东、高璐、霍荣棉：《"一带一路"倡议与〈2020年欧盟领土议程〉的战略对接》，载《特区经济》2016年第8期，第9—13页。

三 综合评析：传统理论难以适应现实实践变迁

综上可见，围绕国家间发展战略对接，相关学者从不同视角开展研究，取得了积极进展，但也存在一些缺失，尤其是面对全球化进入新时期，面对国际治理与秩序在颠覆与重构中如何发展，现有研究成果在回答"时代之问"和"人类之惑"方面明显无法给出创新思路和务实方案。

（一）缺乏突破性和原创性理论框架体系

国际关系理论体系一直以来均是以西方理论为模板。中华人民共和国成立以来，坚持和平发展，主动加入联合国支持多边体系，并不断深化国内改革与开放，坚持和平共处五项基本原则从未动摇。此外，中国坚持不以意识形态输出为目的，公正参与国际关系建构。因此，中国也就逐步接受并全面运用西方的国际关系理论体系，一方面保持与西方的对话沟通，一方面也积极发展自身独特的理论体系。但随着中国在国际关系上地位和影响力的不断提升，中国问题以及与中国关系成为国际关系研究的热点和焦点，中国也客观上成为该体系的理论完善者和实践运用者，却未能真正成为理论构建者和实践创新者。

（二）缺乏针对全球一体化视角下合作创造增量收益、竞争带来全局损耗的动力机制分析

学者借鉴战略竞合的基于复杂"归因"（attribution）的分析方法，从社会心理学的归因理论出发，[1] 结合经济学市场要素以及管理学博弈理论等，梳理明确国家战略对接的因素体系，并逐步构建国家间竞争中合作的实证分析模型及结论，全面分析了国家战略对接中的因果关系和演变动因。在一定程度上，尤其是针对国家间经济合作领域，以及非安全对抗领域，学者提出了可超越"零和博弈"的合作共赢路径。在经济全球化进一步发展的新时期，这一经济合作与管理共赢的理论方向，为构建国际治理新秩序和新规则提供了很好的借鉴，也为世界保持和平与发展

---

[1] 关于社会心理学既有的归因理论，可参见 Bertram, F. Malle, *Attributiongs as Behavior Explanations*: *Toward a New Theory*, 2003, http://cogprints.org/3314/1/Explanation_theory_03.pdf; 以及 Tang Shiping, "Outline of a New Theory of Attribution in IR: Dimensiongs of Uncertainty and Their Cognitive Challenges", *The Chinese Journal of International Politics*, Vol. 5, No. 3, 2012, pp. 299 – 338。

提供了信心。但仍局限于国别或者区域考量，在面对安全与政治等分析因素时，经济学与管理学理论显现出"信心不足"，未能从和平与发展趋势出发，推动经济与文化倒逼改造安全与政治的理论探索。

（三）未能产生有效运用于当今实践的理论指导体系

通过国家间发展战略的互动，进而产生竞争与合作良性互动局面，学者借此就拓展与完善国际关系理论提供了新思路。如将现实主义中对国家权力的范畴进行重新界定，突出经济全球化和国际分工的现实需求，以及增加对全球共同风险应对与责任分担的考量，甚至从文化以及规则感召软实力角度予以拓展，提出了全新的"国家权力"内涵体系。又如将建构主义中的身份认同进行实证分析，从"差异的个体"向"共生的群体"视角转换，提出国际体系从竞争性向共生性转变趋势，通过构建命运相连的共同意识，对身份认同进行主动影响与塑造。这些都从一定程度上产生了对传统理论体系的突破与拓展，但缺乏系统性集成与构建，尤其是针对中国与东南亚国家间关系发展实践需求上看，亟待通过新的理论构建与共识，为塑造新型国家间关系、区域秩序与国际规则提供理念指引与方法引领。

（四）缺乏国际有效话语权和规则感召力

针对东南亚区域，无论从具体国别还是具体领域，均从历史与现实、单个与互动、域内与域外等多重视角，开展了大量理论研究与实证分析，并结合该区域安全、政治、经济、人文、生态以及具体合作机制等现实需求，开展了大量实证分析。诸如东南亚国家国别志、中国东南亚经贸白皮书、政治与安全年度报告等，以及中国—东盟发展白皮书、GMS合作发展报告、澜湄合作发展报告、孟中印缅经济走廊发展报告等，尤其是大量聚焦该区域的学术论文和智库机构不断涌现。其中，中国学者还特别专注于结合"一带一路"等战略视角，以及考察"大国介入"等域外因素分析。这一方面为中国与东南亚国家自身拟定与执行国家发展战略提供了系统借鉴，也为全球国家间以及区域合作的规则构建提供了有益经验；另一方面，也带来大量琐碎以及非核心信息影响，未能从学术理论体系方面形成突破与影响力，也未能从实施执行层面构建能广泛产生共识的理念体系。

总体来看，针对中国与东南亚国家间发展战略关系的研究，学术界主要关注于针对现实问题提出具体的战略方针，以及通过战略互动分析提供结论。从这个层面上看，学术界反而对国家战略拟定中的规则和方法缺乏足够重视。如何理解国家战略互动中的基本分析框架，或者对战略的互动作用以及影响因素如何构建，这些方面都亟待进行深化和体系化研究：一方面在缺乏合作共赢新型国际关系的视角下，超越传统国际关系理论，突出战略竞争之外战略合作关注的方法论研究，尤其是将"对接"进行概念化和体系化运用的分析工具的突破研究；另一方面也缺乏在"一带一路"深入推进的新背景和构建亚洲命运共同体的新目标下，对中国与东南亚国家发展战略对接的系统梳理以及策略建议。

因而，随着中国提出并深入推进"一带一路"倡议，全球化进入互利共赢和命运共同体新时期。在国家发展战略竞争之外，需要对战略合作给予更多的关注，并对国际关系理论在方法论上的突破提出了新的期待。面对新型理论分析工具空白以及新型国际关系深度调整尚未定格的现状，既要有填补理论工具体系空白的勇气魄力，也要有聚焦新型国际关系目标开展超前理论研究的责任担当。

第四节　研究方法和分析结构

"对接"概念的背景分析既包括中国外交政策由国内治理向国际治理转变的大背景，也包括国家自主对外开放向主动要求别国开放的新转变，与传统国际关系理论、"博弈论"、竞合理论等相关概念均存在关联和区别。

本书旨在弥补"对接"概念化和体系化研究的缺失，在国际关系理论和历史分析方法的基础上，借鉴管理学、经济学、国际政治经济学、外交学等理论方法，提出国家发展战略互动中"战略对接"理论框架的分析工具，并基于命运共同体视角，对中国与东南亚国家间发展战略的相互互动过程进行梳理分析，利用"对接"理论框架体系，针对性提出策略思考和措施建议。

一　研究方法

文献研究和比较研究是本书的主要研究方法。

本书主要运用国际政治经济和区域经济一体化的相关理论，全面收集和分析相关历史和最新资料，包括中英文的相关期刊论文、国别报告、著作书籍、统计数据、媒体资讯和网络资源等，建立和完善研究文献来源体系、资料内容和更新渠道。充分梳理整理中英文资料，对东南亚国家发展战略演变进行回顾，厘清与中国战略关系互动历史事实，以历史的经验阐释现实战略对接的现实问题，进而发现和归纳经验、规律和对策，围绕逻辑主线、框架内容和目标任务进行文献归纳、推演、分析等研究。在全面梳理中国"一带一路"和东南亚国家发展战略的基础上，明确发展战略以及对接过程中可比较研究具体对象和领域，对比较对象之间相同性和相异性进行逐一分析，在相同性中汲取经验，在相异性中找准错位进行创新，形成完整、全面和符合实际的研究结论。

此外，通过调查研究，充分利用和拓展现有调查研究渠道资源，在已经开展的老挝、缅甸、越南、泰国、印度尼西亚等东南亚国家实地调研的基础上，采取实地走访、委托收集、网络调研、电话访谈等多种形式全面调查，契合研究目标，系统掌握第一手真实资料。同时，根据收集的统计数据和案例，建立相应分析模型，进而进行数据发展趋势研究。与此同时，运用综合分析、推演归纳、理论抽象、宏观解析等方法，开展实质性的分析。通过搜集、整理和对比有关中国与东南亚在政治、经济及其他领域合作数据，分析对中国与东南亚国家发展战略对接的影响，进行客观的评估。

二 分析框架

本书试图梳理以"一带一路"为统领的中国国家发展战略体系沿革及内涵，在全面考察中国与东南亚国家发展战略对接历程的基础上，从"一带一路"整体框架和视野出发，聚焦"21世纪海上丝绸之路"和中国—中南半岛经济走廊等涉及东南亚区域具体发展战略，并逐个梳理东南亚国家发展战略的演变与发展，通过对比"战略对接"与现实主义、自由主义和建构主义等理论分析手段，辅以案例分析、认识论、方法论、经济学和国际关系理论等运用，形成全面的国家发展战略对接的理论分析体系。

首先，本书第二章将借助国际关系传统的现实主义、自由主义、建构主义以及安全范式等理论分析工具，分别推演分析中国与东南亚国家之间战略对接理论逻辑，并从新时期经济全球化、信息全球化、风险全球化角度，尤其是人类命运共同体视角，分析存在的理论创新不足与实践运用失效具体表现，为构建国家发展战略对接理论体系明确了框架功能和体系目标。

其次，本书第三章将从阶段过程、动力因素、机理模型和理论内涵等维度，对战略对接理论体系框架进行架构。分析现实基础、动力机制、理论模型等，开创性提出理论框架体系，明晰战略对接的概念界定。其中，在理论体系框架架构部分，将运用管理学和外交学原理，对战略对接从评估与决策、实施与反馈、互动与调适等过程维度进行分析阐述；将运用国家战略理论和国际关系理论，从国家安全、国家利益和观念文化等维度，对战略对接的动力因素进行分析阐述；将运用系统经济学和国际关系理论，从硬资源和软资源竞争与合作、竞争与合作层级机理、国家竞争与合作模型等维度，试图分析构建战略对接机理模型；将借鉴国际关系理论构建要素体系，从表象、动力、规则、实质等维度，试图阐述战略对接的理论内涵，从而初步构建战略对接的理论框架体系，引导基础理论创新，明确理论发展方向，指导现实实践。以中国与东南亚各自国家发展战略的现状分析为基础，从战略互动维度进行考察，总结战略理念、目标、路径甚至是项目层面的竞争与合作状况，以及政治安全、经济贸易、区域合作以及文化交流等领域的外部影响，以锁定研究领域和范围界定，明确战略对接的基础范畴。

再次，在本书的第四、五章将从国家间互动的要素及因素角度，结合战略层面考量维度，从历史渊源、地缘利益、政治基础、国土安全与军事、互联互通、经济产业、文化观念等方面切入，全面考察国家发展战略对接的考量要素与动力因素。通过对比研究中国与东南亚国家发展战略演变历程，全面分析中国与东南亚国家发展战略互动关系，包括历史沿承、目标、路径、策略、措施、领域以及具体对接点等，进而分析基础支撑条件、内部契合及冲突点、外部动力及阻碍等，提出国家发展战略对接实质结论，并以国家综合实力为基础，兼对国际制度协调、区域竞争与合作等具体领域提出建议，推动中国与东南亚国家发展战略对接，并逐步向和平、开放、包容、互利的命运共同体发展。

最后,在本书第六章聚焦"一带一路"倡议的新视角下,对传统国际关系理论基础支撑、现代国际关系理论发展创新、对接要素动力机制及模型分析、国际关系现实实践的实证分析等,还需要进一步进行理论研究和实证分析。与此同时,围绕共建"一带一路",构建中国与东盟和平与繁荣的战略伙伴关系,在战略规划、实施理念、优先时序、侧重领域、具体策略等层面,提出推动"一带一路"倡议同东南亚国家发展战略对接具体建议,统筹推进"一带一路"在东南亚国家率先取得实质成效。

三 探索创新与存在不足

尝试从历史和现实的视角,对中国与东南亚国家战略对接进行研究,探索对接动力机制和推演模型,结合新型国际关系理论,力图在以下三个方面有所创新和突破。一是从中国与东南亚国家发展战略"双互动视角"考察。从"一带一路"倡议和周边外交角度,提供理论分析和应用分析支撑,从提升全面性和创新性方面,提出指导实际工作的策略和措施,并对全面推进"一带一路"建设中与东南亚国家发展战略对接提供借鉴。从中国进一步拓展外部发展空间、提升全球影响力出发,考察作为中国地缘邻居和潜力巨大且发展迅速的东南亚,提出国家发展战略对接良性发展对策。二是将国家发展战略对接从现实主义、自由主义和建构主义等"多理论体系"进行分析,并探索构建"对接"的概念理论体系。从大国战略、区域战略、开放战略、平衡战略等各个角度出发,综合对比运用现实主义、自由主义和建构主义等理论分析手段,形成全面的国家战略对接理论分析体系,提出创新举措,推动实际成果。三是锁定"一带一路"与命运共同体构建提出战略对接建议。从国际政治关系和区域经济合作一体化等视角,在政治、经济、外交以及宗教、文化、社会心理等方面,梳理关键难点,并提出务实策略和措施推动战略良性对接,对中国乃至周边区域开展相关的合作也具有参考价值。

当然,由于"国家发展战略"涉及面广、范畴界定不清,研究过程中的文献搜集和甄别筛选存在较大困难,而且从"战略"视角分析中国与东南亚国家互动关系,不可避免会涉及国家安全、国家外交及国家领导人言论等问题,都具有较高的政治敏感性和非直白性,有些档案资料均属于秘密。因此,本书的研究只建立在已公开的资料和言论上,在一定程度上影响了研究结论的客观性。其他存在的不足主要包括:一是研究领域范畴难以清晰锁定。中华人民共和国成立以来到"一带一路"倡议的战略发展历程,先后经历了封闭对抗、开放合作、引领开放等不同发展阶段,直至提出共同打造政治互信、经济融合、文化包容的利益共同体、命运共同体和责任共同体。与此同时,东南亚各个国家战略也不断演变与发展,如老挝变"陆锁国"为"陆联国"战略;越南未来15年国家综合发展总体战略;柬埔寨新政府提出国家发展"四角战略";印度尼西亚"全球海上支点"战略;等等。如何找准以"一带一路"为统领的中国国家发展战略与东南亚国家发展战略在理念、内容、措施、方向、目标等维度的对接领域,找准各自核心利益最大化的博弈互动,处理好当前与长远、意图与措施等之间分析路径,是本书的"目标对象"和"成果基石",是重点,更是难点。二是系统理论分析体系难以学理性把握。对中国与东南亚国家发展战略的对接进行推演剖析中,除对比采用现实主义、自由主义和建构主义等不同分析范式进行全面分析的基础上,如何结合当前国际形势和最新理论体系,试图构建符合"一带一路"倡议推进实际的国家发展战略对接理论分析框架。

第二章

战略对接概念辨析与理论反思

自民族国家体系形成以来，尤其是近代世界历史，无论是直接发动战争还是军备竞赛的冷战，战争与冲突一直阻碍着世界发展与进步。"国际关系向何处去""在分化的世界中加强合作"[①] 成为呈现在世人面前的时代之问。加快探索建立和平、公正、稳定的国际关系新模式、新动能、新治理，也成为世界各国共同期待的时代之盼。

第一节 战略对接基本内涵分析

战略对接是国际关系的一个重要概念，也是一个新的理论解释范式。作为一个解释概念，战略对接既是对目标的描述也是对客体范围的界定。作为一个新的理论解释范式，它具有国际关系理论的一般性特点，也具有与其他理论范式不一样的特征。

一 主体是主权国家

主权国家（sovereign state）是战略对接的主体。从战略对接的字面意思来讲，战略指的是从宏观意义上，站在全局的角度考虑、谋划并实现全局目标的规划。[②] 战略实施有多个层次，可以是个人的发展与规划，

[①] 2018年世界经济论坛年会于2018年1月23—26日在瑞士达沃斯—克劳斯特举行，会议主题为"在分化的世界中加强合作"。参见《世界经济论坛2018年年会召开》，中国社会科学网，http：//ex. cssn. cn/hqxx/201801/t20180126_3829547. shtml，2018年1月26日。

[②] 张睿：《Z公司BPO业务中心战略管理分析与规划》，载《商场现代化》2016年第16期，第98—99页。

也可以是企业、社会团体等组织如何发展，还可以是国家要实现的宏伟目标。相同层次以及不同层次之间的战略是可以实现对接的，例如习近平在关于实现中华民族伟大复兴的"中国梦"的重要论述时表示"每个人的前途命运都与国家和民族的前途命运紧密相连"。[①] 而在国际关系中，实施战略的主体意味着必定是主权国家。[②] 尽管当前参与国际关系的主体逐渐多元化，从主权国家向个人、组织、跨国企业等延伸，可主权国家仍然是国际关系战略制定实施的主体。从威斯特伐利亚体系以来，世界国家的属性逐渐从传统国家向现代民族国家转型，经过几次民族独立的浪潮，建立了世界上最为广泛的现代民族国家体系。而其中最为突出的特点就是现代民族国家拥有主权，所以，所谓传统的主权国家指的是现代民族国家。[③]

主权国家作为国际社会的重要组成单元[④]，它具有社会属性，即相互之间存在政治、经济、文化、技术、安全以及其他形式的互动和来往。在互动过程中，主权国家实施的战略、政策、手段和方式，形成了主权国家的国际行为。战略对接是国际行为的一种类型，指的是两个及两个以上的国家从宏观层面就谋划并实现全局目标，通过相互沟通和协调，达到一致行动的国际共性行为。不可否认，国家战略的制定、实施以及对接都将落脚到人以及以人组成的集体，但都是以国家为前提。因此，在国际关系中，战略对接的主体是主权国家。随着全球化的发展，多元化成为国际体系环境变化的趋势，并影响主权国家所处的国际地位。主权国家作为国际体系唯一重要行为体的既有地位正日益动摇，主权国家正面临历史性转型。[⑤]

---

① 《习近平关于实现中华民族伟大复兴的中国梦论述》，中国共产党新闻网，http://theory.people.com.cn/n/2013/1205/c40555-23756883.html，2019 年 1 月 31 日。
② 王翔宇：《文明变迁对"一带一路"的影响分析》，载《国际观察》2016 年第 1 期，第 80—92 页。
③ 李强：《全球化、主权国家与世界政治秩序》，载《战略与管理》2001 年第 2 期，第 13—24 页。
④ 王翔宇：《文明变迁对"一带一路"的影响分析》，载《国际观察》2016 年第 1 期，第 80—92 页。
⑤ 张春：《主权国家转型与大国的未来角色》，载《国际关系研究》2015 年第 1 期，第 27—30 页。

二 客体是国家间的经贸竞争与合作

国家战略对接的领域众多,可国家发展战略对接主要是国家间的经贸竞争与合作。从经济学来看,发展战略理论关注的重点是发展,即筹划指导发展国家的实力和潜力,以实现国家发展目标的方略,是国家战略的重要组成部分。[①] 不但如此,经贸竞争与合作在以"和平与发展"为主题的时代背景下,已经成为国际关系的主要互动方式。

国家间的经贸与合作具有多种类型。从数量上来看,可分为:国家与国家之间的国别经贸竞争与合作;区域内的多个国家间经贸竞争与合作;全球性的多元国家多维度经贸竞争与合作。从国与国之间来看,这种竞争与合作主要体现在投资贸易、关税壁垒、自由贸易区构建以及地理空间毗邻地区的经济合作等;从区域内的经贸竞争与合作来看,是区域内国家联合起来就加强域内经济联系,抵御域外经济冲击的一种团体作战形式;从全球来看,主要是消除国际经贸竞争与合作的共性问题,为促进世界经济的恢复与发展共谋划策,推动全球经济可持续发展,当然不排除一些国家通过全球性的经贸竞争与合作达到获取单个国家的利益,例如随着民族国家的建立,西欧国家纷纷推行重商主义政策,这促进了西欧国家经济的发展,引起了世界社会发展的重大变化,并对世界经济的发展产生深远的影响。[②] 重商主义背景下的南北经济不平衡发展就是欧美发达国家在经济竞争中榨取发展中国家的经济造成的。

从属性来看,可分为竞争与合作。加强国家间发展战略的对接既可能是实现国家发展目标,也可能是应对国际经贸竞争。实施国家发展战略的载体政府要建立可持续的公信力以及执政的合法性,就必须以推动经济发展水平不断提高、提升人民生活水平为奋斗目标。而通过国家间的发展战略对接,实现国家经贸合作、实现互补、共享公共产品、相互协调借鉴各自的成功经验和失败教训,是实现这一目标的重要途径。从竞争来看,国家与国家之间发展战略的结合有助于整合资源,提升国际

[①] 熊武一、周家法主编:《军事大辞海·下》,长城出版社2000年版,第1874页。
[②] 关庆凡、崔建伟:《论重商主义对世界经济发展的影响》,载《企业经济》2012年第5期,第67—69页。

竞争力，有效应对国际竞争的冲击。

三　内容是政治、安全与文化等领域

虽然国家发展战略主要集中在经济领域，可政治、安全以及文化等其他领域也是国家发展战略的重要组成部分。从政治上来看，生存与发展是一组因果关系的变量，先有生存才会有发展。这意味着没有稳定的国内局势就不会有国家的发展问题；① 同样的，没有稳定的国际局势，也就不会有国家之间的发展战略对接。发展战略的对接是以政治认同为基础的，意味着参与合作的国家相互认同彼此的政治形态，即使这些国家的意识形态不一样，但国家在推行合作时，是以"求同存异"为前提的。不仅如此，发展战略对接势必会推动以国家为互动主体的联系，进一步来说，发展战略对接也是推动地区治理向全球治理的一个必经阶段，推动地区政治向全球政治过渡。相反，政治领域的合作很可能推动国家在经贸层面的合作，特别是发展战略对接。除此之外，功能性外溢理论认为，经济领域合作的成效势必会向政治领域延伸。② 一体化效果不断外溢的过程，从经济到政治，从低端到高端，形成不同发展阶段。在多个领域一体化的共同运作下，最终才实现了这种质的飞跃。③ 因此，国家发展战略的对接对政治的需求不可缺少。

从安全上来看，国家发展战略对接本质上是维护国家发展利益，而发展利益与国家自身的国土安全、经济利益、社会稳定等各方面关系密切，发展战略对接的具体合作也会滋生出腐败、走私、逃税避税等非传统安全问题。具体来看，首先，如果发展战略的对接是一种霸权、强权性质的，并且是不以另一参与主体的安全为前提保障的，那么这种发展战略的对接必定是不长久、不稳定的。发展战略的对接很容易从经贸领域的合作与竞争转向以国家生存危机的传统安全考量。其次，国家发展

---

① 张林林：《团结才有稳定　稳定才能发展》，载《中共伊犁州委党校学报》2009年第4期，第63页。
② 姜运仓：《国际区域经济合作的外溢效应》，载《湖北社会科学》2011年第10期，第67—69页。
③ 黄达：《欧洲一体化进程原因简析——以新功能主义"外溢理论"为方法》，载《现代经济信息》2010年第15期，第91页。

战略对接意味着在国家主权方面的让渡以及经济安全上对他国或多国的信任。国家政治主权、经济主权、文化主权的部分让渡是国家主权让渡的具体表现。① 可一旦任何一方违反对接意愿，都将对他国的经济安全构成影响。最后，发展战略对接本身带来的非传统安全问题，将影响参与国家的安全。

从文化来看，发展战略的对接实际上是国家价值观的认同。在冷战时期，发展战略的对接主要体现在国家意识形态方面，社会主义国家的发展战略对接主要围绕着以苏联为核心的计划经济联盟，而资本主义国家则以美国为中心构建起市场经济联盟。现如今，随着冷战结束，意识形态在国际社会中的地位被严重削弱，多元文明成为经济全球化的重要趋势，② 因此认可和包容多元文明也成为当前国际社会发展战略对接的基本点，即不同国家、不同文明、不同政治体制之间都可以构建起发展战略的对接。

四　目标是实现国家发展收益最大化

现实主义认为，国家行为体的行为终究会落实到具体的个人身上，而人是理性的，这就意味着国家行为体在国际社会的任何行为都是有目的的。虽然国家具有许多与"人"不同的特点，但在许多方式和环境中，国家都是有偏好、有意图的行为体。③ 国家发展战略的对接也是有其目标的，是以实现国家发展收益最大化为目标。主要表现在两个方面：一是对于国家内部而言，通过发展战略的对接，能共享发展的公共产品，增加外来投资，增强国家人才水平和科技力量，提升国家产品在国际市场中的相对竞争优势；二是对于国际社会而言，既可能是增强发展的动力，运用国际社会的便利化，也可能是维护利益共同体的利益。例如，随着亚洲在国际舞台上重要经济地位的不断提升，亚洲国家呼吁在国际社会

---

① 李慧英：《论国家主权的让渡》，载《河北法学》2004年第7期，第154—156页。
② 颜旭：《多元文化态势对社会主义意识形态建设的挑战及对策》，载《黑河学刊》2008年第1期，第8—10页。
③ 陈敏华：《国家行为与属性的模塑——一种社会化视角的分析》，载《国际观察》2004年第1期，第17—23页。

发挥更大的国际经济作用和政治作用。[1]

国家发展战略对接的实施者和受益者都是参与战略对接的国家行为体。国家发展战略对接的目标是以自身为出发点，聚焦国际发展环境、国内发展条件以及实现路径，更加强调国家行为体在目标实现中的首要性。发展收益是目标对象，利用好国内外的优势条件，整合资源，共同发展，共享发展成果。追求收益最大化是结果，发展战略的目的就是要实现收益，而国家之间的发展战略对接则是追求收益最大化。

五 保障是实现世界发展收益最大化

国家发展战略对接的目标是实现以国家行为体为主体的发展收益最大化，而支撑目标则是实现世界发展收益最大化。国家发展战略对接在经济全球化的今天就是要推动国家与国家之间的发展战略和路径的同质化，[2] 即通过双边、多边的战略对接行动，一步步助力全球在发展环境、发展条件、发展路径上的一致行动。尽管世界各国的政治体制各有不同，信奉的价值观尚有差异，但在发展问题上是一致的。不管是已经发展了数百年的欧美发达国家，还是才民族解放数十年的亚非拉美发展中国家；无论是信奉民主的欧美国家，还是泰缅军政府，抑或是君主立宪制国家，发展始终成为各国凝聚共识、形成合力、通力合作的基础。

世界发展收益最大化也将反作用于国家发展战略对接。首先，发展战略对接形成的良好发展环境和营造的发展条件有利于进一步推动国家之间更好地实现战略对接；其次，世界各国避开意识形态问题而形成的发展共识，[3] 为战略对接创造更好的外部条件；最后，全球化视角下的世界发展收益将给各国带来发展红利，例如降低关税、减少进出口关卡、共享基础设施、优化资源配置等。

---

[1] Kim, I. Y., Singh, L., "Asian Security and India-Korea Strategic Cooperation", *Korean Journal of Defense Analysis*, Vol. 14, No. 1, 2002, pp. 175–196.

[2] 孙英春：《文化"同质化"与后发展国家的选择——大众文化全球传播的视域》，载《浙江学刊》2006 年第 5 期，第 65—72 页。

[3] 黄冰清：《时空正义：实现全球梦的价值共识》，载《江苏省社会主义学院学报》2014 年第 6 期，第 69—72 页。

第二节　战略对接类型与形式分析

国家利益体现为生存与发展，在现代民族国家社会中，除了少数几个国家还在把国家生存作为当前的主要任务以外，其余大多数的国家把发展作为国家利益所在。无论是发达国家还是发展中国家，都提出了各自相应的发展战略和目标。这为国家之间的发展战略对接提供了客观条件，可实际上国家发展战略对接并不是一帆风顺的，而是国际政治的重要组成部分，具备不同的类型与形式。

一　主要类型

国家发展战略对接实际上是一个国际政治行为的实施过程，具有国际政治的特点。因此，国家发展战略对接的主要类型有以下几种。

（一）一国得利型

虽然"一国得利"的国家间发展战略对接在现代社会已经过时了，但仍存在于国际社会，成为国家发展战略对接的一部分。在"一国得利"的发展战略对接过程中，一般来看是其中的大国得利，而对小国弱国则是不利的。这是因为大国会在其中采取强势的政治手段和霸权手腕，让自身在战略对接过程中实现利益最大化，并最大限度地减少其他参与各方的利益。即在国家发展战略中的利己主义表现，以及经济霸权主义，实际上就是一种"零和博弈"。美国特朗普政府积极推进"美国优先"的政策，通过降低国家管理负担，激发了一定国家发展动力。但政策实施后也产生政府内部意见分歧、实施制度乏力、国内议程牵制等多重因素的制约。[①] 而之前与美国签订了发展战略对接相关协议的国家，则蒙受特朗普政府政策变动的影响。日本作为美国在亚太重要的盟国，不仅在政治、安全层面与美国保持高度一致，还在社会经济方面与美国联系紧密。可特朗普政府的"美国优先"政策逐步转变为"美国利益至上"的单边主义政策倾向。在实用主义指导下，强调"美国利益至上""美国例外"

---

① 沈雅梅：《特朗普"美国优先"的诉求与制约》，载《国际问题研究》2018年第2期，第56—63页。

"美国至上主义",为美国的扩张主义、霸权主义服务。① 例如,美国先是退出《跨太平洋伙伴关系协定》,而后又对日本部分商品实施高关税。美国在牢牢控制着两国发展战略对接主动权的同时,也在提高自身在其中的利益最大化,而全然不顾日本的利益受损。尽管安倍晋三仍然不遗余力地极力维护美日关系,但美日关系出现缝隙是不争的事实。中国作为新兴国家的代表,是经济霸权主义的受害国家。因此,中国的崛起和中国发展不会以牺牲其他国家的利益为代价。

(二) 合作共赢型

和平与发展是当今时代的主题。因此,合作共赢的国家间发展战略对接是当前国际合作的主要趋势。从政治属性上看,国家主权是平等独立的,国家发展战略对接的任何一方都是平等的,不存在大国欺负小国的现象。从经济与市场角度看,市场收益取决于产业竞争力,国家在全球价值链地位的决定因素非常复杂,但也主要取决于国家综合实力,以及全球化的跨国企业市场竞争力。贸易结构的演进与复杂的价值链紧密相关,发展中国家贸易战略的制定必须要适应国际生产体系的变革。② 无论是单个国家间的资源整合,还是全球创新,都离不开国家间合作,并创造增量收益实现共赢。从具体过程看,国际政治秩序基本处于"无政府状态",也就是缺乏政治强权约束,而国际市场规则天然的公平竞争属性,则决定了国家发展战略对接的形式、方式和路径都是经过参与各方共同协商完成的。因此,也只有符合各方利益诉求,无论是经济利益还是政治利益、无论是当前利益还是长远利益,战略对接才能持续与发展。纵观全球国家间关系互动过程,作为独立国家的参与各方,也更愿意在这样的类型下开展国家间的发展战略对接。中国与德国之间在"中国制造2025"与"德国工业4.0"的对接方面正积极推进,这也助力两国共同实现相互的战略目标。传统工业强国与新兴大国如此高级别合作,不

---

① 黄梅英:《美国单边主义外交政策析》,载《边疆经济与文化》2010 年第 2 期,第 60—61 页。
② 程新章:《国家贸易战略的全球价值链分析》,载《社会科学辑刊》2004 年第 6 期,第 34—45 页。

仅在经济领域被持续关注，在政治领域也颇受青睐。①

（三）针对第三方型

"针对第三方"是国家发展战略对接的另一种属性及类型。霍布斯关于人性恶的定义不仅可以阐释国家是如何产生的，而且可以进一步解释国际社会动荡不安的根本原因，以及国际秩序如何在国家冲突中实现建构和发挥作用。② 如果弱化全球市场竞争与合作规则，以及弱化地球共同命运与文化认同，那么在强调缺乏中央权威强制力的国际无政府状态下，国家间发展战略的对接更多是基于自身"危机"的驱动。国家除依靠自身力量外，倾向于通过战略资源相互利用，借助外力形成不同程度的联盟，包括相互期望以及实质互动。而该类型下的战略对接，既是针对外部"威胁方"的直接应对，也是针对第三方的对接形式。具有浓厚政治属性的"针对第三方"已经不适用当下国际合作的生态环境。因为较强的政治属性往往伴随着大量的政治斗争和政治博弈，进而降低了国家发展战略对接的本质属性。二战结束后，美国的发展战略主要集中在恢复与发展上，进而为美国的全球战略服务，推出"马歇尔计划"。与此同时，二战中欧洲受到重创，西欧诸国各自提出发展战略。因此，美国的"马歇尔计划"与欧洲"战后复兴计划"不谋而合。事实上，两方的发展战略对接很大程度上是针对苏联，其目的就是要在西欧地区构建一道反红色的坚强壁垒。

综上所述，在现代新型国际关系理念下，要摒弃传统的国际关系合作思想，"一国得利"和"针对第三方"的发展战略对接都是过时、落后的。而建立在合作共赢、互利互赢基础上的战略对接才是符合当前国际合作的发展规律和有前景的。合作共赢的发展战略对接不但有利于国家间发展战略的对接，也有利于全世界持续和平与发展以及人类社会和谐与进步。

---

① 张屹、郭丹：《中国制造 2025 与德国工业 4.0 对接风险探析》，载《理论与现代化》2017 年第 1 期，第 42—48 页。

② 包燕玲、王秋阳：《霍布斯式的无政府状态和国际社会秩序的建构》，载《知识文库》2016 年第 11 期，第 56—63 页。

二　具体形式

在和平与发展为主题的时代，国家间的合作成为主流趋势，而国家间发展战略对接也成为常事。国家间的发展战略不同于其他国家战略之间的对接，它具有自身独特的特点和方式。国家间发展战略对接主要集中在"发展"和"对接"两个层面。先从发展来看，国家间发展战略对接主要集中在经济发展领域的对接，这就意味着国家间发展战略的对接实际上就是经济合作；从对接来看，国家间发展战略对接的最终落脚点是在"对接"上，即这不是一个国家参与，而是由两个及两个以上的国家行为体参与的经济合作。具体来看，国家发展战略对接主要途径和形式有以下几种。

（一）单一领域合作

单一领域的对接主要是指参与各方就某一发展领域进行的功能性合作，例如对接制度的建设、基础设施对接、科技创新对接以及相互毗邻地区的地理对接等。由于国家发展战略的对接不是一蹴而就的，相反它会面临诸多的困难和挑战。一般来讲，进行单一领域对接的参与各方，其相互之间的关系正在发展过程中或是出于发展的早期阶段。因此，单一领域的合作具有重要的意义。一是发展战略对接的各主体方可集中力量共同推进这一领域的对接和合作，能在短时间内取得实际成效，取得早期收获。二是单一领域的对接成功与否，对参与各方的关系发展及走向影响不大。如果对接成功，就有利于促进参与各方的关系发展；倘若对接失败，也不会对两国关系影响太大。三是单一领域的对接可为国家间发展战略全方位对接进行试验性、探索性合作，为实现全方位发展战略对接打下基础。

（二）全方位伙伴

全方位的国家发展战略伙伴指的是参与各方就发展战略的各个方面进行合作。全方位伙伴是基于一定的合作基础的，它是在参与各方已经"结盟"或是发展成为全天候的战略伙伴关系，在此基础上进行对接合作。全方位伙伴具有全面性、系统性、快速性等特点。从全面性来看，它似乎涵盖政治、经济、文化、宗教、环境和安全等各个方面；从系统性来看，它形成了从上到下、自西向东的横纵向合作框架体系；从快速性来看，在原有的合作基础上，能快速推进具体的对接项目，尽早实现早期收获。2005 年，中巴就构建了"全天候""全方位"的战略伙伴关系，① 即中国与巴基斯坦之间的合作共识，不受国际局势和两国国内局势变化而变化。在此基础上，2013 年 5 月，李克强总理访问巴基斯坦，提出构建中巴经济走廊的建设构想，近年来发展迅速，成为"一带一路"倡议的重点标志性项目。②

（三）区域合作

区域合作是国际发展战略对接的集中体现形式。区域合作模式由最初的单一政治集团逐步向开放、自由的经济合作关系演化。③ 从国际层面来看，国家发展战略的对接势必会形成地理毗邻地区的单一领域或全方位的合作；从国家层面来看，发展战略的对接是基于互联互通的基础上的，而互联互通拉近了原有地理空间的距离，形成了地缘邻近效应；从次国家层面来看，次区域合作也是区域合作的形式之一。但在这里，区域合作主要是以国家为参与主体推行的区域性发展战略的合作。这样的区域合作形式，既可以是单一领域的发展战略对接，也可以是全方位的发展战略合作，但必定是以经济合作为主轴的合作，否则不能视为发展战略对接的区域合作。上海合作组织虽然在早期主要集中在解决历史遗留问题和安全问题，但实际上是为参与各国发展战略服务的区域性合作。而欧盟、东盟的区域合作则是全方位的区域合作。当然不可否认，多边区域合作的困难与挑战必定要大于双边区域合作。因为多边区域合作要协调的问题必定要照顾到参与各方的利益，否则区域合作就流于形式。

（四）次区域合作

次区域合作也是国家发展战略的重要形式之一。次区域合作是指邻近国家地区间的边境省份或国家，精心界定、跨边界较小范围区域，为发展经济，维护边境地区社会、经济、政治、生态、信息等安全需要而

---

① 沈丁立：《发展新世纪中国与巴基斯坦的战略关系》，载《南亚研究季刊》2011 年第 2 期，第 4 页。
② 高潮：《"一带一路"建设开局　中巴经济走廊成为旗舰项目》，载《中国对外贸易》2015 年第 3 期，第 56—57 页。
③ 张可云、邓仲良：《一带一路区域合作框架的构建逻辑》，载《开放导报》2017 年第 2 期，第 45—57 页。

开展的经济与非经济等方面的合作。①国家的部分区域参与国家的发展战略对接之中,其目的就是实现相邻区域内生产要素的快速流动,创造经济价值,通常包括投资、人力资源、旅游、贸易、基础设施、环境保护等。其中,中央政府赋权下的地方政府是次区域合作的主体。在中国与中南半岛的次区域合作中,就是中国的发展战略与其他国家的发展战略实现了对接。例如,云南是国家西部大开发和参与"一带一路"建设的主体省份,作为次区域地方层面先后与缅甸、泰国、老挝、柬埔寨、越南五国战略对接,并积极参与了大湄公河次区域经济合作、澜沧江—湄公河合作。

（五）经济走廊

经济走廊是国家发展战略对接的又一种形式。经济走廊主要是沿着重要的公路、铁路、油气管道等交通要道及沿线地区实现国家发展战略对接。跨境经济走廊的建设地域空间是一个"狭长地带",相关国家选择部分毗邻区域参与跨境经济合作,因此可以巧妙地规避某些政治障碍,进而有效地推进相邻国家间的务实合作。②它既可以是两个国家之间的发展战略对接,也可以是多个国家共同参与的合作形式。通过跨境的经济走廊合作,可以将毗邻两国从地缘联系上升为经济合作,并最终外溢到政治互信,从而推动区域一体化发展。例如中老经济走廊就只有中国和老挝两个国家参与,且主体项目主要是在中老边境区域；而孟中印缅经济走廊则是由中国、印度、缅甸和孟加拉国四国参与,其中中印两国是部分地区参与,而缅甸和孟加拉国是全境参与。

第三节　战略对接基础与条件

国家发展战略作为一个国家的重大计划和战略任务,会投入整个国家的动员资源,其目的就是达到预期的目标,实现在国际社会中的生存

---

① 熊理然、胡志丁、骆华松等：《次区域合作研究方向的变迁及其重新审视》,载《人文地理》2011年第1期,第61—65页。

② 卢光盛、邓涵：《经济走廊的理论溯源及其对孟中印缅经济走廊建设的启示》,载《南亚研究》2015年第2期,第1—14页。

与发展,争取国际市场最大收益。不同的国家具有不同的发展战略,而任何一个国家都不可能游离于全球化与社会化的政治经济网络之外,因此,不同国家的发展战略在基于一定条件和基础上是可以实现对接的。

一 合作共赢是重要基础

国家间发展战略对接的基础是合作共赢,没有以合作共赢为基础的国家发展战略的对接注定是失败的。国家发展战略的对接与合作共赢是相辅相成的关系,在这其中合作共赢是国家发展战略对接走向成功的基础,而国家发展战略的对接又需要合作共赢。如果国家发展战略是"零和博弈"式的收益,那么势必会导致国家发展战略对接的另一主体减弱动力,产生消极态度,进而引发国家发展战略对接走向失败。倘若国家发展战略的对接是"非零和博弈"且战略对接的任何一方主体都能从中获取好处和利益,这将大大激发国家发展战略对接的任何一方的积极性,促使他们在战略对接中投入更多更大的力度。不仅如此,国家战略对接的成功和进一步深化,又将助力合作共赢深入人心,成为国家发展战略对接不可或缺的核心部分。中国与吉尔吉斯斯坦、哈萨克斯坦等中亚国家的发展战略对接就是建立在合作共赢的基础之上的,其中中国的"一带一路"发展战略与吉尔吉斯斯坦的发展战略以及"欧亚经济联盟"战略实现了对接,推动了中吉以及中国与中亚国家之间的战略契合度,实现了合作共赢。合作共赢战略不仅创新了中国对外开放战略与经济发展战略,而且创新了国际经济关系和全球经济治理的基本原则。[①]

二 大国推动是核心关键

纵观国家间发展战略对接成功的例子,但凡成功的国家发展战略对接都离不开大国在其中发挥的关键性作用。国家发展战略对接作为国际合作重要组成部分,深深打上了国际政治的烙印。大国是国际社会的重要组成部分,在国际合作中具有重要作用。大国意识在动态的国际关系当中由于表现出强烈的社会互动含义,因此它的外交功能性作用不仅是

[①] 张幼文:《合作共赢:新时期政经外总体战略》,载《探索与争鸣》2015年第5期,第67—73页。

大国身份的象征,更主要反映为大国将这种意识内化、吸收并潜移默化转化为对符合大国身份的特殊权利及特殊责任的认可。① 在国家发展战略对接过程中,大国不仅是发展战略对接公共产品的提供者,也是国家发展战略对接的推动者。大国推动下的国家发展战略对接无论是在推进效率,还是在战略对接程度方面都是较快和较高的。具体实施上,大国不但为发展战略对接提供宏观上的蓝图设计,还在微观上调动各方资源确保国家之间发展战略实现顺利对接,确保成功对接。例如 2018 年泰国制定实施了《国家 20 年发展战略规划》,② 其核心就是要发展经济,而加强基础设施建设是发展经济的重要举措之一。对此,中国加大与泰国的战略对接力度,积极推动中老泰三国之间的道路联通,通过铁路、公路、河运以及航空运输,推进跨国经济走廊建设,实现经济走廊沿线地区的人才、贸易物资、资金、技术等生产要素的快速流通,创造经济价值,助力经济发展。

三 早期收获是先期动力

所谓"早期收获"就是在战略对接的早期推进的项目并且在短时间内能获得收益、看到成效的实施计划。国家发展战略对接的目的就是要实现发展战略目标,而推动早期收获实施计划具有重要的意义。首先,早期收获有助于国家发展战略对接制定科学、有序的计划,即国家发展战略对接过程必定是一个从易到难、从点到面、从先到后的发展趋势,其中早期收获就是国家发展战略对接过程的初级阶段,既是一个打基础的过程,也是一个收获的阶段。其次,早期收获具有实验性、探索性的特点,很大程度上早期收获是在为国家发展战略对接找寻到一条合适的路径,在早期收获的实施阶段会在对接的制度创新、合作领域、对接路径、对接方式等方面进行探索式接触和试验性合作。例如在"一带一路"

---

① 王翔宇、刘世强:《国际关系中的大国意识及其表现途径》,载《国际观察》2018 年第 3 期,第 65—72 页。
② 泰国《国家 20 年发展规划》主要覆盖六大方面的改革,例如均衡发展战略,政府行政机制管理体系改革,携手共造廉洁、诚信价值观的社会和杜绝贪污贿赂等。《泰国国家 20 年发展规划颁布实施》,中国驻泰国经济商务参赞处网,http://th.mofcom.gov.cn/article/ddgk/zwdili/201810/20181002797289.shtml。

倡议下，中国在不断寻找适合与缅甸的合作路径和方式：第一，在孟中印缅经济走廊基础上开展合作，可以拓展缅甸沟通东亚及南亚的战略地位，但受印度态度影响，面临停滞不前甚至被搁置的趋势；第二，试图将中缅边境合作向环印度洋延伸，这遭到印度的高度警惕和猜忌；第三，提议构建环印度洋经济圈，印度等方面"有读勿回"；第四，提议在中缅合作的基础上，拓展东盟与南亚国家联盟合作模式。一旦中缅之间找到合适的路径，中缅两国发展战略的对接将更上一个台阶。最后，早期收获有助于国家发展战略对接的广度、深度进一步提升。早期收获会使参与发展战略对接的国家能获取的收益及早看到成效，进而会推动相关参与的国家在战略对接的力度上投入更多、更大，共同助力国家之间的发展战略对接全面深入发展。

四 制度机制是保障

国家间关系的制度化，就是将国家之间的合作与冲突置于制度化的框架下，建立彼此之间的制度性联系，实现彼此之间关系的制度化发展。[①] 成熟的国家间发展战略对接必定是由系统性的对接机制和制度作为保障的。制度机制包括自上而下的对话机制，参与国家发展战略对接的国家间、次国家协议，专门设立或共同组建的相关机构、组织、会议、论坛等组织形式。这就意味着国家间的发展对接机制不仅涵盖横向和纵向的联络体系，还包括参与主体间签订的合作协议、声明、意向、备忘录、倡议等正式和非正式的制度性框架。这些框架体系的建立将会确保参与国家间发展战略的成功对接。首先，这些机制会搭建国家发展战略对接的顶层设计、规划蓝图；其次，协调发展战略对接过程中遇到的利益和挑战；再次，共同商议对接的路径和方式，管控进程；最后，避免第三方因素的干扰。通过建立机制保障，国家发展战略对接就走上了成熟的发展道路。当然，机制保障也将随着国家发展战略对接的前进而不断发展，进而确保国家间发展战略对接逐渐走向成功。

---

① 毛艳：《制度化与国家间关系刍议》，载《学理论》2014年第3期，第3—4页。

第四节　战略对接相关理论辨析

在中国外交政策由国内治理向国际治理转变的大背景下，国家开放发生自主对外开放向主动要求别国开放的新转变，以"一带一路"倡议为代表，国家战略聚焦国际经贸合作为主要方向和重点领域。从国家发展战略对接面临的竞争与合作角度，战略对接涉及管理学、经济学、政治学等诸多相关理论。

一　管理学合作竞争领域中的理论渊源

人类对合作的兴趣，最起码在生物脑演化的阶段上甚至早于人类的竞争关系。[1] 从人类五千年进化看，尤其是近现代管理实践的发展历程看，追求合作进而不断推进合作效率，是推动人类不断迈向社会化、工业化和现代化文明的重要动力。随着电子信息和网络技术推动全球信息化，20世纪80年代的合作竞争理论（cooperation-competition theory）作为一种新的管理学理论产生，逐步发展成为一种新型企业管理理论，并经历了从协作型竞争向合作竞争发展。该理论从合作角度对竞争进行研究，探求企业间通过有意识相互合作，获得单纯竞争所无法获得的经营效果，即基于"双赢"基础上的经营方式。[2]

超越囚徒困境中个体理性的局限，谋求合作和合作剩余，可能是我们人类行为、人类心智与人类社会包括人类文化与人类制度共生演化的最终原因。[3] 在小范围合作竞争场景中，个体损益的局限性，决定了个人依据理性开展竞争以获取个人利益的思维方式。但这种个人收益实质上是建立在场景中相对个体利益损耗的基础之上，也就是零和博弈。但从个体超越现实利益、拓展至精神收益的综合收益，以及个人超越当下利

---

[1] de Quervain DJ, Fischbacher, U., Treyer, V., Schellhammer, M., Schnyder, U., Buck, A., Fehr, E., "The neural basis of altruistic punishment", *Science*, Vol. 305, No. 5688, 2004, pp. 1254 – 1258.

[2] 薛丹妮：《"竞合"理论述评》，载《重庆与世界》2011年第28期，第54—56页。

[3] 汪丁丁、罗卫东、叶航：《人类合作秩序的起源与演化》，载《社会科学战线》2005年第4期，第39—47页。

益、延伸至长远收益的可持续收益角度看，个体收益内涵的日益成熟，推动小范围合作更趋可实现。如果放大至更大范围甚至整个社会范围，由于产业中社会分工不断细化与发展，更受制于个体精力及知识局限性，产业发展与市场竞争更多从生产能力竞争，逐步转化为生产效率和效益竞争。而效率与效益的提升不可能依靠单个个体实现，更需要通过分工合作获取更高工作效率，竞争中的合作成为产业提升的必然路径。

合作中隐含着竞争，竞争中兼顾着合作。两者共同推动整个产业的成长和经济的发展。[1] 合作竞争扩大了生产力的"蛋糕"，形成了超出竞争双方效益之和的增量综合效益。从系统论考量，系统具有整体性、目的性、稳定性和适应性，这为企业开展合作竞争提供了可行性和必要性支撑。[2] 建立一个更完善、更有效率的合作秩序，也许是我们这个物种在生存竞争中的最大优势。[3]

博弈论也是分析合作竞争较为普遍的理论工具，也有学者提出了合作竞争博弈模型。[4] 通过博弈机制，合作策略有可能成为提高集体效率的有效途径，[5] 不仅能满足企业追求利益最大化的要求，而且也符合整个社会的帕累托原则，较好地解释了合作竞争的必然性。[6] 尤其是对于中小企业来说，受政策歧视、资源分配不公、竞争机会不均等挑战，更倾向于通过竞争合作促进资金筹措、技术创新和专业化协作，形成包括价格、兼并、集团化、资金合作等一系列协同创新行为。[7] 从国际社会角度看，

---

[1] 金秀玲、阳小华：《新时代的新竞争理论：合作性竞争》，载《现代商贸工业》2001年第6期，第22—23页。

[2] 钟映丽、侯先荣：《合作竞争的系统学原理》，载《科技进步与对策》2002年第11期，第19—21页。

[3] 叶航、汪丁丁、罗卫东：《作为内生偏好的利他行为及其经济学意义》，载《经济研究》2005年第8期，第84—94页。

[4] 孙利辉、徐寅峰：《合作竞争博弈模型及其应用》，载《系统工程学报》2002年第3期，第211—215页。

[5] 李振华、赵黎明、温遇华：《基于价值网模式的企业合作竞争博弈研究》，载《软科学》2008年第1期，第22—26页。

[6] 卢光盛、段涛：《"一带一路"视阈下的战略对接研究——以中国—中南半岛经济走廊为例》，载《思想战线》2017年第6期，第160—168页。

[7] 王国红、刘隽文、邢蕊：《竞合视角下中小企业协同创新行为的演化博弈模型研究》，载《中国管理科学》2015年第s1期，第662—666页。

随着对战争后果的客观认识不断形成共识，以及全球化导致各国面对的共同问题不断涌现，任何国家不可能独善其身，更不可能通过长期竞争性思维，获得新的可持续的发展空间。

此外，随着技术革命不断发展以及技术竞争力市场地位不断提升，也有学者对合作竞争理论与技术创新之间关联开展单独研究。根据技术自身特点和市场规模等情况，技术创新需要不同层次的合作。企业间通过合作竞争也能够显著促进技术创新绩效及净收益、投资额、双方得益比例和合作历史影响合作创新策略的选择。[①] 个体创新则聚焦自身生产能力以及对外沟通合作水平，一方面个体自身可以产出更大价值以拓展合作空间及可能性，一方面增强合作途径、提高合作效率、巩固合作长远，形成新的基于个体合作的新价值量，成为竞争中合作不断发展的动力。企业创新更多是产业技术和管理流程等创新，并通过该类创新实现生产效率和效益提升，进而在合作中提升整体竞争能力。而国家间竞争与合作，也就是国际关系与国际秩序的创新，需要从国际理念、规则、制度、体制等方面开展创新突破，进而降低战争忧虑而导致军备竞争的冷战思维，减少短期产业保护导致贸易战等直接冲突带来硬损耗，一方面通过资源合作共同开发第三方市场获得国家发展合作动力，一方面通过规则合作共同塑造共识规则，提供长远可持续合作制度软环境。将硬损耗的直接或者间接成本，在软环境合作中得以降低并增加收益。

二　国际分工中经济一体化的理论支撑

资源配置成为经济学研究的核心命题。资源的合作与竞争也成为资源配置的关键动力与途径。经济学关于合作现象的研究可以起始于亚当·斯密的《国富论》，认为"协同"或"合作"为人类共有和特有，解释了合作是人类天性中的自然倾向。[②] 但因前工业化和现代化时期的生产力低下限制，以及信息技术落后的局限，人类生产效率不高，资源产出量小且不稳定，导致资源配置更多以竞争为主，体现在对现实资源的

[①] 苏先娜、谢富纪：《企业技术创新合作策略选择的演化博弈研究》，载《研究与发展管理》2016年第1期，第132—140页。

[②] 王太盈：《斯密思想的分析》，东北财经大学，硕士学位论文，2010年，第98页。

争夺甚至掠夺。在国家间关系领域,不仅资源供给增速有限性与人口发展增速不相匹配,更进一步加剧资源竞争的紧张感。因而,大量经济学理论研究仍在"竞争"的分析框架中讨论"合作"问题,并未形成关于"合作"的真正理论体系。此外,国际秩序的无规则状态,导致国家间互动无法获得强制且稳定的国际规则体系支撑,不仅现实利益冲突导致国家间竞争加剧,"潜在"忧虑也成为国家间倾向于获取绝对竞争实力的"现实"动力。

直到 1996 年,出现合作竞争理论,[①] 并认为企业市场经营活动可以一定程度实现各自双赢的非零和博弈。[②] 合作竞争理论基于生产的分工社会化与技术现代化的发展,将博弈分析原本局限于"双方"的考察范畴,扩大至整个社会生产系统动力与市场整体空间,拓宽了动力机制实现了资源配置理论在企业管理层面的突破,极大地拓展了资源配置竞争必然性的认知。

随后,诸多学者从各个角度对合作竞争开展了大量研究。[③] 这些研究主要从交易成本理论、商业环境生态系统理论、新增长理论、网络组织管理效率理论等方面开展理论研究。在交易成本理论中,将企业行为决策的动力划分为成本与收益,并通过竞争与合作的成本收益分析建立模型机制。该理论提出竞争并不一定带来收益增长尤其是长期持续收益增长,但会带来投入竞争所产生的成本增长,而且这种成本属于"消耗性"成本。与此同时,合作不仅可通过知识合作与能力合作,带来生产效率和效益提升,也还可能带来维系合作的成本增长,但该成本基于合作的意愿增强,是可长期积累与相互叠加,进而实现可持续的。商业生态系统理论更是将生产及市场体系比喻为自然生态系统,一方面虽然是通过

[①] Brandenburger, A. M., Nalebuff, B. J., "Co-Opetition: A Revolution Mindset That Combines Competition and Cooperation," Vol. 5, 1996, pp. 89 – 99.

[②] 以博弈思想分析各种商业互动关系,与商业博弈活动所有参与者建立起公平合理的合作竞争关系为重点。

[③] 劳贝克等(1997)研究合作竞争中的知识转移问题,提出合作竞争中组织间的知识分配相关理论;派斯克(1999)研究了网络信息与医疗机构的合作与竞争;豪斯肯、斯戴维(2000)研究了市场团队间的合作与竞争。此外,瑞克曼等(1998)分析了伙伴型合作关系的重要性,以及能够影响成功的伙伴合作关系主要构成因素;洛根等(2005)则以互联网为切入点,探讨了合作中竞争,尤其是在知识经济新环境中,产生利润的主要途径和重要方式。

竞争性获取自然资源产生优胜劣汰，另一方面更是相互形成不可分割、不可单独发展进而形成相互必然需求的共同生存系统。处于不同系统层级与区域的企业，必然通过各自对系统的作用，进而塑造外部系统并改变自身成本与收益。而这种对外部系统的共同塑造本身就是合作，而且企业个体之间也通过竞争确定各自所处系统层级与区域，进而实现最终的层级合作以及区域合作。由于竞争只会导致单个个体收益增加、相对个体收益损耗，系统整体收益并不因竞争而必然增长。但合作在可能实现个体收益增加的基础上，更是系统收益升级的必然路径和关键渠道。因而，新增长理论更多从合作增量角度分析，为竞争下的合作提出了新增长即新动力理论体系。网络组织效率更是聚焦"效率"这一关键词，认为竞争不可能实现通过提高效率来降低成本的结果，通过探究竞争中合作的动力机制和效果外溢，进而形成合作以及不断深化合作，一方面提高"熟练度"的生产效率，一方面增强"默契度"的生产效率。总之，这一时期的竞争合作分析，通过以博弈论方法及相关运用为主的模型分析，提供了包括战略联盟理论、供应链理论以及价值链理论等合作竞争理论的运用体系。

国际分工是指在全球生产与消费市场一体化的背景下，各国之间的劳动分工、生产分工、投入分工与收益分工，也是世界各国之间生产的专业化、互补性、合作性分工。国际分工理论认为国际分工将生产流程超越国界、跨越区域、融合资源，因而是国际贸易体系和世界产品市场得以产生的核心基础，是区域及次区域经济一体化发展的动力来源，也成为对区域经济间互动关系研究的重要理论。在亚当·斯密看来，它几乎是作为经济进步的唯一的因素。[①]

随着各国之间生产力竞争，以及生产关系不断发展，尤其是现代物流产业，以及信息网络全球化，国家的内部分工趋于外溢国界，向全球纵深和广度不断延伸。尤其是随着知识经济的高速以及全球化发展，知识与技术本身的天然合作属性，促使各国产业与企业间大量开展生产技术合作，通过合作效率的提升，进而提升合作双方的国际市场竞争力。

[①] [英] 亚当·斯密：《国民财富的性质和原因的研究·下卷》，郭大力、王亚楠译，商务印书馆2011年版，第297页。

各国之间从市场消费需求以及产业技术发展需求角度，均推动生产环节与流通流程合作，产业关联性、互补性、共生性逐步增强。从生产环节看，由于各国经济技术发展、资源禀赋条件和制度机制环境等差异，各国相互间可以形成"分工垂直型"、"分工平行型"或者"分工混合型"国际产业链合作方式。"垂直型"分工主要是基于竞争型或者排他性生产环节，尤其是具备技术核心竞争力，则可以相对稳定掌握分工环节的控制力。"平行型"分工主要基于人力资源、自然资源等非排他性竞争力，存在可相应被替代的风险，但在时空导致的物流成本、人力资源水平导致的效率成本等门槛作用下，可一定时段、区域和程度范围内实现合作平衡。由于当今世界的产业合作更多是以跨国公司、跨国贸易、跨国投资为平台或者形式显现，因而从生产环节的合作来看，基本都属于"混合型"生产合作。

国家间相互竞争会导致国际产业分工，国际产业分工又反过来成为国际产业合作的动力，推动国家间相互合作从商品简单贸易向双向复杂投资发展。但与纯粹的市场配置资源产业体系分工不同，国家间分工最大的阻碍仍然是资源跨国配置效率、成本以及国界间通关便利化和国内外管理差异化壁垒。全球国际分工和生产一体化需要国家间合作，更需要的是国际贸易规则双向投资规则的保障。因此，国家间产业分工随着从国别产业间合作，向国际化跨国公司内部合作再向国家间双边合作发展，并最终形成制度体系，并以双边多边协议、优惠贸易投资安排、自由贸易关税区、共同市场、经济同盟并最终形成区域经济的一体化甚至经济全球化。

三 全球价值链及生产网络的理论动能

全球价值链[①]是价值增值在国际关系中的体现。如果说生产与投资本身只是合作的表现形式与载体，那么价值则是竞争的实质与合作的目标。

---

① 根据联合国工业发展组织的定义，全球价值链（Globle Value Chains，GVC）是指为实现商品或服务价值而连接生产、销售、回收处理等过程的全球性跨企业网络组织，涉及从原料采购和运输、半成品和成品的生产和分销，直至最终消费和回收处理的整个过程。参见何伟静、苏湘云《全球价值链理论与企业竞争优势分析》，载《山东人大工作》2010 年第 10 期，第 19—21 页。

通过市场总需求以及竞争可替代性倒逼，企业间确立彼此价值链位置，并形成增值分配体系。其中，市场总需求是刚性条件，决定价值链长度和可调整空间；竞争可替代性则是动态条件，决定于企业生产技术和管理能力的排他性竞争优势，越是具有排他性，越是具有稳定性。因而，从价值链内部看，内部的分工本身就是竞争的结果。基于国家间竞争钻石理论分析，价值链的分析框架已经成为国家间持久竞争存在的理论支撑。

但从价值链外部市场看，价值链内部竞争产生的升级动力，正是价值链本身对外部市场的竞争力。如果将国家间价值链竞争置于全球市场和国家竞争环境中考察，那么国家间价值链内部竞争，也是基于获取外部市场竞争优势的价值链内部合作。在价值链内部"被分配"的价值，可以在外部市场中得以"回馈"。从生产链向价值链分析的视角转变，可视为从生产的供给侧向市场的需求侧转变，无论对于企业还是国家来说，均需要更加注重自身资源、制度以及外部合作等方面，在国际市场上的变现价值，也面临如何提升自身核心竞争力问题。对于企业来说，更多是要关注能提供满足国际市场需求的能力，尤其是价值增值的决定性因素即核心技术能力，进而获得价值增值的排他性控制权。而该种竞争力的提升，尤其是基于知识技术的竞争力的提升，更大程度上仍需要通过技术合作予以实现。对于国家来说，价值竞争力重点体现在两个方面，一方面是对国内的跨国企业保障和支持全球竞争的制度供给，诸如企业税制、知识产权保护、企业家支持等制度体系，以及该体系自我改革与创新的能力；另一方面则是在影响甚至决定跨国企业在国际价值链中竞争优势的因素中，包括国家通过对外开放与外部的沟通合作程度，以及国家通过国际规则秩序引领与塑造，产生对跨国公司救济与保障的能力。

国际生产网络[①]是生产过程和地理空间、社会制度相结合的生产组织

---

① 国际生产网络（International Production Network, IPN）是对全球价值链发展、国际生产模块化与国际外包、国际垂直专业化分工等国际化生产现象的总体概括，即跨国公司通过对世界各地的生产资料加以整合，采用投资建厂、模块化生产或业务外包等形式，建立起世界范围的工厂或"制造飞地"。参见赵明亮、杨蕙馨《经济全球化条件下的国际生产网络与发展中国家价值链的重构》，载《产业经济评论》（山东大学）2012年第1期，第96—108页。

形式。[①] 国际生产的网络与生产价值链的网格化类似，以及企业生产的社会化，是经济全球化和政治国际化的综合体现。通过国际生产网络化，其实是将生产价值链外延进行了拓展，参与主体更为丰富、利益目标更为多元、价值空间更加广阔，能促进价值链内的竞争，向生产网络内的合作进行转化。尤其是对于国家来说，市场价值只是国家追求目标中的一方面，尤其是随着全球一体化和共同应对问题和挑战日益加深，安全、政治乃至文化等方面的国际收益，更是国家机器追求的系统目标。而国家在追求这一系列系统目标的过程中，可以超越单个或者少数国家间价值链的"链式"竞争，而在全球生产网络中寻求"网式"合作，也就是不以单个收益作为国家行为决策依据，而是以多元收益的综合平衡乃至综合收益，作为国家长远行为的决策依据，从而形成国际关系在国际生产网络化中的合作意愿。

这里所谓"全球"是指多种规模范围，可以是全球的，也可以是区域的，而并不是说一定要覆盖全球。而基于国家与国家专业化分工的不同，按照规模报酬递增的原理，必然伴随超越国家间竞争之上的跨国合作。生产网络跨越了企业与国界的边界，为经济增长提供了更加宽阔的市场和发展机遇，[②] 也为国家间竞争向合作发展提供了动力和空间。基于地缘政治考量以及区域资源配置便捷性，这种动力尤其更为强烈地体现在国家间的区域合作中。而该动力发挥作用的决定因素，除了国家间合作意愿外，互联互通是重要因素之一。海洋经济时代，由于航线的点对点性质，虽然形成了基于港口城市点的生产网络，刺激了沿海国家的发展，但并未激发陆路互联互通动力，消减了内陆国家间的联通以及发展，未构建能充分支撑经济全球化的国际生产网络。因此，基于资源天然的联系、文化的历史纽带和地缘相邻的共同挑战，区域国家间具有必然竞争或者必然合作的双向极端发展趋势。通过区域间互联互通，可以促进形成生产合作价值链，并形成共同开发第三市场的生产网络，成为地缘

---

① 吴锋：《生产边界与生产网络——全球生产网络研究述评》，载《上海经济研究》2009年第5期，第103—110页。

② 杨怡爽：《跨界发展：从21世纪海上丝绸之路到亚洲生产网络的边界扩展》，载《当代亚太》2017年第1期，第26—43页。

相邻的区域国家间合作的首要前提，也是区域国家间竞争向合作转化的动力之一。

四 国际政治经济学的理论拓展

作为国际关系分支学科的国际政治经济，其系统研究产生于20世纪70年代初，处于经济关系与政治关系研究的交叉点。国际政治经济理论在分析国家之间互动关系中，主要通过区域主义维度分析，具体分析的视角包括新现实主义中的权力分配视角，以及新功能主义中的非政治合作溢出视角，还有新自由制度主义中的国际制度视角等政治学方法，以及关税同盟理论的贸易创造与转移视角、最佳货币区理论的区域货币合作视角和财政联邦主义的财政分权视角等经济学方法。从国际政治视角看，国际经济离不开地缘政治因素分析，尤其是区域或次区域国家间互动关系分析。国际经济竞争与合作首先取决于地缘国家权力对比与分配状况，毕竟国家是国际经济合作的决定性主体，国家安全是国际经济合作的前提，尤其是在战争或者冷战思维威胁下，首先取决于军事力量对比与互信程度。但与此同时，军事与政治等领域之外的合作，诸如贸易、产业、投资、基础设施、文化、民生、非传统安全等领域，将产生合作效果溢出，并反作用于军事和政治竞争与合作。而国际制度是国际政治重要载体和体现形式，也是国家间政治互动的重要成果，既受国际经济合作的影响和塑造，也反作用于国际经济竞争与合作，使国际政治经济互动呈现出"社会化"倾向。

因此，也有学者从建构主义角度，分析国家间的竞争与合作中互动关系的"社会化"趋势。在国际政治学领域，各个国家都有自身长期历史渊源以及后期塑造的"身份标签"，并在国际社会以及其他国家"影射"出不同国家行为和性格的认知。国家间的身份认同可以增强政治互信，也可以增强经济合作中的互信，降低信息沟通、合作机会、纠纷处理等成本。而这些身份认同以及随之产生的一系列规则体系，通过国家间的国际政治互动，可形成双边、多边甚至国际认可的国际制度。

但从国际政治经济理论核心分析框架即国家和市场角度分析，国家间竞争与合作的动力来源于两个方面，一个是国家层面追求的主权与安全，一个是市场层面追逐的效率与财富。一方面国家间竞争是提高区域生产力的根本途径,另一方面国家间合作又能避免恶性竞争,将促进竞争向更加高阶发展并带动合作纵深发展。① 基于国际化社会体系的"无政府"特征,国际政治经济的大部分理论主张国家间以权力竞争衡量利益大小。但无论从西方个人主义向国际合作观发展,还是从中国强调国家命运共同体合作观来看,国际合作将更为全面、普遍、持久和稳固,也将基于国际体系呈现多元化、分散化和差异性,丰富国家参与国际合作的可选择路径和可操作模式。②

五　国际关系学中战略竞合应用

战略竞合理论来自管理学领域中的合作与竞争理论。伴随着企业全球生产能力提升、经营环境变化、竞争市场拓展、共同挑战增多等变化,也经历了竞争与合作分离、并举、竞合的理论发展过程。按照该理论,国家间的合作空间与企业间一样,与国家掌控的政府与市场资源供给数量成正比。当国家资源禀赋、生产能力以及合作意愿不足以提供足够可配置资源时,国家间合作空间受限,竞争趋势增强。在市场全球化、生产国际化、国际治理理性化不断发展的时期,国家外部环境从封闭向开放深度变革,国家间从单纯竞争,逐步向竞争中合作发展。

从国际关系角度出发,战略竞合是管理学和经济学中竞合理论在国际关系学中的应用,是更多元、更方便解读国际体系、结构、行为体及过程的全新视角。③ 而且,较国际经济学中的应用,其概念更加广泛,不仅包括市场资源合作、产业供应链合作、生产价值链合作等,还包括国家安全、政治互信、文化观念以及国际规则等方面的合作。战略竞合并未完全抛弃现实主义、自由主义和建构主义等传统国际关系理论,而是在经济全球化和世界一体化发展趋势下,为实现新型国际治理目标,构建新型国际秩序,跳出"零和博弈"的竞争合作理论。

---

① 杨晓优:《国际区域竞合理论与实践的演变及启示》,载《中南林业科技大学学报》(社会科学版)2007年第2期,第104—106页。

② 卢光盛、段涛:《"一带一路"视阈下的战略对接研究——以中国—中南半岛经济走廊为例》,载《思想战线》2017年第6期,第160—168页。

③ 储昭根:《竞合主义:国际关系理论的新探索》,载《太平洋学报》2015年第8期,第43—52页。

目前，战略竞合的具体研究方法大体包括两类。一类是通过历史叙事分析方法，对国家间战略表达以及合作现实的案例进行分析，进而进行归纳和总结。① 因此，该类研究具有较强的现实案例支撑，并对国际关系的未来预测有很强的指导意义，但更多是事后佐证型研究，难以构建能主动以及事先指导国际关系秩序以及国家间互动的分析体系。另一类则是通过国家行为动力要素分析方法，对现实战略互动中的因素体系进行分析，诸如历史渊源、互联互通、投资与贸易、人文与安全等因素。② 虽然，该类分析方法能全面分析国际行为的决定因素，但更多是从成本收益角度进行分析，对国家主体以及国际社会整体损益缺乏全面考量。可见，以上两类分析方法均属于沿承管理学中企业主体分析框架，理论分析中没有对国家主体组成变量进行系统分析，也没有构建国际关系基础因素的新理论框架。

第五节　传统国际关系理论反思

在学术实践中，以现实主义、新自由主义以及建构主义等为代表的传统理论，科学构建了国际关系分析与预测理论工具体系。但随着世界权力发展多极化、市场经济发展全球化、社会电子信息网络化以及宗教文化多样化的深入发展，国际社会不断陷入单边主义、霸权主义、民粹主义以及逆全球化的危险趋势，国际政治经济格局深度调整，国际规则体系亟待随之深刻变革。

一　现实主义理论国家权力与合作反思

现实主义理论认为，全球秩序的结构是以国家主权为前提、以自助为基础的无政府状态。③ 传统国际关系理论的现实主义分析核心，是基于

---

① 卢光盛、段涛：《"一带一路"视阈下的战略对接研究——以中国—中南半岛经济走廊为例》，载《思想战线》2017年第6期，第160—168页。
② 卢光盛、段涛：《"一带一路"视阈下的战略对接研究——以中国—中南半岛经济走廊为例》，载《思想战线》2017年第6期，第160—168页。
③ 徐步华：《全球治理理论与传统国际关系理论范式的比较分析》，载《马克思主义与现实》2016年第4期，第191—196页。

国家权力为变量，对国家战略及其实施行为进行解释或者预测。国际政治经济机制的运作无不是建立在大国竞争态势的某种权力均衡格局之下。① 现实主义认为国家行为是以追求权力为根本目标，并以国家自身权力的力量，确保无政府状态国际关系中的生存安全与发展收益。东南亚国家经济军事综合实力参差不齐，社会政治形势动荡不定，甚至在内部军事冲突和民族矛盾方面事态不断。中国与东南亚国家之间战略对接随着国家权力对比的变化，而呈现国家战略对接强权主导的正向变化，并保持动态磨合与调适。

（一）国家合作动力广泛性

包括主权国家、国家集团以及国际组织等在内，战略对接双方同样是理性主体，同样处于国际秩序无政府状态，权力及实力的对比成为战略互动中关键考量因素。一方面，国家综合实力直接决定了国家发展战略的诉求设计；另一方面，国家发展战略的外部对接与合作状况，也影响着国家在全球政治与经济市场的收益，决定着国家发展动能和空间。

按照现实主义理论，国家行为同样以国家自身力量为基础，并以争取国家自身权力最大化为目标。但国家安全考量的逻辑起点从基于国家军事力量保证的领土安全，拓展丰富为基于国家经济实力予以保证的全球化收益。也就是说，在经济全球化和产业分工国际化的现代社会，军事力量给予领土安全的保证已经成为"伪命题"。领土安全已经发展成为国家综合安全，军事力量也已经发展成为国家综合实力，即不存在仅靠军事力量就能确保的领土安全，即使领土安全也不能确保国家安全。因此，战略对接的发展不将国家绝对权力作为唯一的考虑因素，而是更进一步考虑国家间稳定合作所包含的广泛动力，诸如地缘毗邻的关联性，以及经贸全球化联系而产生的共同合作需求等，可以带来国家战略对接的新空间。

（二）国家权力差异性

传统国家权力概念强调军事力量，包括军队数量和军备技术实力。

---

① 何杰：《权力与制度——国际机制理论的现实主义分析》，载《欧洲研究》2003年第4期，第25—37页。

而军事力量以相对较量的胜负结局为依据，决定了军事力量大小的绝对性。但随着国际社会由国家军事竞争向政治以及经济综合竞争发展，国家权力逐步由军事力量向经济实力以及国际政治影响力等不断拓展，重点是国际产能和金融竞争力。尤其是随着科学技术不断发展，国家核心科技和重大技术能力逐步成为国家权力的关键因素，甚至超越传统军队和军备数量。在社会信息化和全球网络化的今天，国家权力还拓展至网络安全以及虚拟世界的影响力。

随着时代的发展，国家间战略互动在考量国家权力绝对性基础上，更注重国家权力的差异性以及多样性。一方面，国家强权力量的强弱，并不一定能代表在国际关系中地位的高低，这种力量强弱的空间，进而为国家间错位协作提供了积极动力。另一方面，基于政治经济、军事外交、文化宗教等因素，国家权力组成要素呈现出多样性。因而，国家权力之间的强弱对比是相对的概念。在国家经济能力弱、国际影响力不足的情况下，也可能在文化影响力和宗教号召力方面具有较强国际地位。也就是说，任何国家都有可能具有独特资源优势，进而产生独特的国家权力，成为战略对接与国家间合作的潜在领域。

（三）超越竞争性合作

缘于军事本身的斗争性，包括热战或者冷战，传统国家权力是以竞争为逻辑出发点，并且该类竞争是基于单方胜负的单边损益型，以及更多的是基于单方胜负的双边俱损型。也就是说，军事竞争要么一方损失、一方受益，要么是双方均受损。可见，基于国家权力对比的现实主义以国家竞争为逻辑主线，也就是"零和博弈"成为国家权力竞争的常态。

而随着时代的发展，国家利益呈现出多元化趋势。国家间利益考量逐步分化为存量利益和增量利益，实现存量利益的相互增减，并不是国家间互动与竞争的关键目标。通过国家间战略的对接，以及互利共赢的合作，可以实现在保障存量利益的基础上，通过资源整合和第三方市场开发，获得新的增量利益。这种共同的合作增量利益，为各国形成共同利益基石，进而促进超越竞争的可持续合作，为战略的有效对接带来动力。在全球化经贸规则下，国家基于对自身权力判断，以及对双方合作互信的分析，可以开展错位协作产业合作和互利共赢双向投资，也可以科学合理设计出国家间战略对接的具体诉求和有效实施路径。

二 自由主义理论市场与制度反思

区别于现实主义聚焦国家风险与战争和领土安全，自由主义更多聚焦于国家在国际市场的竞争能力和损益。自由主义把世界政治设想为处于战争与和平的"混杂状态"（heterogeneous state）之中。[①] 自由主义理论在分析国家间战略对接中，强调基于国际无政府状态以及自由主义规则体系，将对国家自由进行约束的制度体系作为独立因素进行分析。与自由主义一样，战略对接也认为国家间制度是国家相互行为的制约，也必然成为实现国家自身利益最大化的路径和手段。例如，中国一方面积极与东南亚各国建立良好伙伴关系，按照共商、共建、共享原则，主动构建双边战略对接的制度约束，确保自身利益发展环境的可预测，获得制度收益；另一方面，中国基于东南亚国家个体的制度随意性较大，积极参与东盟、GMS 等区域制度体系，主动通过"早期收获"和不发达国家关税优惠推动构建中国—东盟自贸区，借此形成双边之外的多边制度约束。中国不断提出与东南亚国家间制度的"升级版"建设和"高阶"发展，从中国—东盟自贸区升级为共同体、从 GMS 升级到澜湄合作机制、从中新经济走廊升级到中国—中南半岛经济走廊、从中国与东南亚路桥建设升级到陆海经济带建设等，不断形成动态失衡和均衡的交错状态。此外，中国甚至适时主导"一带一路"、澜湄合作等机制，主动增加国际制度供给和竞争，通过提升制度话语权，从源头上体现国家利益最大化的策略。

（一）市场收益博弈

自由主义强调制度的规范与引导，也就是国家行为受国际制度牵制，也反作用于国际制度。但国际制度本身并不是天然生成，也不是一成不变。在自由主义所聚焦的国际制度中，如果将国际制度进行归源处理，就可见国际制度背后的核心逻辑是国际社会中国家间利益的博弈，包括

[①] 苏长和：《自由主义与世界政治——自由主义国际关系理论的启示》，载《世界经济与政治》2004 年第 7 期，第 15—20 页。

国家利益确权获得和妥协让渡。因此，如果从市场的竞争与合作规律出发，重新确立国际制度的发展基础，国家间的战略互动核心关系也逐步明确，即国家战略考量的最终动力离不开市场层面的收益，包括市场经济收益，以及带来的国家政治收益和国土安全收益。

因此，如果将制度进行本质化剖析考量，即考量形成和决定制度的背后规律，也就是在经济全球化背景下，国家资源整合的能力，以及借此创造更高效率和效益的规律。而国家间的资源整合必然要求国家间对外政策的协调，也就是国家发展战略的对接。此外，在全球一体化和人类命运共同体的背景下，国家间不可避免面对共同挑战和危机。这也要求国家间展开战略对接合作，合理分担义务与责任，创造更持久稳定的共同发展。

（二）制度抽象性

随着国家间互动形成平衡，经国家间达成一致甚至经国际组织的参与"规则化"，国际制度不断确立，国家间利益也处于暂时的均衡稳定状态。自由主义将国际制度"相对独立"地抽离国家间互动关系，予以"静态化"和"具体化"，作为国际关系分析中的标准参照和依据。但随着国际形势不断发展，国家诉求也不断变化，国际制度所"凝结"的利益均衡也随之不断变化，呈现出动态发展与变化的过程。[①]

因此，受国家间战略互动以及具体合作项目纷繁复杂性影响，国际制度由相对独立、静态和具体化，向"动态性""抽象性""理念化"不断发展。尤其是通过信息全球化发展，跨国公司以更高效率，打破了国界调配市场资源，整合打通了各国生产链与价值链，加速了国家利益的动态调整，也加深了国家间利益的相互依存。国家利益和诉求的高频率调整，需要更加"动态"甚至"抽象化"和"理念化"的国际制度与之相适应，也要求国家间战略互动更具务实性和动态调适性。

（三）制度可塑性

通过国家间各自利益诉求的博弈和妥协，形成稳定状态进而形成国际制度。国际制度是国家间利益互动的结果，也是相互争取利益的过程。

[①] 卢光盛、段涛：《"一带一路"视阈下的战略对接研究——以中国—中南半岛经济走廊为例》，载《思想战线》2017年第6期，第160—168页。

国家可以主动塑造国际制度，国际制度也能反作用于国家行为，从而影响国家战略的制定与互动。只要符合于本国利益的最大化，各个国家一方面就会主动要求适用国际制度，形成外部借力，另一方面也会积极改造国际制度，形成对己有利的国际制度环境。

从这个意义上看，国际制度在自由主义视域下，是国家间互动关系分析的"工具"，但也可以是国家间形成良性战略互动关系的"结果"。也就是说，国家间通过良性战略互动，如果实现了资源整合、增量收益以及可持续发展，这种良性互动本身所产生的理念和规则经验，就可以"外溢"形成国际规则，成为今后国家间战略互动的基本遵循，也可以作为其他类似国家间战略互动的规则借鉴。

三　建构主义理论收益与身份反思

无论现实主义聚焦国家权力，还是自由主义聚焦国际制度，都根源于国家利益。但二者也都没有从更深层次界定国家利益的确切内涵和外延，也就是忽略了国家利益的具体载体，包括社会化人群甚至是个体人。尤其是将国家历史、文化、宗教、信仰等因素纳入统筹考虑后，国家可类比为躯体上还有精神的人、理性上还有感性的人群，以及个体集结形成的社会群体。从个体人角度看，身体加上思想形成身份；从社会群体角度看，个体认识加上群体感情形成社会认同。将国家类比于有性格气质身份的人，将国际关系类比于有不同相互身份认同的社会群体，于是形成建构主义身份认同的国际关系分析维度。建构主义国际关系理论在解释与预测国际社会中强调社会结构，在体系层面主张行为体之间的文化认同建构国家利益，进而推动国际社会的进程。[①] 建构主义认为国家行为是基于该国家对自身身份的认识，并基于此对国际关系中其他国家或者国际制度身份的认同，从而对认同的国家或者国际制度予以合作，反之予以竞争。

（一）收益核心考量

国家行为与身份认同之间确实存在相互作用，但毕竟身份认同属于

---

① 吴言：《建构主义视角下的中国和平发展道路》，载《改革与开放》2016年第2期，第1—2页。

精神层面需求，以及属于社会群体需求。无论对于国家还是对于个人来说，基本生存与发展仍然是首要考量因素，也是决定国家行为以及国家间战略决策的关键因素。因此，国家间竞争与合作的核心考量并不是身份认同，仍然是实实在在的收益，包括成本降低以及收益增加。

对于身份认同而言，国家间较强的身份认同可以影响国家间的互信程度，进而对国家间竞争成本与合作收益产生影响。例如，对于国家间身份趋同共识一致的，诸如共同文化渊源、共同应对战争，威胁挑战等等，都可以增强国家间合作的主观信赖度，对合作未来的可预见性提升，对竞争成本的不确定性降低，进而降低风险成本和机会成本以及变动成本，从降低成本方面提升收益预期。另外，身份认同并不能必然增加合作收益，只是基于身份认同可以具有更加广泛的潜在合作领域，对合作收益的拓展带来更大空间。因而，国家间战略互动仍然取决于收益驱动，身份认同并不直接带来收益增量，但稳固的身份认同可以降低国家参与国际竞争的成本，从而带来收益增量。

（二）身份主观塑造

由于身份本身具有客观之于主观的反映，具备历史的延续性和积累性，因此，国家身份均是基于国家历史凝结以及客观标签的体现。但随着时代的发展，科技革命、社会信息化、全球网络化不断加速国家身份的发展，信息爆炸与信息不对称同样严重，既不断丰富国家身份的内涵与表现，也使其更加多元复杂且变化频繁。尤其是随着全球移民和人口流动加剧，国家群体的多元化带来国家身份的多样性。当一个国家身份在不同社会群体得出不同映射与结论时，与国家战略互动中的国家的唯一性必然发生冲突，导致国家身份的考量权重逐步降低。

如用建构主义来分析中国与东盟国家间关系，聚焦于中国传统的主流文化与东南亚国家有广泛的契合。① 中国历史崇尚温文尔雅的中庸之道，佛教平和无争思想长期浸润，自然而然将和平发展与合作伙伴作为国家身份。对于不同国家之间，也存在国家体制和政治体制的差异，市场开放与规则度以及国际责任的担当等均不一致，但也是动态调整的，

---

① 李文兰：《建构主义视域下的中国东盟睦邻外交研究》，载《智富时代》2015 年第 5 期，第 67—78 页。

因此可以形成对国家身份的不断变动与塑造。所以，国家间战略互动对于国家身份认同的考量，也应更加理性和具体分析，既不能完全忽略，也不能过分倚重。

四　安全范式理论竞争与合作反思

国家安全问题对于任何国际关系理论范式来说，始终是一个关注的焦点。[①] 国家安全包括以领土安全为核心的国家主体得以存在，以及核心发展利益得以保全的一切相关肯定性和稳定性。安全范式的分析方法相对独立，是以国家安全为核心，并以国家自身认识与判断为基础，将其置于国际政治体系整体中进行考察，分析国际形势与国家间互动对自身的影响，既要分析直接影响因素，也要重视潜在威胁因素。国家对安全的判断，一方面是基于相互实力的判断，另一方面也是基于相互遵守国际规则和双边约定的判断。对于国际社会无政府状态的不同程度，都决定了国家对安全的考虑因素组成以及比重。如在相互共识程度低、共守制度缺失的不成熟无政府状态下，国家安全核心是应对军事侵略的领土安全；而在相互共识程度高、共守制度充足的成熟无政府状态下，国家安全核心是应对国际市场竞争和意识形态颠覆的经济安全和政治安全。此外，基于国家自身实力大小水平，以及相互间实力的对比变化，国家对自身国家安全的认识也呈现相对状态。[②]

（一）国家安全体系拓展

无论是战争、冷战还是和平发展时期，国家安全因素从来都是分析国际关系和国家战略互动的决定性要素。无论从安全范式理论还是战略互动模型来看，其主体、载体均为主权国家。对于决定国家主体存在与否，或者影响国家主体安全存在的威胁，均决定着国家间能否互动以及能否良性互动的前提因素。

但并不是所有的国家安全保障只能通过竞争甚至是超越式压制方可

[①] 董磊：《国际关系三大理论范式与国际安全观的建构》，载《南京政治学院学报》2003年第4期，第66—68页。

[②] 如相对于强国来说，弱国对国家安全的警觉度和危机感更高，会对其他国家实力发展感到更大的威胁。

获得。对于诸如环境、能源等因素的威胁程度，更多取决于科学技术发展水平，甚至只有通过科学技术创新与革命，才能消减该类因素的威胁程度，如石油的发现与燃油发动机的发明，打破了煤炭能源威胁，以及随之带来的国家间竞争对抗的状态。如果考虑到作为软资源的科学技术本身开放性与合作叠加性属性，那么在环境、能源等核心利益安全领域，更需要通过国家间战略协作和共赢行动，实现共同发展。

（二）合作降低威胁

传统国家安全聚焦领土安全。随着和平与发展成为当代世界主题，国家安全可以进一步拓展为国家领土安全和发展利益安全。在国家间战略互动过程中，既要优先考量国家领土安全，也要综合考量国家发展利益安全。随着世界一体化和经济全球化的发展，领土安全并不是绝对的直接对抗，也不是绝对的长远威胁，对抗与威胁并不能确保完全实现领土安全，反而成为领土安全的最大不可控变量。

因此，国家发展利益安全对于国家战略决策更具决定性，经济、政治、文化、宗教、环境等因素，必须达到能影响国家生存发展的程度。而在全球化迅速发展和国家间相互依存共生系统日益复杂的时期，更需要双边甚至多边战略互动与合作，共商共推方可消除或者降低对国家生存的威胁。

（三）发展利益保障安全利益

对于国家来说，领土安全利益更多属于政治收益，从经济上看反而需要大量的军备及国防成本投入。除非对本国海外经济利益的保护，否则很难直接反映在国家现实收益和民众切身收获之中。尤其是对于独立和政权稳定的国家来说，和平与发展成为主要诉求和目标。因此，国家间发展利益合作能产生支撑国家民众生存与发展需求的经济利益，从而促进领土安全利益保障。

国家间在领土安全上的战略合作，反而可以减少安全保障的成本支出，为国家其他收益增加投入。与此同时，通过国家间积极战略互动，合作发展其他国家的发展核心利益，可以对国家间领土安全利益竞争产生有益的调和，形成国家发展核心利益收益保障下的国家领土安全利益合作。

第六节　国际新秩序需要竞争中合作的新型国际关系理论

无论是管理学的合作竞争、国际生产分工理论分析体系，还是经济一体化和全球价值链及世界生产网络等理论分析体系，都较为成熟和客观地建立了以企业为主体的市场竞争与合作关系。但也缺乏对国家主体和国家综合收益以及全球共同挑战的全面考量，未能有效从国际关系和国际秩序的更高维度下，系统分析国家战略竞争与合作行为，以及难以预测趋势甚至无法建立"应然"的可持续互动模型。从国际新秩序的需求来看，传统国际关系理论对国家政治安全考量存在偏颇，对国际市场合作可能性存在疑虑，也缺乏地缘和市场合作的重视。在全球化逆向发展的今天，从互利共赢的最终出路看，"新全球化"已经成为国际关系和国际秩序研究的重点，也亟待体系化构建。

一　国际关系系统资源非排他性趋势

目前经济学、管理学等领域的合作竞争研究，更多延续了西方传统和主流的经济学相关研究范式。从静态和封闭条件出发，运用边际分析方法推演竞争中的合作问题。[1] 对于国际关系领域而言，国家主体所面临的国际现实环境是动态和开放的，国际秩序无政府状态更是导致国际现实环境无强制规则，且市场规则运作也受利益驱动之外的安全、意识形态和国际身份等主客观因素影响，合作与竞争的要素系统更具不确定性。但与此同时，基于国家追求和平与发展的普遍共识日益提升，当代国际关系中的环境体系发展，呈现出"共赢主义"趋势。从理论体系方面进行分析，相比于历史上的殖民时期、帝国时代和霸权主义，共赢更多聚焦于相互之间的平等沟通、包容开放和可持续合作。也就是说，国际关系系统资源也存在不具有排他性的特征，有可能以零成本进行无限复制，并遵循资源整合中边际效用递增规律发展，从而实现国家间合作，而且

---

[1] 王浩、王琦、郭晓立：《东北亚能源安全合作研究的理论综述》，载《现代情报》2010年第6期，第171—173页。

这种可能性逐步增强且领域逐步扩大。

二 中国与东南亚国家发展战略对接新命题

以"一带一路"为标志,合作共赢的新型国际社会关系呈现出不断发展态势。新型经济全球化和区域一体化推动国际关系理论迭代,在传统的现实主义、自由主义、建构主义,以及衍生出来的新自由主义、防御性现实主义、进攻性现实主义、新现实主义等理论体系基础上,不断借助经济学和管理学上的竞合理论成果。在逐步相互同步、关联和融合的过程中,超越国际社会霍布斯式模式,即恶性竞争与冲突成为不可避免的常态。与此同时,也对主张制度合作的新自由主义和以身份认同决定合作的建构主义开始超越,形成了兼顾竞争与合作、更加多元的"战略对接"范式。针对中国与东南亚国家发展战略间关系,亟待借助国际关系、经济学、管理学相关理论,对"对接"进行国际关系概念化建构,并借助该理论工具,对中国与东南亚国家发展战略进行"对接"式分析和研究,并提出竞争与合作共生共存的策略建议。

三 国际新秩序与新治理、新需求

对于结构现实主义,以及新自由制度主义,还有建构主义等西方国际关系主流理论,都缺乏对国际体系过程和国际社会中复杂关系的研究。[1] 杰克·斯奈德(Jack Snyder)也指出,"这3种理论传统没有一种具有解释变革的强大能力——在这种动荡的时代,这是一个重大弱点"。[2] 从强调竞争到聚焦合作、聚焦创新、聚焦协同,全球化的经济组织和管理领域率先迅速创新发展,供应链管理、协同创新、市场联盟等一批新形态不断萌生。从合作、创新、协同维度,对现实主义、自由主义、建构主义以及安全范式进行分析与反思,发现均存在与国际新秩序与国际新治理发展趋势的不相适应,这也成为国家发展战略对接的立题之基。

---

[1] 秦亚青:《关系本位与过程建构:将中国理念植入国际关系理论》,载《中国社会科学》2009年第3期,第69—86页。

[2] 杰克·斯奈德:《一个世界对立的理论》,朱雅文译,载《国外社会科学文摘》2005年第3期。

四 战略对接概念提供新方案

首先，战略对接应基于国家权力对比考量，但对国家权力从和平与发展角度赋予更广泛内涵。从相互制约到相互依存转变，将国家权力赋予更加长远和动态的尺度予以考量。进而提出国家权力并不能通过比较强弱的竞争实现稳定与保障，而应追求提高国家的合作能力、相互信任以及规则引领。其次，战略对接应基于对国际制度的依赖和追求，但更探寻国际制度本质所代表的竞争与合作理念。战略对接应强调通过理念引领，实现竞争中的合作，并将之共识形成国际制度框架，既作为战略对接的目标成果之一，也作为倡导与规范具体国家间互动实践的规则体系。再次，战略对接过程中，身份认同应是前提之一，尤其是历史以及客观的身份积淀与共识。但战略对接更应强调基于互利关系的身份再塑造，也就是通过战略对接的过程，以及各自关系中的角色定位，形成竞争与合作中的互利关系与身份认同。最后，战略对接应是基于国家安全的基础，并随着时代的发展，国家安全对接的范围与内涵也逐步拓展。通过战略对接，也可以对国家安全相关领域产生相互作用，如通过国家发展利益合作形成国家战争安全合作的新空间。

综上，中国与东南亚国家战略对接应以国家综合实力为基础，通过国际制度的不断磨合和协调，形成区域性国家间竞争与合作动态稳定状态，也向开放、包容以及互利与和平的命运共同体不断发展。国家间发展战略的对接中，开放包容是前提，互利共赢是路径，竞争中的合作成为常态。

第三章

战略对接理论框架与模型建构

随着经济全球化和信息现代化不断发展，国际经济和政治均进入多元化、动态化和复杂化新时代。合作性竞争逐步取代对抗性竞争，成为新时代经济全球化发展的新共识。从人类经济互动行为这一新趋势出发，研究国家互动行为的国际关系理论也逐步吸纳新的合作竞争经济理论，提出共商、共建、共享和互利共赢的国际关系战略对接思路。基于中国与东南亚国家间发展战略互动案例，对管理学和经济学的战略对接，进行国际关系理论化、概念化和体系化，形成国际关系理论的"战略对接"范式体系。

第一节 内涵界定

任何一个概念，尤其是政策概念，都需要概念化。"对接"就是这样一个概念。对接在汉语大辞典中的解释是"指两个或两个以上航行中的航天器（航天飞机、宇宙飞船等）靠拢后接合成为一体"。[1] 从字面意义上看，战略对接是两个以上主权国家间，在国家总体发展规划和战略设计中，意图目标相互靠拢，并不断调适最终融合成为一体的过程。从学术研究视角看，战略对接涉及国家的政治、外交等多方面，国内外的研究视角也包括地缘经济政治、区域间经济合作、国际社会关系、区域政治经济一体化等。

可见，对于国家间战略对接而言，所对接的战略是基于国家身份，

---

[1] 罗竹风主编：《汉语大词典》，汉语大词典出版社1993年版。

是国家在对外合作与竞争中,体现出的政治、经济、文化外交领域。战略对接也可以从过程进行划分,包括初始阶段的评估与决策、中期阶段的实施与互动、后期阶段的调适与共享,此外也包括对区域及全球合作产生影响的效用溢出。战略对接从国家战略发展与互动的过程看,包括国家发展战略的策划规划、提出表达、实施执行、互动竞合、修订增补、妥协深化、共商共建、互利共享、拓展巩固等全流程环节,也包括国家单边行为、国家间双边协议、区域多边合作框架等形式,以及领导人、外交、市场、民间等不同轨道之间的对话协调与合作调适等维度。战略对接的状态体现在国家倡议、发展规划、开放计划等宏观层面互动,以及具体外部政策、经济贸易和国际项目等微观互动,既包括本国"硬实力"和"软实力"等综合"发展模式"输出,也包括对国际合作规则和治理体系的"书写"。因而,从国际关系理论和实践看,战略对接的概念可以表述为:在国家主权管辖权涉及区域合作领域,国家间通过主动磨合和调适,共商、共建、共享形成互利和稳定状态的"高阶"合作。[①]

此外,对接概念至少包括以下内涵。

一 对接属于竞争中合作的"高阶"形式

传统的国家间合作,主要考虑国际无政府秩序下的军事权力对比和领土安全竞争。为适应新的全球产业合作链,国际合作逐步向市场合作与竞争,乃至国际规则认同以及全球治理延伸和调整,这也较好地回应了危机应对全球化的需求。与此同时,当前的国家间互动以及区域和全球化合作仍然处于较低层次,其不稳定性和不可持续性难以有效解决,尤其是面对逆全球化愈演愈烈之势,传统层级的合作形式显得十分脆弱。

在国际关系中,国家是独特而不断变化的独立单元。国家间的互动关系很少呈现出对称性互动,更多是非对称性的,并且非对称的程度也是不断变化的。大国与小国以及各自之间的互动,往往停留在对以往观念的认同,以及对当下安全和利益的平衡。即便形成政治互信和集体认同支撑,这种合作与竞争的平衡仍然缺乏长远与巩固的共同

---

① 卢光盛、段涛:《"一带一路"视阈下的战略对接研究——以中国—中南半岛经济走廊为例》,载《思想战线》2017年第6期,第160—168页。

目标支撑。这就需要国家间互动的考量,从国家意义视角转向人和集体意义视角后,再转向提升至全球以及全人类意义视角。从这个视角层级,也就是全球和全人类命运相互关联层级,各国无论大小均处于相互制约影响又彼此共生的国际关系生态系统之中。国家间互动的更高层级是构建人类命运共同体,引导国家间竞争与合作朝着互利共赢和可持续方向发展。

在新型全球化背景下,从构建互利共赢的全球人类命运共同体来看,国家间的合作面临新的政治挑战,全球一体化也面临更加复杂的市场环境,国家间战略合作需要更高水平、更快效率和更优效益,从而形成良性循环与互动。"高阶的"(advanced)区域一体化是"对现阶段的一体化程度进行升级后的更高等级的一体化形态"。[①] 也就是说,面对新的全球化发展趋势和危机挑战,国家间合作形式必须进行"跨阶式"升级。

二 对接是主动合作的行为

国际关系理论流派中的新现实主义、新自由制度主义和建构主义都从各自的理论假设出发,演绎推论出了不同的国际合作理论:霸权合作论、制度合作论和合作文化论。[②] 而这些理论模型更多地强调了客观外在的权力和制度对主观的约束,缺乏个体以及国家主观对权力的积极超越和对制度的主动塑造。即使是合作文化论中基于主观观念和文化的认同合作,也只是重视过往观念与文化因素,缺乏对未来观念与文化因素的主动改造的重视。

"对接"是国际关系的通行做法,通过国家间增强主观的主动性,形成国家间互动的主动方向的一致性,降低国家间对潜在风险的不信任感,增强对未来行为预判的确定性,进而主动相向而行,共同塑造合作共赢的新型国际关系。在一个国家之间相互作用突出的世界中,"对接"实际上是一种主动的、开放的、进取的策略作为,是国际善意的持续表达,

---

[①] 卢光盛、别梦婕:《澜湄合作机制:一个"高阶的"次区域主义》,载《亚太经济》2017年第2期,第43—49页。

[②] 宋秀琚:《西方主流国际关系理论对"国际合作理论"的不同解读》,载《国际论坛》2005年第5期,第52—57页。

化解战略或者政策之间的猜忌与冲突。从国家安全因素角度看，除了现实发生着的战争威胁和侵略行为外，更多左右国家安全合作形成的是对存在潜在威胁的担忧，以及对别国能自我约束战争和无侵略行为的不信任。从国家利益因素角度看，除现实发生着的单边贸易和市场强权主义行为外，影响国家利益间合作形成的也是对潜在的市场不确定性的担忧，以及对别国自我约束不公平市场行为的不信任。而以上两类情形中，之所以发生现实战争侵略和市场霸权行为，归根结底也是国家对国际秩序的不信任以及主动追求的是单个国家的本位主义和民族主义。至于从文化认同因素考察，无论是主动还是消极，观念和文化本身就是主观的集中体现。只是消极性主观则放弃了对共同观念和文化的塑造。而对于主动性主观，一方面可以促使观念和文化更对称地进行信息沟通和相互调适，另一方面则可以共同塑造更高层级的认同观念和文化，进而形成具有引导力和约束力的国际治理新规则体系。

通过国家间增强主观的主动性，形成国家间互动的主动方向的一致性，降低国家间对潜在风险的不信任感，增强对未来行为预判的确定性，进而主动相向而行，共同塑造合作共赢的新型国际关系。可见，对接就是通过这种主动积极开展的合作，而不是消极被动接受的合作，充分提升合作的有效性和精准性，达成认知有效沟通、培育相互认同，进而促成合作行为的主动发生和稳固维系，达成互利共赢的战略协同。[①]

三 对接贯穿共商、共建、共享理念

全球治理是针对主权国家管辖权以外全球性问题形成有效管理，需要以多元主义的世界观、以伙伴关系的思维方式、以参与治理过程的实践活动建构起一种真正的全球身份认同。[②] 中国发布"一带一路"愿景和行动文件，标志着"一带一路"倡议作为国家对外发展战略正式明确表达与详细阐述。这也正式启动了中国与世界各国就发展战略的对接与互

[①] 卢光盛、段涛：《"一带一路"视阈下的战略对接研究——以中国—中南半岛经济走廊为例》，载《思想战线》2017年第6期，第160—168页。
[②] 秦亚青：《全球治理失灵与秩序理念的重建》，载《世界经济与政治》2013年第4期，第4—18页。

动过程，其中也包括各类国际政府间组织以及金融机构等。随着"一带一路"倡议从理念向规划再向具体项目深入推进，中国的"一带一路"倡议已经影响着有关国家发展战略的拟定，也已经在国际互动中被逐步修正。如老挝随后提出"陆联国"战略，以及中国围绕"一带一路"提出了与其他国家进行"对接"的具体思路、理念、任务、项目和行动。"共商共建共享"是中国积极参与并推动建立更加公平合理全球治理体制的新理念，[1] 也是应对世界格局变化和全球治理失灵的重要解决路径。战略对接同样是针对主权国家管辖权以外领域，而且是相互联系影响和相互竞争合作的领域，因此更需要聚焦构建合作秩序的共商共建共享理念。[2]

此外，"一带一路"倡议涉及国家众多，还涉及东盟、非盟、欧盟等诸多国家集团以及亚开行、世行等国际组织。各个涉及的国家、国家集体以及国际组织均有各自优先发展战略以及策略措施，而且还随时局形势变化而不断变化，甚至有的国家体制并未足够成熟完善，并不制定并公开相关规划或者计划。因此，对接首先是主动邀约行为，即表达与其他国家开展共商的主动意愿。而且只有通过共商这种形式，才能实现发展战略动态的相互调适甚至主动构建，最终实现动态的对接。因而，共商是保证发展战略开展有效对接的基础前提，也是发展战略的动态变化性所决定的。其次，共建则保证发展战略的对接能够得以实际推进，也是保障各方动态参与的过程，一方面解决各国执行各自发展战略过程中的沟通渠道，另一方面也增强了各国发展战略的有效互动与调适，如共同宣言、联合研究、政策对话、部门磋（协）商、行动协调、项目合作。最后，通过共享实现国家互利共赢，形成发展战略对接的可持续和良性循环。

我们也可以从程序正义与结果正义的辩证关系来分析。程序的正义往往比结果的正义更具有现实意义，也更具有可操作性。要实现互利共

---

[1] 丁菱：《全球治理理论失灵与全球共商共建共享治理新理念的提出》，载《中国冶金教育》2015 年第 6 期，第 77—80 页。

[2] 卢光盛、段涛：《"一带一路"视阈下的战略对接研究——以中国—中南半岛经济走廊为例》，载《思想战线》2017 年第 6 期，第 160—168 页。

赢式合作目标，借助战略这一载体，必须从战略制定、实施和调适全过程进行目标导向和反推设计；在战略制定之初，遵循共商原则，开展诉求沟通，确保契合设计。在战略实施过程中，遵循公开原则，提升信息传递准确性和效率，并以共建为路径，纳入参与各方，确保互利实施；在战略调适过程中，坚持共享原则，充分考量各方成本投入，强调现实收益和潜在收益、局部收益和全面收益、当前收益与长远收益等相互协调，各方诉求得以动态调适以及利益共享。

四 对接属于开放地区主义

地区主义主要是指地理范围毗邻的一组国家之间为了寻求国家和地区利益而开展的政治、经济方面的合作实践，以及由此体现出来的思想与信念。[①] 针对结构性地区主义的僵化弊病，开放的地区主义形成了"弱机制化"特点，[②] 并且具有开放性、非歧视性等特点，是一种崭新的地区主义。[③] 政治治理全球化背景下，国际生产链网络不断拓展，不同国家之间的双边合作，不可避免会牵涉多边乃至全球体系，在整合各方优势、妥善处理各自冲突的前提下，战略对接也必须放在全球开放合作的背景中予以实施。此外，对接过程中还面临不同国家之间的不同合作认同，不同国家对国家主权价值观的不同理解，以及不同对接领域的不同特点，也需要在对接过程中通过开放而非固化的机制提供据实调整的可能性。[④]

"对接"是国家间政策的协调，也是国际地区政策的协调。国际地区政策协调的前提是国家开放的理念与合作的心态，封闭与竞争必然导致无效和失败的国际区域政策协调。随着"相互依存"、"一体化"和"全球化"相继发展，"国际联通"成为国家间合作以及国际地区一体化更加具体和务实的路径与目标。在"一带一路"倡议提出的战略对接具体领

---

① 卢光盛：《地区主义视野中的东盟经济合作》，复旦大学，博士学位论文，2006 年，第 78 页。
② 仇发华：《结构性地区主义与开放性地区主义——西欧与东亚的比较》，载《当代亚太》2011 年第 2 期，第 52—67 页。
③ 王玉主：《亚太地区：开放的地区主义》，中国社会科学院，硕士学位论文，2000 年，第 167 页。
④ 卢光盛、段涛：《"一带一路"视阈下的战略对接研究——以中国—中南半岛经济走廊为例》，载《思想战线》2017 年第 6 期，第 160—168 页。

域中，中国通过政策沟通等"五通"，表达开放与合作的地区主义意愿。此外，中国也希望在"五通"的基础上，推进与各个国家建立"三个共同体"，包括利益共同体、命运共同体和责任共同体，进一步明确了区域一体化乃至全球一体化的发展意愿。"五通"加"三个共同体"较完整定义了战略对接的目标和内容，也成为地区开放合作与一体化的具体路径。

无论是从现实主义的安全联盟、自由主义的规范制度还是建构主义的观念认同，都强调了规则共识对合作关系稳定性的积极作用。在战略对接过程中，应注重对规则的提炼总结，并通过国家间协议、领导人讲话以及联合声明等形式进行固化。同时，也要及时将战略对接中的观念共识，上升形成可复制和普遍适用的规则共识，并通过区域性或者国际性平台予以发声，注重对区域秩序和全球治理规则的引导与塑造。

五　对接是磨合调适的动态过程

磨合调适主要运用于权力间互动研究，[1] 而在国际关系学领域则主要运用于国际组织之间复杂关系的研究和描述。[2] 磨合的概念，从字面上看是指两个物体相互接触后，通过互相摩擦形成更加贴合表面，进而相互咬合的一个过程。调适的概念，从字面上看是指两个物体在磨合过程中，通过不断调整自身的角度和力度，形成与对方适合的状态，也可以总结为对冲突进行适应和修正的状态。对接的过程也是权力让渡和义务承担相博弈的过程，并通过相互接触与相互调整，最终形成相互合作共赢的状态。[3]

战略的对接需要路径、项目、平台、措施等全套手段予以承接，也是战略实现对接的具体手段。而各类具体手段小成效的汇聚，决定战略对接大成效的整体达成。战略对接的手段必须与战略对接的目标保持一致，也就是与稳定和可持续的互利共赢式合作目标相向而行，与之背道

---

[1]　林建曾：《中央与地方权力关系的磨合及调适》，载《贵州社会科学》2004年第2期，第107—110页。

[2]　王逸舟主编：《磨合中的建构：中国与国际组织关系的多视角透视》，载《世界经济与政治》2003年第8期，第87—91页。

[3]　卢光盛、段涛：《"一带一路"视阈下的战略对接研究——以中国—中南半岛经济走廊为例》，载《思想战线》2017年第6期，第160—168页。

而驰的应及时调整甚至转向。战略对接的手段也应兼顾轻重缓急和先后时序的科学设计,对于国家间相互契合且迫切需求的领域,应优先并重点推进;对于哪怕是单方的非迫切需求,不可单方主观臆断和单边推进;对于存在争议甚至冲突的领域,应顾全大局进行冷处理或搁置,避免影响整体对接与重点突破。

战略对接过程本身也是国家对外政策转变或者完善提升的过程。在国际社会无秩序状态下,各国对外政策本身就是国际地位与利益争取的工具,必然随着国家诉求与国际形势的变化而变化。更不用说东盟等国家集团以及北约等军事制衡组织,该集团或者组织本身就是国家对外政策的工具和舞台。当然,对外政策的调整与保持连续性是相对的,在"因需而变"的同时,基于相互合作后果的可预测以及可持续稳固,国家尤其是大国更应保持对外政策理念和方向的连续性和可信赖。比如,中国已逐步成为世界第二大经济体,也是世界第一大贸易国。因此,一方面中国必须坚定主张改革开放,一方面通过深入推进"一带一路",为世界各国与中国间相互对接发展战略提供"标的",也体现了中国主动开放的姿态。而磨合调适作为战略对接中重要的动态过程,既是理念遵循,也是技术手段。

六 对接的动力来自共同利益的创造和合理分配

自《威斯特伐利亚和约》确立了主权国家后,[①] 国家行为的决策主要是基于国家间权力与实力对比,国家行动的动力主要来源于对安全与发展利益的争取。国际秩序在国家权力的主导下仿佛跌入无止境竞争的"永续陷阱"。只是随着国家行为由国家利益导向型向利益道义混合导向型转变,国家利益外延也逐步扩大,全人类共同利益愈加凸显。[②] 从经济利益与政治收益互补,到获取现实收益向制度长期收益,以及从当前短期收益向长远可持续收益、从局部区域收益向全局整体收益、从官方政府收益向民间社会收益等不断拓展,在战略对接中逐步形成了更加广泛

---

① 任晓:《论主权的起源》,载《欧洲研究》2004年第5期,第64—78页。
② 董漫远:《全人类共同利益与中国的和平发展》,载《国际问题研究》2005年第5期,第15—21页。

和稳定的利益驱动力体系。

随着全球化深入发展，全球问题日益凸显，也加深了各国间相互合作的可能性，并使当代国际关系由竞争型逐步向合作型发展。但各国行为仍然是以各自核心利益为考量，并集中体现在各自国家发展战略中，成为提升自身综合实力的顶层设计，也成为争取国家利益最大化的路径与目标。因而，国家发展战略能够对接的前提是存在利益重合，或者存在资源整合可能性进而实现增量利益。至少不应存在国家安全冲突和严重核心利益竞争，否则相关国家根本不可能有对接的意愿。国家间的利益诉求契合点越多，资源错位度越高，彼此展开进一步合作的意愿就会越强烈，实现共赢的概率也就越大。

从国际关系理论发展来看，已经从现实主义和自由主义的国家本位，逐步发展为建构主义的人本位，更多关注人作为人的"意义"以及人构成集体的"需求"。从国际关系实践来看，国家间互动已不再是通过单纯权力比拼与强权竞争，追求短期和现实收益，而是更多强调全球不可分割的综合利益和长远收益，尤其是全球化的共同风险，需要全球化的共同应对。因此，国家间的互动以及国际关系发展的目标不再是简单的"零和"式和"排他"式竞争，而是寻求竞争中的合作，以及稳定和可持续的互利共赢式合作。

综上，国家发展战略本身就是个复杂行为，而对于战略对接来说，其过程解析、要素组合以及权重体系更是个复杂系统。在传统国际关系理论分析方法的基础上，初步提出了"战略对接"理论分析框架体系，但理论支撑度、逻辑严密性、考量覆盖面以及运用操作性等方面均有待完善，且基于中国与东南亚国家案例，向全球国际关系理论适用的拓展仍需多方位研究支撑。展望未来，对于"战略对接"的理论体系建构，至少可以在以下几个方面继续批判和延展：战略对接功能阶段细分；战略对接影响要素拓深；分层模型构建研究；互动机制推演研究；动态案例运用分析佐证和积累；与管理学、经济学和社会心理学"对接"理论体系的对比研究，形成国际关系"对接"理论的渊源支撑；与现有国际关系理论对比研究，进而论证"战略对接"理论单列发展可行性；基于"一带一路"和命运共同体的新型国际关系实践的理论应用研究；基于"战略对接"理论体系，提出新型国际规范、机制、制度和体系等国际关系协调新工具。

第二节　阶段划分

国家间发展战略的对接可以初步划分为三个阶段，战略评估与决策、战略实施与反馈、战略互动与调适。这三个阶段相互之间既相互承接，又相互交叉重叠，共同组成战略对接的动态系统。

一　战略评估与决策

国家基于安全、利益以及文化认同等考量，评估自身所处情境，并在充分分析外部交互方需求基础上，进行综合判断，从而决策形成自身发展战略。战略评估与决策的过程，也是国家相互之间预期战略获利评估与计算的过程。因此，在评估国家的战略时，只有对实力政治、国际制度和观念建构这三个维度的因素进行综合分析，才能得出比较恰当的结论。[①]

当代国际战略环境体系复杂、维度多元且变动频繁，因而国家战略的评估与决策也是对因素和环境的综合判断。国家要根据自身资源状况确定发展需求，进而确定主要发展方向与目标。在考虑的因素方面，国家安全也就是生存的考量具有决定性因素，其次是当前的经济综合收益，最后才是长远的可持续经济收益，以及可以提升国家在国际规则层面影响力和控制力的国际身份认同等收益。

以国家实力竞争为体现的国家权力对比因素，包括国家间领土的争夺、资源的占领、军事威胁的竞争以及政权威胁、民众冲突、社会动荡等，仍然是国家制定战略的最核心考量。实力的评估就是对国家间国力以及能够调动的所有战略资源的数量和效率进行对比。对于国力的评估，大多使用综合国力的概念，也就是包括了硬实力以及软实力，而可以调动的其他战略资源则包括民间动员、海外动员以及盟友动员等。国家实力评估的终极考虑目标，仍然是提升自身国家实力，从而加强权力对比优势和安全掌控性。如对于中国与东南亚国家，由于国家间军事实力对

[①] 李少军：《战略评估的理论视角》，载《现代国际关系》2003年第8期，第1—3页。

比相对悬殊，但基于中国与东南亚国家之间较好的安全互信，各个国家追求安全环境稳定性需求的途径，既会保持一定的军事实力的战争控制力，又会加强相互沟通与合作，降低不信任和敌对竞赛趋势。

国家基于利益进行战略互动，也是当代以经济全球化为标志的国际关系重要模式。国家通过企业开展跨国贸易和投资，并且会根据理性选择的原则通过合作谋求市场利益，并利用国家间合作保障市场环境的公正和效率。因此，中国与东南亚国家积极通过中国—东盟自由贸易区机制，提升跨境贸易和投资便利化水平，降低成本，并通过产业链跨境合作，共同开拓国际市场，实现互利共赢。但由于中国与东南亚国家间产业结构错位度不够，中国对东南亚国家大量贸易逆差，对实现均衡市场收益带来一定挑战。因此，中国积极扩大内需和消费，以此提升向东南亚进口量，并通过积极的产业结构升级，调整产业空间，加强对外投资和产能合作，帮助提升东南亚国家自身产业能力，从根本上促进形成产业错位和贸易平衡的态势。

国家要综合判断对外部国家行为的信任程度，以此将自身战略投入控制在合理限度，将战略制定的综合收益最大化。根据对方现在或者之前的行为，判断其在未来将如何行动，这就是国家间建立信任的主要方法。由于国际秩序无政府状态，国家间相互信任一直是个伪命题。虽然基于共同利益抑或共同认同，可以产生相互信任关系，但利益和观念始终是变量，一旦发生改变甚至冲突，信任关系亦会随之改变。双方信任的程度，可以判断将多大自身利益交由对方决定，并判断据此能够承担风险的程度。这从某种程度上看，是对自身绝对成本以及相对收益的判断。例如，中国与老挝之间，由于政治互信传统悠长，加之相互之间经济联系紧密、互补性强且第三方可替代性弱，因而信任基础牢固，双方不需要投入过多的"提防性"成本，便可具有对双方未来行为较强的可预判性，甚至可以形成双边深层次的行动一致性默契。而中国与菲律宾之间，由于南海问题挑战了国家领土完整和安全底线，即使各项经贸及人文交流全面恢复并推进，但基于国家安全的核心信任难以建立，如果一旦产生安全问题，会产生釜底抽薪的效果。

因此，在战略评估与制定过程中，应增强自身诉求公开度，同时积极提升各方诉求之间的沟通，甚至采取联合研究与同步拟定的技术合作方式，确保客观评估和精准决策，为后续有效对接奠定基础。

二 战略实施与反馈

战略实施可分为两个层面，首先是国内行动，推动战略落地并出效果；其次是国外传递，形成外部有效响应，为国家间良性互动提供支撑并拓展空间。基于国家间沟通反馈的非强制约束性，国家对影响外部的发展战略实施，应建立高效准确的对外信息和意图表达机制，尤其是针对利益密切相关方，应建立动态化、专门性和常态化的意图传导机制。在战略实施过程中，注重诚意信号和利益信号的表达，并确保真实意图被认知。

战略对接中涉及硬资源之间的整合，两国应更多地注重硬资源之间的互补，也就是叠加整合，达到硬资源规模化，产生对于各自占有硬资源来说，收益新的增量。对于软资源之间的整合，一方面要培育硬资源互补性叠加产生的利益"硬空间"，一方面软资源先进国要考虑并满足落后国的软资源提升需求，形成软资源"牵引式"收益新增量，为长期良性互动提供动力。

在战略实施过程中，还应建立良好的战略实施反馈机制，包括国家内部的动态监测与评估，也包括国家间对战略实施态度与诉求的有效收集、渠道畅通和准确传导机制。可以借鉴市场营销体系，运用"国际政治营销"概念，[①] 开展以市场导向型营销为特征的战略反馈机制设计。对于国家安全、领土、发展利益等，特别是直接涉及国家核心利益和关键利益的战略反馈，必须确保在国家决策层进行良好反馈。同时，也应注重对民众、媒体、智库等方面的多层次反馈沟通。不过，国家决策层的对外政策决策能够从某种程度上，改变公众认知及媒体舆论，所以战略实施的反馈主要取决于参与各方决策层的判断和信念，其中又以政府首脑、执政党、主要官员、权威人士和议会、国会等最为重要。还要注意

---

① 美国第四届国际政治营销会议提出"国际政治营销"（International Political Marketing）概念。国际政治营销旨在建立、保持和加强与不同人民、国家、利益集团和国际组织的长期关系，整合产品、公关、民意、渠道等营销策略，通过双向沟通和履行承诺，满足国际政治行为体和国际组织的目标和需求。参见 Sun, H. H., "International political marketing: a case study of United States soft power and public diplomacy", *Journal of Public Affairs*, Vol. 8, No. 3, 2010, pp. 165 – 183。

"新公共外交"的新模式，也就是强调非政府组织的作用、新闻媒体的运用以及对战略实施本身行为更加详细的评估和反馈。

此外，在战略实施和反馈过程中也要注意几个方面的影响。第一是国内政治运行机制，[①] 包括执政团体代表的利益阶层，也包括国内政治决策的体制机制。第二是国家战略文化，[②] 可以分为冲突型和合作型两类，主要包括意识形态和价值取向，意识形态决定战略自身核心方向，价值取向则决定对外部价值的认同和信任。战略文化在很大程度上决定战略选择。[③] 第三是决策领袖个人认知取向和心理偏好，诸如冷静型和冲动型、外向型和内向型、理性型和感性型等，均会对国家决策产生关键影响。第四是国际环境压力和趋势因素，这也是国家战略实施与反馈的核心影响系统，也是国家战略发生作用和带来成败的目标系统。

三 战略互动与调适

通过国家间战略实施的相互作用，通过对领土安全威胁、国家发展利益以及社会意识形态和宗教文化认同等预期收益进行获取和妥协，最终形成对抗式竞争、互利式合作、中立式互不干扰和镶嵌式共生四种对接关系。对抗式竞争是基于战略互动过程中，国家间产生对排他性资源的竞争，从而形成"零和博弈"式的对抗。互利式合作是战略相互衔接与互补式整合的结果，说明无论是设计、实施还是调适，均能产生"1＋1＞2"的合作新收益。中立式互不干扰对接关系则体现了战略领域的互不交叉，以及国家间资源的互不重叠。镶嵌式共生的对接关系，表明国家间资源不但互补，最重要的是对双方各自生存与发展具有不可替代性。

国际关系体系是一个动态均衡体系，在不断地运动和变化。[④] 国际关

[①] 徐育苗：《政治运行机制浅析》，载《湖北行政学院学报》2004年第2期，第9—10页。

[②] 战略文化指一整套宏观战略观念，其基本内容被国家决策人认同，并据此建立起一个国家长期的战略取向。参见 Johnston, A. I., Cultural Realism, "Strategic Culture and Grand Strategy in Chinese History", *Pacific Affairs*, Vol. 24, No. 104, 1998, pp. 407–416。

[③] 秦亚青：《国家身份、战略文化和安全利益——关于中国与国际社会关系的三个假设》，载《世界经济与政治》2003年第1期，第10—15页。

[④] 张林宏：《当代国际关系体系的结构变革与体系发展》，载《欧洲研究》1994年第1期，第24—28页。

系体系中的国家间互动因素也是变量体系,在战略互动过程中,也必然需要据实对战略内容和实施方法进行调整,以适应国家间诉求的变化,与战略对接的动态环境保持动态协调一致,形成竞争与合作动态平衡关系。但是,如果国家间未建立一体化程度的相互信任,那么国家间不可能对彼此战略意图给予足够互信和理解的判断。在竞争与合作动态平衡的基础上,通过战略有效对接,达成相互强化互信的心理态度,进而建立持久和巩固的战略互信关系。通过构建信任心理,国家间相信相互行为或环境秩序符合预期,提升相互合作的意愿度。与此同时,还需要通过长期的、有效的甚至是强制的制度约束,提升战略互信的持续性。

国家间战略互动并形成相互依赖,进而形成国际制度,也是国际关系的一种基本状态。国际制度的表现形式,包括联合国、自由贸易协定、双多边国际条约以及各种国际组织等。实践中,可以在自愿的基础上,通过各种宣言、协定、条约乃至具体项目等形式建立、发展和完善这种制度性约束。中国一贯坚持遵从国际认可的制度体系,坚持反对单边主义,并主张多边协商解决分歧和推进合作。中国也主张不结盟,但积极发展与其他国家的伙伴关系。[1] 中国希望通过缔结双边或者多边的不同程度伙伴关系,与其他国家建立类联盟合作,但这种关系并非联盟,更不是以协议为基础的正式联盟。因此,中国与东南亚各个国家保持了良好的沟通合作渠道,并积极参与甚至推动国际和区域组织,如东盟、GMS、澜湄合作等。东南亚国家由于自身文化多元和包容性,以及通过联盟提升外部统一性和大国平衡策略,也积极建立全面的国际制度体系,并积极与中国合作共同构筑区域治理规则体系。

基于此,中国与东南亚国家之间战略互动基本可以分为三种态势。(1) 主动型,即主动谋求战略布局的优势。如中国积极拓展通过缅甸打通印度洋通道,包括已经建成的中缅油气管道,以及正积极推进的孟中印缅经济走廊建设等。又如中国与越老缅之间,由于边境接壤且民族跨境不可分割,则坚持投入和合作,推动边境互利共赢与共同安全。(2) 联动型,即以共同意愿为动力,以共同目标为方向,共商共推合

---

[1] 门洪华、刘笑阳:《中国伙伴关系战略评估与展望》,载《世界经济与政治》2015 年第 2 期,第 65—95 页。

作。如中国与泰国之间,各自均有发展空间,但在一些共同专注领域,如泰国东部走廊建设、中老泰经济走廊建设等,则共同发力,推动合作。(3)关联型,即各自发展空间并不明显交集或者重叠,但保持相互战略关联,根据时机成熟情况,适时推动具体领域合作。如中国与东帝汶之间,由于距离相距较远且国家大小悬殊,并不存在直接和明显合作潜在空间,但中国从东帝汶建国第一天便与其建立外交关系,并率先开展了全方位援助工作,保持战略关联,随着市场和形势的发展,已逐步向基础设施建设和人才科技合作拓展。

第三节 动力因素

动力要素也可以理解为目标要素,即战略对接中重点考虑的要素,或者意图达到的目标。整体上看,战略对接中核心影响要素包括国家安全、国家利益、文化认同三类。

一 国家安全

国家安全是指一个国家相对的稳定、完整和没有威胁、恐惧的状态,以及维持这种状态的能力。[1] 根据结构现实主义,认为国家的目的是安全,安全是国家发展的基础。在国际秩序无政府状态下,就像丛林法则和优胜劣汰环境中的动物一样,国家对安全的核心考量就是生存问题。正如华尔兹在《国际政治理论》中指出,"国内与国际情况的差异不在于行为者是否使用武力,而在于不同的结构。在任何自助体系下,国际社会的单元担心它们的生存,这种担心决定了它们的行为"。[2] 国家能否生存延续,成为国家其他利益的基石,因而决定国家生存还是灭亡的安全问题,也就是避免或者赢得战争,成为国家发展战略对接的核心影响要素。戴维·鲍德温又提出了构成安全的"七个维度"来进一步分析安全

---

[1] 王志坚、何其二:《国际河流对国家安全的影响》,载《水利经济》2013年第2期,第23—26页。

[2] [美]华尔兹:《国际政治理论》,信强译,苏长和校,上海人民出版社2008年版,第201页。

概念的内涵。① 这"七个维度"包括：(1) 谁的安全？(Security for whom) (2) 什么价值的安全？(Security for which values) (3) 多少安全？(How much security) (4) 什么威胁安全？(From what threats) (5) 通过什么手段保障安全？(By what means) (6) 以什么代价？(At what cost) (7) 在什么时段？(In what time period)。② 这七个维度可以分别对应安全的主体、安全的目标、不安全的程度、不安全的来源、安全的维护、安全的成本以及不安全的时期等。

在考虑安全因素的同时，也不能忽视威胁的因素。威胁是与安全相对应的概念，如果说安全因素是客观环境的呈现，那么威胁因素更多是一个国家对客观处境的主观判断和感受。正如沃尔弗斯在《冲突与合作》中指出，"安全，从客观上看，是指不存在外来剥夺我核心价值的威胁；而从主观上看，则是指不存在我核心价值被强夺的担心与惧怕"。③ 虽然，对于国家安全是否产生影响或者威胁，不同的人会有不同的判断和结论。但对于一个国家来说，执政者的判断或者说国家领导人的判断，才是最终判断。

从学术研究的共识来看，要研究一个国家的安全状况，既要分析其国内环境因素，也要分析其国际环境因素。华尔兹在其《人、国家与战争：一种理论分析》一书中，提出了战争根源的综合因素说。认为人的本性和行为、国家制度的不健全、世界无政府状态的存在，是导致各种类型战争的三种不同层次的因素。④ 因而，在对国家安全的判断上，一国往往通过对别国本性和行为，也就是国家理念和历史行为，以及别国自我约束不可预见行为的制度是否健全等方面进行考量。从国际环境考虑，

---

① 有的学者认为安全的概念模糊不清，难以确定。如巴瑞·布赞、丹尼尔·费雷、罗伯特·杰维斯、卡尔·多伊奇等，参见张幼文、周建明《经济安全：金融全球化的挑战》，上海社会科学院出版社1999年版和［美］多伊奇《国际关系分析》，周启朋、郑起荣等译，世界知识出版社1992年版。

② Baldwin, D. A., "The Concept of Security", *Review of International Studies*, Vol. 23, No. 1, 1997, pp. 5–26.

③ Stoessinger, J. G., Wolfers, A., "Discord and Collaboration: Essays on International Politics", *Journal of Politics*, Vol. 25, No. 2, 1962, p. 451.

④ 黄玉君、张贵洪：《关于战争根源的思考——兼评肯尼思·N. 华尔兹的〈人、国家与战争〉》，载《中共浙江省委党校学报》2002年第5期，第74—79页。

国家在安全问题上存在"安全困境"（security dilemma）的两难选择，也就是国家间存在相互不信任和恐惧心理。一国判断自身安全威胁程度，往往是通过大国之间的依赖程度或者说联盟程度进行分析，程度越高，则安全威胁越大。按照结构现实主义的观点，只要国际社会处于无政府状态，国家在功能上就是相似的单元，为了生存，国家就会最大限度地保持独立而避免依赖于他国，同时考察国际相互依赖应以大国之间的依赖程度为主要测量标准。① 此外，从传统安全角度考虑，国家安全更多的是一些传统意义上的高政治安全问题，如国防问题、领土纠纷、主权问题、国家之间的军事态势等。这些问题事关民族、国家与政权的生死存亡，因而向来被认为是安全中的核心问题。② 近年来，包括环境安全等非传统安全的影响作用日益凸显。非传统安全与传统安全问题相互转化的可能性增加。③ 且随着经济全球化和信息全球化发展，也深层次影响着国家安全观和具体措施。④ 一方面，国家安全的范畴日益扩大且务实；另一方面，也影响着国家间安全合作的形式和内容。

综上，影响国家对安全或者威胁判断的因素包括：综合实力对比（政治、经济、文化等）、进攻决定性优势（军事力量、核武器等）、侵略或者和平倾向的国家理念及表达（国家或领导人公开并践行的和平主张）、国内对不可预见决策的牵制（公开、民主、公正的国家决策规范）、国际规则及联盟制约（联合国安理会、区域安全联盟等）、现实具体因素（时间、地点、对象、环境等）、历史关系及主观互信（交流情谊渊源、战略伙伴关系等）等。

因而，在推动国家战略对接中，应注意以下几点。一是大国担负更多单边增益的义务和责任。强国要遵循互利共赢的共同发展，降低综合实力差距带来的威胁感；具有进攻决定性优势国应严格自控和自律，将

---

① 聂军：《结构现实主义的国际相互依赖观及其形成机理》，载《社会主义研究》2006年第4期，第99—101页。
② 赵铎：《非传统安全问题与国际安全合作》，载《科学决策》2007年第2期，第34—36页。
③ 徐坚：《非传统安全问题与国际安全合作》，载《当代亚太》2003年第3期，第3—7页。
④ 李伟：《非传统安全与新国家安全观》，载《国际政治》2003年第1期，第56—58页。

优势服务于区域安全和世界和平。二是各国公开并坚持和平发展理念。从国内建设方面看,各国应建立完善公开、民主、公正的国家决策体制,并取得国际社会充分认识和认可。从国际行动方面看,各国都应公开表达坚定的和平理念并以行动一以贯之体现。三是共同致力于强化国际规则的和平引导。通过遵循军事不结盟,持续主动增进国家间高层沟通和战略互信。同时,通过国家间以及区域内军事和平合作,如联合反恐和救援等合作,共建战略对接的良好安全氛围。此外,还应关注传统安全与非传统安全区别化的共同应对、正视争议领地的共同开发、非相关方审慎参与以及国际组织与规则平台的充分运用等。

二 国家利益

在《现代汉语词典》中,"利益"解释为"好处"。国家利益,顾名思义,就是给国家带来的好处。国家利益在汉语中包括两层含义:其一是指民族国家的利益,也就是国际政治范畴中的国家利益(international interest),另外一层含义则是指国内政治范畴中的国家利益,指的是政府的政治利益或政府所代表的社会公共利益(interest of state)。[①] 由此看出,国家利益是个具有双重含义的综合性概念,本书主要讨论国际政治范畴中的国家利益概念。

国家利益最早在欧洲被称作"国家理由"(reason of states),体现的是国家需求。作为无政府状态下国际关系体系中独立单元的主权国家,为了自身的生存和发展,不可能奢望"好处"从天而降或者被安排给予,必须通过自身的积极竞争行为获取。这一方面支撑了国家生存和发展,另一方面也保障了国家执政的稳定和持续,成为各国执政阶层或者国家领导人首要任务和目标。

国家发展战略是基于发展国家利益,因而国家发展战略的对接也必须服从国家利益,并有利于国家利益的最大化。摩根索认为,"保卫民族利益是任何外交政策的本质,外交政策除了保卫民族利益之外不能从属

---

① 刘薇、程鹏翔:《试论国家利益的内涵与特征》,载《扬州大学学报》(人文社会科学版)2014年第2期,第17—22页。

于任何原则。在国家的情况下，利己主义不是可憎的，而是合理的"。①传统现实主义认为，国家为了追求利益可以不择手段，无须顾忌伦理道德。从现实主义理论中可以看出，国家政权决策以及政治家行为的唯一标准必须是国家利益。

国家利益的概念纷繁复杂。阿姆斯特茨（Mark R. Amstutz）指出，"国家利益的概念通常指国家相对其他国家而言的基本的需求（need）和欲求（want）"。② 阿姆斯特茨实际上是从国家是个人的集合角度，主张将个人利益的归集与放大视作国家利益，具有强烈的客观性和广义性。而查尔斯·比尔德（Charles A. Beard）的《国家利益理念》提出，"国家利益的核心不是安全，而是经济利益"，③ 则显得概念定义的狭义性。从国内研究看，阎学通从国家全体民众需求出发，指出"国家利益就是满足民族国家全体民众物质和精神需要的东西，在物质上主要表现为国家的安全与发展；在精神上主要表现为国际社会的尊重与承认"。④ 王逸舟则从民族国家追求角度，认为"国家利益是指民族国家追求的主要好处、权利或受益点。国家利益的界定，有内在的和外部的两方面因素。国家利益是综合加权指数"。⑤

此外，国家利益的内容也非常广泛。美国学者罗伯特·奥斯古德将国家利益分为国家生存、自给自足、国际声望和向外扩张四类。而新自由主义代表人物罗伯特·基欧汉则将国家利益划分为生存、自由和经济三类。美国学者唐纳德·诺切特莱特因（Donald Naechtelein）在《国家利益的概念》中，将美国国家利益分为两类，即国防、贸易、世界秩序等持久性利益和随国际形势变化而变化的非持久性利益，包括生死攸关

---

① 阿隆、吴耀辉：《外交事务哲学的探讨》，载《国外社会科学文摘》1965 年第 7 期，第 10—13、24 页。
② Kerimov, M. K., *International Conflict and Cooperation*, WM. C. BROWN PUBLISHERS, 1995, p. 198.
③ Beard, C. A., *The Idea of National Interest: An Analytical Study in American Foreign Policy*. In-house reproduction, 1934, pp. 506 – 507.
④ 阎学通：《中国国家利益分析》，天津人民出版社 1997 年版，第 10—11 页。
⑤ 王逸舟：《国家利益再思考》，载《瞭望》2001 年第 7 期，第 161 页。

的利益、重要利益、主要利益和次要利益。① 国内研究方面，叶章蓉则认为，"国家利益表现的形式有物质的和非物质的，或称之为可量性的和不可量性的两种"，② 并进行了详细罗列。李少军则从利益受众阐述，认为"在当代，对于任何主权国家来说，其利益可以说都包括两部分：一部分是自利的利益，另一部分是共享的利益"。③ 张丽华从经济全球化视角，认为"国家利益与国际社会关联更密切，增加了'外向度'"，同时认为"根据利益大小来衡量，而不能一味地以利益性质来决定"。④ 吴功荣也认为全球化"打破了国家、国民、民族意识形态的传统界限，促使人们发展国家间及全人类的共同利益，并不断促进共同利益的积累，树立起人类共同体意识，由此形成以往国家利益所不能容纳的'国际利益'"。⑤

如果从国际关系理论学派分析视角，就仍然各执一词。传统现实主义强调国家安全利益，新现实主义则扩大考察范围至国家实力，包括客观资源、经济、人口实力以及政治和军事能力。自由主义和制度主义更强调从国际制度、规范和道义等方面来界定国家利益。新自由制度主义的代表罗伯特·基欧汉在《霸权之后：世界政治经济中的合作与纷争》一书中，把国家利益概括为"财富"和"权力"，这一概括既包含了政治利益，又包含了经济利益；既包含了物质利益，又包含了非物质利益；既包含了现实利益，也包含了长远利益。⑥ 从国家的经济角度看，财富是国家权力的目标，权力是获得国家财富的手段；而从国家的政治角度看，国家权力又成为国家财富的目标，国家财富反而成为国家权力的手段。罗伯特·基欧汉认为，在国际关系中国家利益具有二重性，一方面，国家利益具有自私性、自利性，决定了国家间不可避免存在着利益的纷争

---

① Donald Naechtelein, "The Concept of National Interests: A Time for New Approach", *Orbis*, Vol. 23, No. 1, Spring 1979, pp. 73–92.
② 叶章蓉：《国家利益与国际关系》，载《太平洋学报》1996年第4期，第56—67页。
③ 李少军：《论国家利益》，载《世界经济与政治》2003年第1期，第4—9页。
④ 张丽华：《经济全球化背景下国家利益分析》，载《政治学研究》2009年第3期，第98—104页。
⑤ 吴功荣：《全球化进程中的"国际利益"解析》，载《现代国际关系》2003年第11期，第56—61页。
⑥ [美] 罗伯特·基欧汉：《霸权之后：世界政治经济中的合作与纷争》，苏长和、信强、何曜译，苏长和校，上海人民出版社2001年版，第216页。

或冲突；另一方面，国家利益也具有利他性和互利性，决定了国家间存在着利益调和与合作的可能性。① 制度主义正是基于国家间利益调和与合作的可能性，强调通过国际规则和国际制度达成国家间合作并实现国家利益。② 同时，相互依赖是制度运行的环境与国际合作的前提。③ 罗伯特·基欧汉通过用机制理论来分析欧共体的决策以及在发展环境机制方面的合作潜力，④ 强调了国际制度代表国际共同利益，与国家利益之间的关系是相互影响和塑造，并通过国际制度对国家利益的协调，形成"相互依赖"或者"联盟"机制。国际关系和行为主体虽然是国家，但最终主体则还是人。观念的变化包括国际体系、国内体系、国际关系互动三个层次。⑤ 由于影响观念形成的国际社会不断变化，尤其是在全球化时代，观念交互日益加剧，国家利益的认同也逐步增强，战略对接可能性也逐步提升。可以初步总结梳理，现实主义更多强调"权力利益观"，而新自由制度主义强调"制度利益观"，建构主义则强调"观念利益观"。

可见，不同学派对国家利益都有不同的视角和内涵定义，却无一例外都将国家利益看作国际关系的核心研究对象，并视为国际关系合作与竞争的决定因素。因此，无论概念是"好处"还是"需求"抑或"追求"，无论内容是"生存"还是"声望"抑或"发展"，国家利益的具体范畴仍然含糊笼统，只能从其追求的目标上予以体现，包括短期目标和长期目标、明示目标和非明示目标、官方文件目标和领导人言论体现的目标等。总之，国家利益是国际关系的关键和核心，既是国际冲突的根源，也是国际合作的动力；既决定了国家外交行为的决策，也决定了国际关系发展的趋势。但要注意一点，从广义上说，国家利益可以包括国家安全，而从狭义上看，国家利益与国家安全是并列而并非从属关系，这时可以将国家利益理解为国家发展利益，而将国家安全理解为国家领

---

① 王力军：《略论罗伯特·基欧汉的"国家利益"观》，载《太平洋学报》2013年第8期，第10—17页。
② 高衍玉：《论中国国家利益的实现》，山东师范大学，硕士学位论文，2007年，第67页。
③ 石斌：《相互依赖·国际制度·全球治理——罗伯特·基欧汉的世界政治思想》，载《国际政治研究》2005年第4期，第31—49页。
④ Keohane, R. O., Hoffmann, S., The New European Community. "DecisionMaking and Institutional Change", *American Political Science Review*, Vol. 86, No. 4, 1991, pp. 333 – 1108.
⑤ 方长平：《国家利益的建构主义分析》，当代世界出版社2002年版，第91页。

土安全与主权安全。

综上,要实现战略的对接,就必须全面了解、判断和沟通各自国家利益,进而准确预测和分析对方国家具体需求和妥协底线,从而正确引导和调适本国双边合作与谈判,有效实现战略对接。但也要注意几个问题。一是对国家利益的全面认识。作为发展战略对接的主体,国家之间的利益之争是国际关系永久性特征。但国家利益包括客观条件,也包括主观认识,具有客观性和主观性的统一。既要充分认识国家人口、自然资源、经济实力等国家发展和行动及客观基础,也要对国家决策者或者阶层进行考量,认知其对自身实力的态度以及对国际社会中地位和作用的认知与判断。二是对国家利益表达的准确认知。由于国家会通过国家目标表达国家利益,进而通过国家具体行为实现国家目标。但国家行为纷繁复杂且变化多端,所以国家一方面要从公开国家文件、国际舞台表达以及国家领导人表态等方面全面分析把握,另一方面也要注重公开自身主张,坚定地长期坚持,形成理念持续的国际信赖,以国际社会身份认同的确定性降低"错判"的风险成本。三是对争取国家利益最大化的可能路径的把握。作为国家基本需求的体现,国家利益成为国家发展战略对接的决定因素,也就是国家利益是否增长,或者妥协于不增长。也就是说,国家利益的共赢可以从当前短期也可以从长远来考量,甚至是在现实利益损益的基础上,从国际制度收益或者国际身份认同收益上看,仍然可以通过暂时的和局部的利益妥协,实现长期和全面收益,并实现互利共赢的增量收益。此外,还得注意大国与小国的不同认知程度差别、国际合作与区域以及地缘合作不同场景影响、国际组织以及跨国企业影响等,可能对国家利益识别和判断产生不同影响的因素。

三 文化认同

文化本身概念内涵十分丰富且外延也十分广阔。纵向看,广义文化概念包括整个人类发展历史,而狭义文化概念主要是指人类社会实践中产生的成果。横向看,广义文化概念既包括物质产品,也包括精神产品;而狭义文化概念主要是指社会意识形态,即精神生产能力与产品。[1]

---

[1] 韩敬:《我看儒家思想的历史作用》,载《思想战线》1990年第3期,第1—8页。

文化在国际关系研究中，也是一个重要的研究领域。虽然，国际关系中更多从国家安全和利益角度，对国家实力和国家行为进行研究，但文化的影响也不可忽视。尤其是在冷战结束之后，随着国家冲突由领土等客观表象因素竞争，逐步向意识形态甚至文化理念等主观深层次对立发展，国际关系中文化因素的内涵不断丰富，作用不断纵深拓展，包括文化战略、文化软实力、文化竞争力、文化价值观等概念不断涌现，并对国际关系分析研究提供了更丰富思路和工具。文化是驱使民族国家、其他机构团体乃至个人采取行动和自组织运作的基本动力。[1]

也有学者认为文化对国际关系并没有强烈且直接的影响，均是通过影响国家对安全和利益的判断与决策，而产生间接影响。也有学者综合二者观点并指出，社会发展的最终决定力量是经济，也成为影响国际关系秩序的核心因素。文化，作为上层建筑中的一个组成部分，只能被决定并反作用于经济、政治乃至国家。只有在国际舞台上举足轻重的国家或民族，其文化才能成为影响国际关系的关键变量，并且其影响效力将随着其母体的地位和作用的变化而相应地发生改变。[2]

基于国家安全和国家利益，国家间可以达成联盟以及合作。但视乎这种安全和利益的现实实用性和不确定性，导致联盟和合作的脆弱性，也就导致国际秩序无政府状态。"国家之间存在着看来比正式联盟关系更深的联合，它基于利益，同样也基于亲近关系和传统，与其说是一种实用关系，不如说是一种天然联系。"[3] 可见，在文化与国家结合后，并在国际关系视域中，国家文化不仅体现的是人作为社会群体的精神生产能力与产品，也是国家精神生产能力与产品的集合。文化因素的作用，使国家人民群体以及统治决策者在国家发展战略决策上带有根深蒂固的偏好，从而影响国家互动行为，成为国家间竞争与合作的"天然"因素。不断增强的一体化和世界市场的扩展所带来的相互依存和全球化的趋势，

---

[1] 麦哲、谭晓梅、潘忠岐：《文化与国际关系：基本理论述评（上）》，载《国外社会科学文摘》1997 年第 5 期，第 10—13 页。

[2] 潘忠岐、谭晓梅：《论文化与国际关系——基本理论模式述评》，载《欧洲研究》1996 年第 6 期，第 21—26 页。

[3] ［英］马丁·怀特著，［英］赫德利·布尔、卡斯藤·霍尔布莱德编：《权力政治》，宋爱群译，世界知识出版社 2004 年版，第 80 页。

为国际合作提供了更多的机会，同时也增加了冲突的可能性。①

国际关系理论最注重文化因素的当属建构主义。建构主义主张对国际关系的文化内涵展开讨论，对国际体系结构对国家身份和利益的建构作用进行深入的分析。② 国际关系的变化，除了是对物资结构（权力和实力对比）的反映外，还是对文化结构（国家文化和意识形态的认同）的反映。国际秩序无政府状态首先是文化或者观念的无政府状态（Cultures of anarchy）。③ 温特由此提出并阐发了三种类型的无政府文化状态：霍布斯文化状态、洛克文化状态和康德文化状态及其三种无政府文化状态的体系取向和推进的条件。④ 其中，霍布斯文化状态代表着敌对关系，洛克文化状态代表着竞争关系，而康德文化状态则代表着朋友关系。国际关系中国家互动结构变化的背后原因，正是这三种文化认同的变化。

就此，可以得出初步结论，国家文化或者说国际关系中国家文化可以包括以下几个部分：一是国家历史传承与发展出来的集体或民族价值观；二是影响国家决策的深层次观念和理念；三是构建国家社会和经济、政治体系的方向和原则；四是国际关系中国家互动的关键变量因素。其中，第一和第四部分可以看作国家传统文化以及在国际上的文化认同与文化共识，第二和第三部分可以看作国家意识形态。从国际关系发展历史看，17—19世纪国际关系领域竞争与合作的焦点是主权与安全；20世纪的焦点转为意识形态；21世纪的焦点似乎转向了文明与文化。

综上，国际关系是基于国家关系规律的研究，而国家正是人社会性的集合，不同于对自然规律研究的自然科学，国际关系学更多受人的意识以及该意识国家化集合的影响。因此，也有人称国际关系学是一门艺

---

① ［美］弗雷德里克·皮尔逊、西蒙·巴亚斯里安：《国际政治经济学：全球体系中的冲突与合作》，杨毅、种飞腾、苗苗译，北京大学出版社2006年版，第78页。
② 秦亚青：《国际政治的社会建构——温特及其建构主义国际政治理论》，载《欧洲研究》2001年第3期，第4—11页。
③ 参见［英］阿诺德《文化与无政府状态：Culture and anarchy》，中国人民大学出版社2012年版；Snyder, J., "Anarchy and Culture: Insights from the Anthropology of War", *International Organization*, Vol. 56, No. 1, 2002, pp. 7–45。
④ 茅海燕：《建构主义视野中的国际无政府状态》，苏州大学，硕士学位论文，2003年，第176页。

术，而非真正意义上的科学，是具有多样性的综合体。① 也有学者进一步批判并指出，国际关系既是一门科学，也是一种艺术，是客观与主观的统一。② 但不可否认，文化能够影响和塑造国家意识形态，进而影响国家决策者和外交行为。相同或者相似的国家文化能够形成一种文化共鸣，进而构建文化规范，从而划分了不同国家的身份定位和"族群"联系。一个国家的身份定位与国际社会的正向认同程度越高，这个国家与国际社会的基本互动关系也就越可能呈现良性的合作状态。③

建立在文化共鸣基础上的集体认同，为国家间联盟或者战略的对接提供了坚实基础。如东南亚国家基于均属于世界小国的政治文化，趋同于构建东盟这一联合体，对外提升整体一致性和谈判筹码。此外，又如中国与东南亚国家间佛教等文化共识，在处理相互关系中，不约而同选择国家安全上的合作，降低战争冲突意愿和风险，更多通过交流、规则和合作谋求联合发展。因而，在冷战结束后的国际关系和国际竞争中，提升文化"软实力"成为一种增强国力的战略选择。④ 同样，在国家发展战略的对接中，也要注意几点：一是增强对自身国家文化的历史传承挖掘；二是结合国际社会发展趋势，对本国文化的国际化进行改造和培育；三是尊重其他国家文化核心价值，并进行对接式的研究，提升文化融合与发展；四是妥善处理意识形态之间的冲突，强调互利共赢主导以及不断调节和相互适应；五是注重国际文化或者观念共识的培育，为国际秩序和规则有序发展，提供深层次文化沟通与融合支撑。

第四节　机理模型

结合国家发展战略对接的阶段划分和影响因素分析，借鉴经济学、

---

① A. J. R. 格鲁姆：《国际关系学：从不仅仅是一门美国的社会科学》，秦治来译，载《欧洲研究》2006年第3期，第36—50页。

② 王义桅：《在科学与艺术之间——质疑国际关系理论》，载《世界经济与政治》2002年第9期，第4—10页。

③ 秦亚青：《国家身份、战略文化和安全利益——关于中国与国际社会关系的三个假设》，载《世界经济与政治》2003年第1期，第10—15页。

④ 刘娟：《文化的社会意义及文化"软实力"的思考》，载《扬州大学学报》（人文社会科学版）2009年第6期，第13页。

管理学以及国际关系理论等机理分析和模型推演工具，本书将战略对接划分为层次分析和因素分析两个机制和模型维度。首先，按国家关系层次，将战略对接划分为国际关系系统的低层次对接和高层次对接。其次，针对国家安全、国家利益和文化认同三个因素，运用资源整合理论及相关模型进行分析，从而完成战略对接的内在机理定性分析和外部推演的定量描述。

一　机理分析

经济学研究的核心内容就是资源的优化配置和高效利用。企业间的合作竞争就是在互补性资源领域进行整合，实现"整体大于部分之和"的系统经济效应。对于国家利益领域而言，我们更多地从国家的企业或者资本参与国际分工角度进行分析。也就是说，市场体系类比于国际关系体系，市场企业类比于国家企业或者资本，企业收益类比于国家收益。从而借鉴系统经济学资源整合机理分析国际关系中国家发展战略对接对国家利益的影响。

从利益主体的角度分析，国家是在国际产业和市场中，一个独立的且能够通过国家间合作竞争产生新利润的资源集合。资源是国家拥有或控制的自然资源、人力资源以及技术专利、金融资本、消费市场等有形的和无形的要素集合。

为进一步理解和分析资源整合机理，有必要对资源进行进一步划分。广义资源可以划分为硬资源和软资源，如公式（1）所示：

$$广义资源 = (\{硬资源，软资源\}，\{硬资源与软资源之间的关系\})$$
（公式1）

在经济学上，对于企业来说，硬资源主要指客观产品和服务，软资源主要是指无形产品和服务。[①] 在国际关系领域，对于国家来说，硬资源主要是指未凝结国家智慧或者意识且客观存在的国际市场要素，如领土

[①] 昝廷全：《系统经济学研究：经济系统的定义与类型》，载《兰州大学学报》（社会科学版）1997年第1期，第43—48页。

领海领空、自然资源、产业设施设备、金融资本等；软资源主要是指凝结了国家智慧或者意识且主观可影响的国际市场要素，如人口劳动力资源、网络资源、知识信息情报、国内对外投资及外商投资法制体系、国际贸易投资规则、自由贸易协定、运输及通关便利协定、国际身份和文化认同等。

从内涵上看，硬资源和软资源的核心区别在于是否凝结国家智慧或者意识，不受国家法律或者领导人意图影响而改变的就是硬资源，反之则是软资源。而从外延上看，一方面是存在的边界确定性不同，硬资源范围的边界是确定的，是静态存在的，如矿产资源；而软资源范围的边界是不确定的，是动态存在的，如科技知识。另一方面是利用的排他性不同，硬资源由于边界确定也意味着"资源有限性"，因此硬资源的利用相对来说是排他的，也就是硬资源如果 B_1 占有了，则 B_2 就无法占有，如果 B_1 消耗了一部分，则对于 B_2 来说，该资源就少了一部分。因而，不同硬资源的边界是不相交不重叠的，具有可列可加性，可以用拓扑空间中的闭集来描述，也可以运用"边际效用"理论进行成本收益分析。

与此状况不同的是，对于软资源的使用通常不具有完全的排他性，而且在某些特殊情况下，甚至还会出现利他性特征，也就是软资源的实际价值与使用方数量可以成正比增加。典型的例子，如运输及通关便利协定，参与的国家越多，运输及通关便利化覆盖的区域就越广，跨境运输成本与收益的可调控手段和空间就越大。因而，该类软资源的价值和参与国家数量成正比，且成几何级数的正比关系。但软资源边界不可确定，相互之间是否相交和重叠也是动态的。

对此，可进一步将软资源进行细化：（1）硬资源伴随型。也就是这种软资源必须和相应的硬资源结合，才能存在并产生作用。在国际关系学分析模型中，软资源中的人口劳动力资源、网络资源、知识信息情报资源等，都必须依托自然资源、设施设备、金融资本等，才能发挥市场创利的作用。（2）独立型系统资源。从经济学上看，系统资源是基于系统单元但只能由系统产生的资源。[1] 在国际关系系统中，系统资源是不同

---

[1] 郭鸿雁：《基于系统经济学的合作竞争分析》，载《上海经济研究》2008 年第 7 期，第 40—48 页。

国家单元相互作用所形成的资源，是基于各自国家单元实力、意图和妥协形成，但又不依附于单个国家单元，而是存在于国家单元组成的国际关系系统之中，对单个国家单元参与国际关系系统产生影响，又反过来塑造国际关系系统。国际关系系统中的软资源可以分为国际认同类和国际规则类，前者包括国家的国际身份、话语权地位、文化感召等，后者包括国际政治、经济、环境、人文等规则体系。

根据以上对资源种类的分类分析，可以据此将国家利益合作竞争中的资源整合分为以下四种机理类型。

（一）硬资源与硬资源整合

由于硬资源具有确定性边界，该类整合更多是具有两国之间划定范围的意义，如边境经济合作区是以两国双边划定一定地域范围为基础。此外，由于硬资源还具有占有的排他性，因此硬资源之间的整合还意味着占有机会排他的确立，这也是由硬资源的有限性或者稀缺性所决定的。如矿产资源的联合开发、国际港口等重大基础设施的联合建设等，一旦确立单个或多个合作方（国别），也就形成对其他潜在合作方的排他性。但我们也要注意一点，硬资源本身并不能自动产生"收益"，都必须依靠软资源的"加工"。因此，硬资源之间的整合也不必然自动衍生"收益"。当然，在国际关系这一特殊体系中，硬资源整合虽不衍生市场收益，但可以衍生政治收益，这也可以反作用于国际市场层面的整合。如对领土或者领海搁置争议并达成共同开发的共识，即使对该争议区域的实际市场整合无法开展，但也可以消减潜在战略"对峙"与"冲突"，为其他区域或者领域的合作提供整体环境支撑和保障。

（二）软资源与软资源整合

国际关系中国家间互动系统的实质就是以软资源合作竞争为基础和表征。任何国家都是具有独立主权的单独个体，包括领土、外交、军事、政体等均具有独立性和平等性。国家间互动本身就是外交层面的相互承认和妥协，直接产生外交政策等软资源的交集，进而导致区域或者国际秩序与规则这一系统软资源的"书写"。由于软资源自身边界非确定性以及占有非排他性，国家间软资源的交集很容易达成。但软资源之间整合本身并不能直接带来市场收益，仍需要依托相互硬资源的投入与整合才能共创利益增量。

此外，还可进一步分析硬资源伴随型软资源和独立型系统软资源之间整合的差异。

对于硬资源伴随型软资源之间的整合，必须对双方相互的投入，尤其是产出的分配达成共识，否则双方会基于对未来利益分配不公的担忧，导致整合无法开展或者无法完成。这其中也有两种不同情况：第一种情况是，如果两国均自有被伴随的硬资源，就说明两国该类硬资源伴随型软资源均具有独立"创利"功能，因而该类整合属于"内部竞争型"合作，双方都获得软资源提升收益是该类整合得以持续的关键动力。如两国都拥有某种矿产的硬资源以及开发利用技术的伴随型软资源，只是两国在开发利用技术水平上存在差异，也就存在合作的潜在空间。因此，该类合作持续的关键，是必须保证双方技术合作能让双方技术水平都得到提升，且是双方认可的公平分配。第二种情况是，如果该类被伴随的硬资源仅单边国家占有，就说明两国各自资源均不具有独立"创利"功能，则该国家在选择软资源提供国方面，拥有相对主动权和话语权，因而该类整合属于"外部竞争型"合作，软资源提供国保持国际竞争力以及良好互信关系是该类整合得以持续的关键动力。如两国中仅某一国拥有某种矿产硬资源以及相应开发利用技术，另一国不拥有该类矿产硬资源，但拥有较高开发利用技术。因此，双方在开发利用技术方面合作持续的关键，是必须保证具有较高开发利用技术的一方，能保持其技术水平在国际上的领先地位，也就是赢得两国之外任何第三国的技术竞争，并且两国间保持良好的互信关系。

对于独立型系统软资源，其自身边界呈现动态不确定性，且具有相对独立性，因而可以与任何软硬资源产生边界的重叠交集，包括与其他资源以及该类资源内部均容易发生整合。一方面，独立型系统软资源为其他资源间的整合提供系统保障，另一方面，其他资源间的整合也塑造着该系统资源不断调整与发展，二者之间类似于市场经营与市场环境之间的关系。只是要特别注意一点，该类资源最大的特点是系统依附性，必须存在于国家间互动的系统之中，也就是说任何一国不可能单独拥有独立型系统软资源，或者说一国必须通过在与其他国家互动中使用独立型系统软资源，方可获得该类资源的收益。而根据独立型系统软资源的两种类别，对于国际认同类系统软资源，一国应当更多注重自身文化和理念的保护、发展及宣传，从本国内部挖掘和培育提升国际认同感的支撑；对于国际规则类系统资源，一国则应当注重国际社会共同认可和需要的秩序引导、维护和提升，从国际共识层面推动国际秩序向互利共赢和世界和平方向发展。

（三）硬资源与软资源整合

这里分析的是一国仅提供硬资源，而另一国仅提供软资源。从历史上的国际关系实践看，殖民时期的殖民地统治就属于该类整合，但其非平等性而导致非法性，并不属于现代国际关系研究并推演的目标。从现实上的国际关系实践看，一国提供给其他国家的使领馆区域，以及提供给国际组织和机构的相对独立管辖区域，也可以视为该类整合。分析其原因，核心是基于国家主权的完全彻底的排他性。硬资源往往是国家主权的现实根基，软资源往往是国家主权的形式载体。一国仅提供硬资源而不参与任何软资源叠加，交由另一国软资源整合，虽然其保住了国家主权的现实根基，但从形式上形成国家主权的退出，这是任何独立主权国家难以接受的情形。因此，在一国提供硬资源为主、一国提供软资源为主的整合情形中，提供硬资源的国家均会或多或少提供一定软资源，尤其是国家主权名分上的软资源，以便形成至少名分上的平衡态势。而这其中，提供软资源的一国应特别注意一点，就是软资源的去主权化或者说去政治化，以此降低各类整合的政治猜忌和风险。如一国将国际港口建设与运维权委托他国承担，委托同时会一并提出联合持股以及联合管理等要求，受托方也会采取企业主体、国际投标、市场运作方式参与其中，只是在国家主权层面，将由国家政权或者领导人间协议予以背书保障，创造并提供系统资源支撑。

（四）软硬混合资源与软硬混合资源的整合

该类整合实际就是资源整合的真正有市场意义的形式，可以视为国内市场资源配置与整合的"国际版"。由于市场要素中的硬资源整合只能产生象征意义的虚拟状态"收益"，还必须通过软资源的"加工"，才能获得基于资源的实实在在"收益"。因此，国家利益合作竞争中的资源整合均属于混合型整合，也就是硬资源和软资源相互融合与激发，才能获得整合增量收益。

可见，国家发展战略对接中，要科学区分软硬资源类别，采取不同方式进行设计、谈判、实施和调适，同时要注意共同创造、可反复适用甚至拓展延伸的系统软资源，形成战略对接可持续发展的国际环境。

二 两层次模型

层次分析法（The analytic hierarchy process，AHP），在20世纪70年代中期由美国运筹学家托马斯·塞蒂（T. L. Saaty）正式提出。它是一种定性和定量相结合的、系统化、层次化的分析方法。[1]而系统经济学将层次分析运用于分工与合作模型研究中，指出模块化是系统经济的基本实现形式之一，属于系统经济学机理层次的研究，[2]并提出"合作竞争"的基本模型。

在国际关系系统中，我们假设两个处于竞争关系中的国家 B_1 和 B_2。在低层次对接中，B_1 和 B_2 国家间是以对抗性竞争为主，也就是通过竞争获得"此长彼消"的收益，构成低层次战略对接系统 S_1。在高层次对接中，B_1 和 B_2 国家间是以合作性竞争为主，也就是通过收益位列的提升（共创新的增量收益），以及收益尺度的增长（形成收益确定性更加长期和可持续的溢出），形成一个更高层次的战略对接系统 S_2。将该机理模型进行归纳总结，可得到战略对接的两层次机理模型，如图3—1所示。

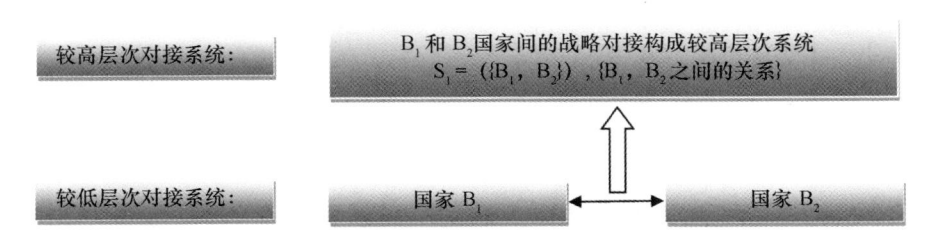

较高层次对接系统：B_1 和 B_2 国家间的战略对接构成较高层次系统 $S_1 = (\{B_1, B_2\}, \{B_1, B_2 \text{之间的关系}\})$

较低层次对接系统：国家 B_1 ↔ 国家 B_2

图3—1 战略对接的两层次机理模型

---

[1] 傅新平、邹珺：《层次分析法在物流中心选址中的应用》，载《世界海运》2002年第25期，第23—24页。

[2] 李辉、杨先中：《模块化双层规划模型及其价值分析》，载《科技创新导报》2008年第35期，第201—202页。

当然从逻辑上讲，B_1 和 B_2 国家间战略对接也可能造成收益位列的降低（对双方各自利益的消耗与减少），以及收益尺度的缩短（形成收益不确定性增强和变动性更加频繁），也就是形成更低层次的战略对接系统，比如 S_0。这种逻辑更多是基于国际秩序无政府状态的客观性和不可改变性。但这种逻辑忽略了一个不可否认的现实趋势，也就是国际经济领域的国家间分工链式合作已成主流，国际政治领域的多极化相互制衡发展也已成主流。国家的发展不会固守封闭式"自力更生"和"自给自足"模式，不会排斥通过国际合作参与国际产业分工获得新的经济发展空间。大国博弈中，只有利益是永恒的。[①] 既然国家发展不会排斥国际分工合作，成熟国家也不会在国际政治中一味坚持"你死我活"地树敌，必将趋向于建立更多政治互信伙伴关系的"朋友圈"，追求国家利益长期的确定性和可持续性。相反，基于国际秩序无政府状态，B_1 和 B_2 国家间的战略对接，还不可避免面对其他国家的直接利益或者间接机会竞争。因而，国家间的战略对接并形成更高层次，不仅来自国家内需求动力，也来自区域或者全球竞争的残酷性。也就是说 B_1 和 B_2 国家间战略对接，必须更快更实达成更高层级，否则很可能面临其他国家的"替代"和"超越"。往往这种潜在的"危机感"所产生的对接动力，更大于对现实收益认知和判断的驱动。

此外，对于战略对接的两层次机理模型运用，还须注意以下几点。一是层次的动态性。B_1 和 B_2 国家间通过合作竞争，将战略对接系统由 S_1 上升为 S_2。这时，新的战略对接系统 S_1 又将具备新的系统资源和系统利益，B_1 和 B_2 国家在获得层次上升收益的同时，又将面临新的竞争与合作，而且是在新的战略对接系统之上的竞争与合作。可以说，任何战略对接系统都具有自身更高的利益增量空间和利益持续尺度，B_1 和 B_2 国家间的竞争与合作是动态发展的，也是持续进行的。战略对接系统的发展方向可能是上升，也有可能是下降。这其中的决定因素是利益增量是否变大和利益确定性是否增强。国家间战略对接必须紧紧围绕这两点形成共识并持续采取务实和共赢行动。二是领域的可复制性。基于发展

---

① 王宝山：《大国博弈：只有利益是永恒的》，载《文史博览》2013 年第 6 期，第 1 页。

战略内涵的丰富性，战略对接系统 S_1 可以进一步拓展为 S_{N1}。其中的 N 可以代表不同领域。比如国家安全领域，B_1 和 B_2 国家间战略对接系统层次的上升，可以理解为双方军事资源和实力的合作，形成安全联盟，进而产生对国家安全的可控性和确定性增强。又比如国家认同领域，B_1 和 B_2 国家间战略对接系统层次的上升，可以理解为双方政治互信程度的提升，诸如建立外交关系、伙伴关系、战略伙伴关系、全天候战略伙伴关系等不断递增，进而在区域和国际事务的相互沟通、理解、支持等方面提升可控性和确定性。三是参与方的可拓展性。受国际秩序无政府状态的影响，国际关系研究尤其是国家间互动机制模型的分析，长期"务实地"局限于双边关系研究，尤其是规则性最高的国际法律层面，认为"双边化仍然是国际投资法律机制的主要形式，但区域化正在兴起，而多边化仍然存在可能性"。[1] 国际关系中的多边主义的理论研究缺乏一个统一的理论，主要依附于国际合作等理论。[2] 从发展历史看，随着欧盟等一体化的实践发展，尤其是国际制度、国际合作、集体身份和认同、全球治理等挑战不断涌现，多边主义迎来了黄金发展时期。随着全球化和全球公民社会的发展，而出现的一种新多边主义的理论。[3] 国际制度的未来形态很可能是政府间国际制度、非政府制度和国家制度相互耦合的产物。[4] 因而，战略对接的两层次机理模型中的 B_1 和 B_2 可以拓展为 B_N，也就是国家的双边性向多边性发展。此外，国际机构、国际组织，无论是政府型还是非政府型，都可以作为战略对接参与方予以推演分析。

三 推演模型

拥有以色列和美国双重国籍的经济学家罗伯特·奥曼（Robert J. Au-

---

[1] 王彦志：《"双边 vs 多边"：国际投资法律机制双边构造的国际关系理论解释》，载《国际关系与国际法学刊》2016 年第 7 期，第 34—45 页。

[2] 胡宗山：《国际关系中的多边主义：概念、理论与历程》，载《社会主义研究》2007 年第 4 期，第 125—128 页。

[3] 叶静：《浅析多边主义的历史演变与当代发展》，载《理论月刊》2008 年第 10 期，第 162—164 页。

[4] 赵可金：《从旧多边主义到新多边主义——对国际制度变迁的一项理论思考》，载《世界经济与政治》2006 年第 7 期，第 26—32 页。

mann）和美国经济学家托马斯·谢林（Thomas C. Schelling）围绕"冲突与合作"，在传统博弈理论基础上进行了理论拓展和应用拓展，不仅有效揭示了市场维度中经济冲突的机理模型，也为解决国际贸易冲突和市场价格竞争奠定了理论基础，进而超越经济学理论的范畴，被广泛地应用于区域安全、国际合作和国家裁军政策等国际关系领域，对整个社会科学带来了深刻的影响。从之前梳理分析可以得出，国家发展战略对接影响因素主要包括国家安全、国家利益和国家认同三个因素。借鉴自然界种群之间以及经济系统之间相互关系的划分，国际关系中国家利益之间的基本关系也可以划分为竞争、中性、合作、共生四种，其特点如表3—1所示。

表 3—1　　　　　　　　国家利益之间的基本关系

关系类型	收益 对 B_1	收益 对 B_2	关系特征
竞争	−	−	基于同一稀缺资源的排他竞争
中性	0	0	各自资源互不重叠、互不影响
合作	+	+	能独立生存，但资源整合可产生合作收益
共生	1	1	无法独立生存，各自资源成为彼此生存基础

注：+代表有利，−代表有害，0代表无利也无害，1代表互利。

从生物学和经济学角度，自然界物种和市场经济体之间以竞争关系最为常见。这是自然资源以及市场资源的稀缺性，导致物种占有自然资源和经济体占有市场资源的排他性，进而形成自然法则与市场规则的竞争性属性。但是，通过之前我们对国际关系中国家软硬资源的分析，国家对硬资源的占有是具有完全彻底排他性的，唯一能挑战或者调整这种排他性的途径只有战争。因此，在和平与发展为主题的全球化新时代，由于战争手段的非常态化，国家间对硬资源竞争的可能性日益降低，合作的趋向性日益明显。另外，由于国家主权完全彻底的排他性，国家间竞争的主要或者说前置领域为软资源领域。与此同时，由于软资源自身不具有使用上的排他性，甚至具有使用上的利他性，也就是说，软资源的价值就在于参与方的范围广度,参与面越广,说明软资源叠加整合硬资源的范围也越广,整合成本更可控,潜在收益更大。软资源的排他使用并不直接产生收益,反而是软资源利他使用会带来新的收益增量,也就是"共识"面越广、状态越稳固、时间越持久,价值越大。因此,国家间软资源领域的互动更多趋向于合作。

可见,在国际关系领域,无论从硬资源还是软资源角度,国家出于逐利的目标,驱动国家间互动均趋向于合作,从而使互利共赢的战略对接成为趋势。也就是如图3—1所示,B_1和B_2国家间通过战略对接,在国际利益领域进行合作,创造增量收益以及提升长期收益确定性,从而提升B_1和B_2国家间战略对接层次。在这个国家间利益合作和共创过程中,双方根据国际化生产以及市场需求,协同配置各自优势资源,包括有形资源和无形资源,分工协作推动资源利用效率最大化,更多、更快、更具控制力地掌握国际市场利润,进而获取资源整合效益最大化。从提升战略对接可能性角度,还需注意两个问题。一是对于硬资源,国家应致力于推动资源位的"特化"而不是"泛化"。也就是说掌握并参与国际互动的硬资源并不是覆盖范围越广越好,而应该是具有差异性特色或者说独特优势,越"特化"也就减少资源重叠,也就越能减少国家间竞争,促进合作;反之,越"泛化"也就增多资源重叠,越能增加国家间竞争的可能性。二是对于软资源,国家应致力于提升国际认可类软资源的国际竞争实力,提升国际规则类软资源的国际参与广度。通过前者,提升本国软资源参与国际合作的机会和控制力;通过后者,提升国际规则对本国发展环境的保障和驱动。

综上,战略对接中利益合作竞争的实质就是资源整合,核心是通过对接与合作,克服国际秩序无政府状态导致的"零和博弈"趋势,克服国际市场资源配置失灵的影响,并由资源整合产生战略对接的增量收益,实现"1+1>2"的效果。战略对接理论框架体系如图3—2所示。

110 / 战略对接理论建构

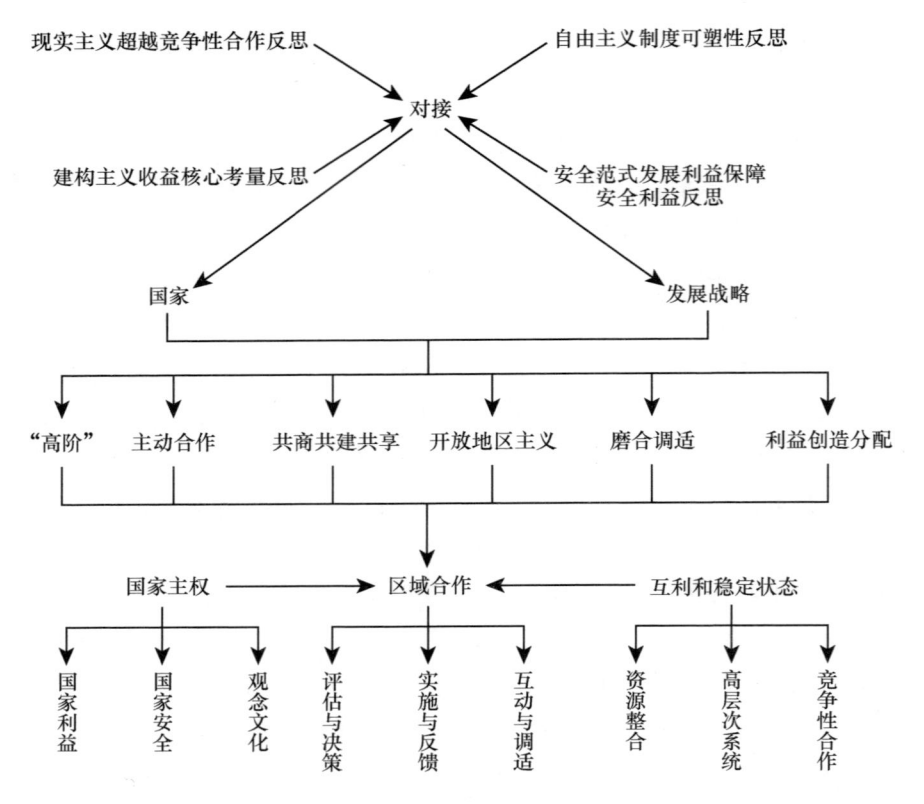

图3—2 战略对接理论框架示意

第四章

中国与东南亚国家发展战略对接历史推演

本章关于中国与东南亚国家发展战略对接历史推演分析的背景既包括"一带一路"倡议和具体推进，也包括21世纪以来中国一贯坚持的和平发展大背景的沿承。战略主体范畴，包括各个独立的国家，以及东盟、澜湄、大湄公河次区域经济合作（GMS）等区域合作的整体。战略客体范畴，既有对国家和区域具有关键和全局长远影响的涉外跨国性经济协作领域相关倡议、规划、计划和项目，也包括对该领域进行理念性、方向性和原则性的谋划研究及国家领导人意愿表达等。

第一节 历史渊源及地缘捆绑

根据地理政治理论，国际竞争合作中的一国实力强度基于以圆周计算的地理面积，[①] 地缘成为国际关系分析的重要因素。地缘经济则提出以经济利益和经济关系取代政治和军事对抗作为国际关系主轴。作为国家间地缘关系来说，首先必须体现在地理位置上的相邻性，其次是经济与政治的合作与竞争是主要表现形式。中国与东南亚区域长期以来都属于世界上人口最为稠密的多民族地区之一，国家间相互毗邻，民众间相互交融，跨境民族、跨境河流、跨境山脉以及跨境自然地理人文资源丰富。此外，从贸易结合度指数、贸易互补度指数及贸易偏向度指数分析，中

---

① [英] P. 奥沙利文：《地理政治论：国际间的竞争与合作》，李亦鸣等译，国际文化出版公司1991年版。

国与东南亚国家贸易结构兼容性较好,① 中国与东盟自由贸易区的贸易转移溢出效果明显,贸易关系十分密切且逐步深化。可见,中国与东南亚国家地缘物理联系非常紧密、不可分割,在地缘经济上相互促进,在地缘政治上相互依存。东南亚国家政治格局则起源于公元1世纪前后,经历了复杂的历史演变,尤其是世界历史的近现代时期和当代(1945年以来)相当长的时期内,深受外部因素影响乃至由外部因素主导。② 从历史上看,中国与东南亚国家发展战略对接大体可以分为以下几个阶段。

一 中国与东南亚国家战略对接历史沿革

东南亚国家与中国毗邻,相互人员交往和贸易往来一直未断,国家间互动关系有很久历史渊源,而其中主要通过朝贡制度建立国家间互动关系。朝贡制度是中国传统的儒家思想和封建宗法观念在对外关系上的表现。在先秦时期,中国便已形成了中华朝贡体系。③ 但中华朝贡体系并未主动扩张并强加于东南亚国家,"迄至唐代,少有中国朝廷要求东南亚地区国家前来朝贡的记载"。④ 随着中国与东南亚地区国家互联互通不断发展,相互之间交流和了解增加。至宋元时期,东南亚地区大部分国家均成为中华朝贡体系之一,在明代的发展最为繁盛。之后,随着西方殖民势力进入东南亚而瓦解,以及后起的日本分流传统的华夷秩序,清代以后中华朝贡体系逐步被削弱并彻底消失。从15世纪末开始,直至20世纪中叶,东南亚国家陷入殖民统治,并在国际政治上被逐步边缘化。从鸦片战争开始,东南亚区域国家的反殖民主义以及民族解放运动不断发展。尤其是在第二次世界大战后,东南亚国家与中国一道逐步成为反抗帝国主义和殖民主义的主要战场,在探索国家独立和民族解放的共同目标下相互影响。随后,中国与东南亚国家开展了积极而广泛的战略层面

---

① 胡剑波、汤伟、安丹:《合作博弈架构下中国—东盟区域经济互利共赢条件分析》,载《经济问题》2014年第10期,第91—96页。
② 贺圣达:《东南亚地区战略格局与中国—东盟关系》,载《东南亚南亚研究》2014年第1期,第1—10页。
③ 喻常森:《试论朝贡制度的演变》,载《南洋问题研究》2000年第1期,第55—65页。
④ 庄国土:《略论朝贡制度的虚幻:以古代中国与东南亚的朝贡关系为例》,载《南洋问题研究》2005年第3期,第1—8页。

对接,从独立建国后的相互承认,到冷战时期的共同打造和平稳定发展环境,再到中国"文化大革命"以及东南亚部分国家极左霸权时期的冲突与低谷徘徊,最终到中国改革开放后全面对接与深化合作。这期间,受边界纠纷、华侨问题、南海争端以及域外大国介入等影响,中国与东南亚国家之间战略对接也呈现停滞和重大挑战,但都得以较为妥善处理解决。目前,中国与东南亚国家间已形成了包括澜湄、中国—东盟、大湄公河次区域等合作机制,推动培育大家庭式的整体意识,[1] 合作过程中的"区域公共产品"[2] 不断丰富。总体看,中国在与东南亚国家发展战略对接历史过程中,主动积极与各国不断建立良好沟通渠道,巩固政治互信以及伙伴关系,借此不断增强国家间战略对接的信息互通与对称。

二 中国与东盟战略对接历史沿革

对于长期处于被殖民的东南亚国家来说,东南亚国家与中国的地缘关系几乎受西方殖民国家影响甚至决定。冷战后,为避免重蹈殖民历史,逐步独立建国的东南亚国家均采取抱团式"大国平衡"战略,为中国与东南亚国家地缘关系增加了复杂的外部因素。一方面,东南亚5国于1967年8月发表《东南亚国家联盟成立宣言》正式成立东盟,直至1999年东盟扩大到东南亚10国;一方面借助东盟平台,主动推动建立外部平衡体系,包括东盟+中国(10+1)、东盟+韩国(10+1)、东盟+日本(10+1)以及东盟+中日韩(10+3)等,既保障东盟各成员合作发展,也构建了防范强势大国对东南亚国家的介入和"新殖民"。

随着中国国家实力的不断上升,以及借助东盟开展"大国平衡"外交极大提升东南亚国家区域影响力,加之东南亚国家无论从资源人口、市场发展程度及趋势、产业契合度等经济因素,还是从地缘政治安全、国家发展理念、国际规则诉求等政治因素方面,中国与东南亚国家地缘关系日益紧密,地缘利益捆绑不断增强。1997年,中国与东盟联手共同

---

[1] 王士录:《大湄公河次区域经济合作的国际关系学意义解读》,载《当代亚太》2006年第12期,第10页。

[2] 王庆忠:《大湄公河次区域合作:域外大国介入及中国的战略应对》,载《太平洋学报》2011年第11期,第48页。

应对亚洲爆发的金融危机。2008 年，中国与东盟再次联合，共同抗击国际爆发的金融危机。2017 年是东盟成立 50 周年。中国和东盟于 2018 年 8 月达成"南海行为准则"，推动南海问题处理的进程。在战略对接问题上，中国采取了以国家内部创新发展提升国家权力之路，从而获得战略对接中更高的权力位序。2019 年，第 20 次中国—东盟联合合作委员会会议举行，中国—东盟通过"雅加达渠道"进一步凝聚共识、强化对接、密切合作，共同打造更高水平的战略伙伴关系，共同构建更高质量的"一带一路"和更加紧密的中国—东盟命运共同体，为地区和平稳定发展做出更大贡献。

围绕《中国—东盟战略伙伴关系 2030 年愿景》，中国与东盟正共同落实好已经达成的合作共识，在共同推动"一带一路"高质量建设中获得新发展。在政治互信方面，中国与东盟国家领导人"串门式"互访更趋频繁。在经贸合作方面，2018 年，双方贸易额创 5878.7 亿美元新高，同比增长 14.1%。中国已连续 10 年成为东盟第一大贸易伙伴，东盟则连续 8 年为中国第三大贸易伙伴。与此同时，2018 年，中国与东盟双方人员往来达到 5700 万人次，每周近 4000 个航班往返中国和东盟国家之间。[①]"中国—东盟菁英奖学金"项目和"未来之桥中国东盟青年领导人千人研修计划"在 2019 年启动。中国与东盟在联合国、世界贸易组织等机制平台的合作也日益增强，共同维护基于规则的多边贸易体系，共同推进"澜湄合作"和"中国—东盟东部增长区合作"，通过次区域合作助力东盟共同体建设。而东南亚国家则通过东盟这一成功的多边联盟形式，形成弱国结盟来获得数量上的群体合力效应，增强了在国际舞台投票权数的相互协同统一，从而实现自身国家权力外延式提升。

三 地缘区域战略对接分析

这种地缘关系的演变主要可以分为改革开放至 1997 年亚洲金融危机之前的积极参与阶段和 1997 年亚洲金融危机之后的主动引领阶段。在积极参与阶段，中国正全面推进改革开放，国家自身实力还不够强大，而

---

① 《中国—东盟高质量合作势头喜人》，中国经济网，http://www.ce.cn/xwzx/gnsz/gdxw/201904/24/t20190424_31927091.shtml。

且也缺乏参与国际合作的经验，于是积极通过与东南亚国家的全方位对话，树立和平发展的国家形象，化解东南亚国家对中国参与国际化的疑虑。中国政府将东南亚地区作为"后冷战时期中国外交的首先目标"。[①] 其中，主动引领的阶段，中国坚持在1997年的亚洲金融危机中保持人民币不贬值，得到东南亚各个国家充分认可。随后，中国与该区域战略互动的主动性逐步增强。尤其在2000年，中国迈出加入世界贸易组织的重大步伐。为了促进东盟国家与中国进出口贸易发展，中国接着在2002年与东盟签订《中国—东盟全面经济合作框架协议》。2003年，中国与东盟发展为战略协作伙伴，合作关系更加提升和巩固。中国也成为率先加入《东南亚友好合作条约》的东盟外部国家。2010年1月1日，中国—东盟自由贸易区正式建立，地区合作的开放性不断增强和巩固。

从传统国际关系理论分析视角，国家追求合作利益的最大化，因而通过共同利益创造和合理分配，成为中国与东南亚国家合作的动力之源，并可预测或者解释国家互动中的决策和行动。可见，中国基于阶段形势和自身战略表达考虑，于2003年成为第一个加入《东南亚友好合作条约》的非东南亚大国，之后中国也积极展示和保持与东南亚国家友好合作的意图表达。与此同时，中国对东南亚国家展示出友好合作理念的制度也给予充分认同，积极加入成为东亚峰会成员国，积极推动东盟"10+3"会议论坛，积极构建中国—东盟自贸区升级版和命运共同体。

四　地缘次区域战略对接分析

澜湄合作以及大湄公河次区域经济合作等次区域地缘合作的发展，有力推动了毗邻国家间边境稳定与繁荣。2016年3月，澜湄合作第一次领导人会议召开，会议发表了《三亚宣言》和《澜湄国家产能合作联合声明》，澜湄合作机制至此正式启动。中国与澜湄流域的越南、缅甸、老挝、柬埔寨及泰国同意通过澜湄合作机制，在制定宏观政策和产业发展战略方面加强经验和专业知识交流。在中国与东南亚国家地缘战略对接中，还有中国—中南半岛经济走廊、孟中印缅经济走廊、中老经济走廊、中缅经济走廊、中老泰经济走廊等。这些经济走廊的推进，均是充分考

---

① 张云：《国际政治中"弱者"的逻辑》，社会科学文献出版社2010年版，第61页。

虑各国战略需求以及实际发展需要，通过联合研究、共识文件、具体规划、项目清单、全面推进等一系列战略对接过程，进而实现相关各方达成共识并共商共建。

从地方层面看，中国西南地区的云南、广西与东南亚的缅甸、老挝、越南接壤，地理相连、文化相通、经贸相依，作为地缘政治破碎带，地缘经济极具潜力。① 以云南以及广西为代表，云南通过与越北、老北、泰北以及滇缅合作机制，广西通过泛北部湾经济合作机制，推动了中国西南地区与周边毗邻国家沿边开放与合作，促进了边境基础设施建设、经贸投资、产业培育、人文交流、环境保护和民生保障等方面快速发展。中国通过实行特殊海关关税政策，在云南和广西边境地区积极实施"边民互市"以及边境经济合作区建设，极大丰富了边境地区民众所需生活及生产物资，对边疆市场繁荣、产业聚集以及城镇化发展提供了强大动力。中国还针对中国与老挝、泰国、缅甸多国交界处长期种植毒品的国际问题，针对性开展"罂粟替代种植"项目，通过禁种铲除、产业替代、民生工程、经济发展等，从源头上减少该区域罂粟种植与毒品生产，为世界禁毒做出了积极贡献。

第二节 政治互信波动发展

政治互信是个相对的概念，指的是政治行为者之间彼此包容和合作的心理基础和共同承诺。② 对于国家间战略对接，政治互信是基础条件，也是必然命题。根据信任从周边国家向国际社会传播的原理，中国与东南亚各个国家间政治互信是亚洲乃至世界和平与繁荣的重要保障。中国与东南亚国家间政治互信具有良好历史渊源，但受地缘及外部影响，问题也极其复杂，安全及利益认知上的差异和冲突是根本原因，美国重返东南亚战略的实施给中国与东南亚国家间政治互信关系的发展带来一定

---

① 毛汉英、杨振山、蔡建明：《中国周边地缘政治与地缘经济格局和对策》，载《地理科学进展》2014年第3期，第289—302页。

② 刘国深：《增进两岸政治互信的理论思考》，载《台湾研究集刊》2010年第6期，第10—17页。

变数，因此外部介入和影响也不可小觑。① 政治互信必须建立在独立国家的基础上，因此从中华人民共和国成立后看，中国与东南亚国家之间政治互信大体可以分为以下几个阶段。

一 1949—1955 年初步奠定基础阶段

中华人民共和国秉持成立初期的积极外交政策，先后与越南（1950年1月18日）、印度尼西亚（1950年4月13日）、缅甸（1950年6月8日）建立了外交关系，② 在当时已独立的东南亚国家中，只有亲美的泰国、菲律宾未与中国建交。1955 年，周恩来总理出席亚非会议提出"和平共处"五项原则，随即与印度尼西亚签署了双重国籍协议，体现了与东南亚国家改善关系的战略表达。这时期，中国甚至对于双重国籍等敏感问题也表达了积极沟通与对话解决的态度，获得了东南亚国家普遍认可，并为中国与东南亚国家进一步深化国家间关系、开展战略对接奠定了基础。总体看，中国与东南亚国家均处于独立建国初期，各国发展战略仍比较模糊，基本坚持友好开放意愿。除个别东南亚国家仍受西方殖民国家控制外，大部分国家与中国战略对接意愿较为强烈，战略对接内容主要以国家安全互信和独立国家身份认同为主，战略对接表达和协同相对容易和简单。

二 1955—1965 年快速发展阶段

20 世纪 50 年代，泰国和菲律宾由于加入《马尼拉条约》，也就是《东南亚集体安全防务条约》，因此未与中国正式建交。柬埔寨（1958 年 7 月 17 日）和老挝（1958 年 7 月 17 日）分别与中国建交。尤其是，中国与印度尼西亚政府之间高层互访不断，西方媒体甚至提出"北京—雅加达"轴心的冷战概念。1960 年 1 月，中国最终与缅甸签订了《中缅友好和互不侵犯条约》和《中缅关于两国边界问题的协定》，并于同年 10

---

① 陈遥：《中国—东盟政治互信：现状、问题与模式选择》，载《东南亚研究》2014 年第 4 期，第 34—40 页。

② 贺圣达：《中国—东南亚关系 60 年回顾》，载《东南亚南亚研究》2010 年第 3 期，第 22—31 页。

月1日互换了《中缅边界条约》批准书。至此，缅甸也成为最早与中国解决边界问题的周边国家。总体看，该阶段中国与东南亚国家处于东西方冷战思维外围，相对处于平稳发展时期。各个国家均面临独立后和平发展任务，希望首先稳定国内局势及周边毗邻环境。因此，中国与东南亚国家相互间也有较强烈的战略对接意愿，但主要集中在边界问题和避免战事等方面，对接效果明显。与此同时，部分东南亚国家受东西方冷战思维和军备竞赛影响，也产生一定战略对接的阻碍以及潜在不稳定因素。

三　1965—1980年徘徊发展阶段

印度尼西亚于1965年发生"九三〇运动"，并怀疑中国政府在该事件中支持运动方，因而单方面断绝了与中国的外交关系，[①] 直至1990年后才逐步恢复国家间外交关系。1965年，由印度尼西亚、菲律宾、马来西亚、新加坡和泰国五国组成的东盟宣布成立。但此时的东盟与中国仍处于相互不信任状态。1967年，缅甸发生中国援缅专家被害事件，中缅双方随即相互撤回大使，并于1969年中止了《中缅友好和互不侵犯条约》。1972年，尼克松成功访华，中美关系逐步改善，东南亚各个国家也逐步调整对华外交政策。中国也借此次机会先后与马来西亚（1974）以及泰国和菲律宾（1975）建立了全面外交关系。越南在1975年实现统一，随即推行地区霸权政策，并积极鼓动反华势力，与中国在华人华侨、边界和海岛划界等方面争端不断。越南于1978年入侵柬埔寨，随即中越关系彻底破裂。同年，柬埔寨的"红色高棉"正式执政，并积极推行极"左"的政策，使中柬两国关系出现停滞。总体看，由于中国处于"文化大革命"时期，对外开放全面停滞，国家发展也陷入混乱，与东南亚国家发展战略对接意愿大幅度消减。而东南亚国家也大都处在国内政局急速发展，但缺乏经验与定力的动荡期，对外开放与合作采取强势和极端思想。因而，这一时期中国与东南亚国家发展战略对接基本停滞甚至倒退。

---

① 庞海红：《苏哈托执政时期印尼的国内政治与对外关系（1966—1998）》，云南师范大学，硕士学位论文，2001年，第94页。

四 1980—1997 年反弹突破阶段

这一时期苏联解体,这一重大事件既标志着美苏冷战结束,也推动国际形势产生了巨大变化。世界秩序由少数单极化向多极化快速发展,各种传统力量瓦解,新兴力量纷纷重组,以意识形态对立、军事备战对抗为主的冷战型国际关系逐步淡化。世界经济一体化、区域合作一体化进程加快,以工业经济、科学技术为主的新型综合国力竞争成为国际关系核心内容,和平与发展成为时代主流。作为经济快速发展的亚洲中相邻的重要两方,中国与东南亚共同市场利益不断增强,促使双方借助东盟平台不断深化友好合作,国家间关系得到全面恢复。1989 年中老关系实现正常化,[①] 1990 年中国与印度尼西亚恢复外交关系,同年新加坡也与中国建交,1991 年文莱与中国全面建交,1991 年中越关系也逐步实现正常化。至此,中国与东南亚所有国家均建立或恢复了正式外交关系。此外,中国外长于 1991 年应邀出席第 24 届东盟外长会议开幕式,成为中国与东盟的首次正式接触。中国于 1992 年成为东盟的部分对话伙伴国,并正式开始参与由亚洲投资银行发起的大湄公河次区域经济合作。1996 年,中国升格为东盟全面对话伙伴国。总体看,这一时期随着冷战结束以及国际产业合作与区域一体化快速发展,极大增强了中国与东南亚国家发展战略对接的动力环境,对接呈现经贸带动、全面持续、友好互动的良性局面。尤其是东盟的成立,为东南亚国家以集体姿态参与国际事务提供了平台,也极大提高了东南亚国家与中国发展战略对接的效率。

五 1997 年至今全方位合作新时期

1997 年爆发亚洲金融危机,一方面东南亚国家一度陷入经济衰退,甚至出现政局动荡,一方面中国坚持和平发展与周边共荣政策,东南亚国家将中国作为外部平衡重要力量。中国与东南亚在区域、次区域和双边等层面的合作更加积极主动,在各个具体合作领域展开了全面、深入、务实的互动与合作,虽然也因台湾问题(2004 年新加坡领导人访问中国

[①] 黄山:《老挝革新开放研究综述》,载《黑河学刊》2013 年第 8 期,第 70—72 页。

台湾）、南海主权问题受到一定影响，但总体上可以说进入了历史发展的最好时期。中国与东盟关系快速发展，双方由"睦邻互信的伙伴关系"发展为"面向和平与繁荣的战略伙伴关系"。中国与东盟于2002年还共同发表了《中国东盟关于非传统安全领域合作联合宣言》，全面开启了双方非传统安全领域的合作。同年，中国与东盟还签署了《南海各方行为宣言》。与此同时，中国1997年4月与泰国、1997年8月与马来西亚、1997年8月与新加坡、1997年12月与缅甸、1999年2月与越南、2000年4月与菲律宾、2005年4月与印度尼西亚等，分别签署了面向21世纪的双边睦邻友好合作协议、战略性合作关系协议、战略性伙伴关系等框架文件。总体上看，这一时期延续了区域经济一体化和政治互信的持续发展态势。尤其是经历亚洲金融危机之后，中国与东南亚国家之间发展战略对接深入推进，逐步向自由贸易、金融、非传统安全等更复杂层次及领域合作发展，战略对接步入更加成熟与持续成长状态。

第三节　经贸与互联互通成为实质动力

中国经济规模巨大，自改革开放以来，中国国内生产总值几乎以年均10%左右的速度增长，对外贸易年平均增速可达15%以上，[1] 不仅成为世界经济重要的稳定因素，更日益紧密地与东南亚国家以及东盟经济发展联系在一起。基础设施建设是各个国家致力发展的重点领域，是保障民生的基础工程，也是带动经济发展的支撑项目。国家间互联互通对于促进开放合作、增进人文交流以及推动市场融合起到基础性和决定性作用，有利于形成区域新增长点和培育新竞争优势，是区域合作与持续繁荣的重要动力来源，也成为国家间战略对接的优先领域。东南亚地处太平洋与印度洋交汇的战略要冲，具有连接亚洲、非洲和欧洲的区位枢纽优势。但由于东南亚国家各自然条件限制以及经济发展状况差异，交通等基础设施建设差异性较大。

---

[1] 贺圣达：《中国—东南亚关系60年回顾》，载《东南亚南亚研究》2010年第3期，第22—31页。

一 经贸投资合作快速增长

中国与东南亚国家之间的经贸往来一直占有绝对比重，如表4—1所示，相互经贸投资总量水平、依存度与融合度不断提升。中国也是东盟国家主要的外国投资来源地，比如中国是柬埔寨和老挝等国最大外资来源国。中国与东南亚国家相互投资领域众多，包括建筑工程、交通物流、经贸服务和制造业及金融业等。与此同时，在双边劳务合作、边境产业园区合作、罂粟替代发展种植等特色领域影响力不断增强。值得注意的是，近年来，中国与东盟各国之间借助电子商务新业态，实现了双边跨境电子商务的迅猛发展，[①] 正成为中国与东盟贸易增量和升级的新引擎。

表4—1　　　　2013—2018年中国—东盟国家贸易统计　　（单位：亿美元）

年份	中国从东盟进口额	中国向东盟出口额	总额
2010	1547.0	1381.6	2928.6
2011	1930.2	1700.7	3630.9
2012	1958.9	2042.5	4001.4
2013	1995.4	2440.7	4436.1
2014	2083.1	2718.2	4801.3
2015	1946.8	2774.9	4721.7
2016	1964.2	2559.9	4524.1
2017	2357	2791	5148
2018	2686.3	3192.4	5878.7

资料来源：根据中国商务部相关数据整理而成。详见《中国对外贸易形势报告（2018年春季）》，http://zhs.mofcom.gov.cn/article/cbw/201805/20180502740111.shtml。

[①] 数据显示，2016年8月至2017年9月11日，东盟国家通过中国—东盟跨境电子商务平台累计对中国成交达123万单，累计完成销售额2607万元。参见余益民、陈韬伟、赵昆《中国与东盟跨境电子商务发展及对策——基于贸易便利化与国际贸易单一窗口的研究》，载《经济问题探索》2018年第4期，第128—136页。

此外，中国已成为东盟第一大境外游客来源地。① 中国与东盟联合共建的技术转移中心和创新中心都已全面运转，《中国—东盟文化合作行动计划（2014—2018）》已全面实施。此外，中国在东盟各个国家共建立了31所孔子学院和35个孔子课堂，并在泰国、新加坡、老挝和柬埔寨设立了文化中心。② "东南亚电视艺术周"、中老泰"国际赶摆"、澜沧江国际公开水域抢渡赛等节会活动影响力不断提升。可见，中国与东南亚各个国家在人文交流方面的合作不断得到加强，为双方全面的战略对接也提供了深厚的社会民意土壤基础与环境条件。但人文交流多聚焦民间和具体项目，智库、媒体和高层间沟通受到诸多限制，也缺乏人文与治国理政、民生医疗、民族宗教、生态扶贫等各方面系统性对接，往往造成影响面单一和短期。③

二 对接机制不断加强

在双边及多边对接机制等方面，中国与东盟国家早在2001年就成立了中国—东盟经济合作专家组，并且围绕着中国与东盟国家建立自由贸易区等重大双边关心问题开展了联合研究，推动双方通过后续协议固化研究成果，推动务实合作。在2001年，中国参加第五次中国—东盟领导人会议，对前期联合研究的成果进行了确认并上升为双边基本共识。中国2002年与东盟签署《中国—东盟全面经济合作框架协议》，加深经贸与投资领域合作，促进货物及服务贸易便利化，共同培育更加国际化、法制化和透明公正的营商环境。2009年共同签署了《中国—东盟自由贸易区投资协议》。在建立自由贸易区合作机制中，中国与东盟全面推进合作协议签署，与此同时，也积极考虑东盟个别国家实际需求，针对老挝、缅甸等东盟成员实行特殊性和差异化待遇，确保自由贸易区顺利推进并符合大多数国家最大利益。自2010年中国—东盟自由贸易区正式全面建

---

① 2016年，中国—东盟双方人员往来突破3800万人次，每周往返航班数超过2700个，越南、马来西亚、菲律宾等国来华旅游人数均超过百万人次。参见本刊综合《中国东盟去年旅游往来达3800万人次》，载《时代金融》2017年第34期，第41—42页。

② 赖林冬：《"一带一路"背景下东盟孔子学院的发展与创新》，载《南洋问题研究》2017年第3期，第37—52页。

③ 卢光盛、段涛：《"一带一路"视阈下的战略对接研究——以中国—中南半岛经济走廊为例》，载《思想战线》2017年第6期，第160—168页。

成，中国与东盟继续推进深化贸易与投资便利化，又于 2015 年全面完成自贸区升级相关谈判，将中国—东盟自由贸易区真正覆盖 11 个国家、19 亿多人口，实现贸易总额占世界贸易总额 13%。中国—东盟自由贸易区的发展，对于中国与东南亚国家来说具有重大意义，对于繁荣亚洲市场起到了良好推动作用，同时也推动中国与东南亚国家合作共同开发全球第三方市场。

此外，中国与东南亚国家积极参与 RECP（区域全面经济合作伙伴关系协定），完善与构建中国—东盟"高层领导人会议""经贸联合委员会""科技联合委员会""联合合作委员会""高官磋商会""商务理事会"等机制。随着中国与东南亚国家之间经贸关系的不断加深，不仅将更加密切贸易与投资方面的合作，还将进一步拓展合作领域，并在区域合作机制方面进行积极探索，为全球区域经济一体化作出有益尝试与经验积累。

三 互联互通合作历史悠久且发展迅速

中国与东南亚之间互联互通缘起于三条古通道，包括"南方丝绸之路"、"海上丝绸之路"以及号称"东方多瑙河"的澜沧江—湄公河。中国与东南亚国家间有怒江—萨尔温江等四条跨境河流。其中，澜沧江—湄公河经中国云南，穿越缅甸等 5 国，成为中国与东南亚历史上交往最频繁的一条跨境水道。近代以来，则有滇越铁路、滇缅公路、史迪威公路、驼峰航线以及穿越马六甲的海上航线。

但由于东南亚国家长期受反殖民、建国独立、发展经济、政体动荡等影响，基础设施建设能力不足和投入不够，互联互通水平相对落后。从铁路上看，东南亚个别国家没有现代铁路网络，大部分国家铁路是几十甚至上百年前建设的，很多已经废弃不用。如菲律宾铁路最早建成于 1892 年西班牙殖民时期，已有 125 年历史，部分线路至今仍在运营。又如泰国等国家铁路虽在运营，但由于长期没有改造更新和技术投入，信号、控制、安全等系统落后，效率发挥不高。如越南铁路轨距大部分还是米轨，火车运行速度缓慢，与标轨铁路难以高效联通。但是随着人口增长和经济发展，东南亚国家铁路运输的供需矛盾日益突出，铁路更新改造市场需求空间广阔。从公路上看，东南亚国家公路系统投入不足、年久失修、技术系统老化，尤其是首都及大城市交通拥堵状况十分普遍，严重制约当地经济发展以及民众生活品质提升。东南亚国家的港口、机场、电网、信息网络等基础设施同样存在基础水平落后、容量效率不高、运维能力不足、技术人才缺乏等现实问题。另外也是国家间互联互通关注不够、投入不足以及政策突破与实施执行不力，缺乏从区域一体化层面协同推进。这一方面制约了东南亚各国经济快速发展，一方面也阻碍了东盟一体化进程深入推进，也成为制约中南半岛与中国深化交流合作的关键因素。

近年来，随着"一带一路"深入推进，中国与周边国家之间的交通、能源和信息互联互通网络取得显著突破并日益完善。一方面，通过"一带一路"贯穿亚欧非大陆，通过连通东亚与欧洲两大繁荣经济圈，激发中间广大腹地国家发展潜力，对东南亚地区基础设施互联互通提供了积极稳定的市场前景预期；另一方面，通过"一带一路"框架下的亚洲基础设施投资银行与丝路基金，以及中国务实推动的援外和重大工程承包合作项目等，东南亚国家有效缓解了融资、设备机械、技术、人才等方面短缺问题。昆明至曼谷已经实现全程公路的高等级化。中国与东盟国家间的港口和城市合作网络也建立了相应机制，大湄公河次区域（GMS）的铁路合作联盟也已建立。中国—老挝铁路项目也是中国投资，并且以中国建设为主，共同运营且与中国铁路网直接连通的国际铁路合作项目，可有效推动中国"一带一路"与老挝"陆联国"战略的契合对接。澜沧江—湄公河跨境河流的国际航运已经实现全年可通航，《澜沧江—湄公河国际航运发展规划》完成联合编制并逐步实施。航空方面，中国与东南亚国家的各个主要城市，均已经建立主线航空网络，并以云南等边境城市为前沿，构建了重点城市之间的直航线路，如云南省德宏州芒市与缅甸曼德勒之间、云南省版纳州景洪市与老挝琅勃拉邦之间等，构建了多层级航空运输体系。

四 互联互通对接机制与平台不断完善

东盟于 2017 年 9 月通过了《东盟互联互通总体规划 2025》。[①] 在此之

---

① 对可持续基础设施建设、数字创新、物流、进出口管理和人员流动等方面进行了规划并形成共识。

前，中国与东盟已经建立了交通部长长效会议机制，并且联合编制了《中国—东盟交通合作战略规划》，积极实施《大湄公河次区域便利货物及人员跨境运输协定》。《中国—东盟战略伙伴关系2030年愿景》于2018年11月正式发布，重申中国与东盟国家将致力于加快完成现代、全面、高质量和互利的《区域全面经济伙伴关系协定》① 谈判，并提出深化经贸联系，促进互联互通。中国—东盟双边贸易与投资总额不断增长，但受国际金融危机深层次影响，加之东南亚部分国家自身局势复杂，一定程度上拖累中国与东南亚国家之间贸易与投资增长速度，个别国家和个别时期甚至出现负增长。因此，要在经济整体发展乏力的大背景下，中国与东盟间实现到2020年双向贸易额1万亿美元、投资额1500亿美元的目标，以基础设施建设与互联互通为重点突破领域，一方面可以实现双方资源、需求以及优势之间互补，另一方面也为下一步经济复苏甚至带动加速发展奠定后续动力支撑。

可见，针对东南亚国家提升基础设施建设的普遍需求，中国与东南亚国家一道加大互联互通投入和建设力度，可以在短期内比较有效地刺激各国经济增长，还能实现交通硬件条件的改善，为经济长期增长提供新生动力。同时，在跨境互联互通网络不断完善的前提下，通过构建通道和走廊经济，提升双边和多边经贸投资便利化安排，也可以为产业区域内专业和产业链合作创造更多条件，进而拓展经济合作的空间。中国也愿意一方面通过深化合作实现基础设施建设相关投资"走出去"，另一方推动与东南亚国家以及东盟开拓合作新空间、构建更加安全高效的印度洋战略通道，以及主动应对美国"亚太再平衡"等大国地缘战略介入。

第五节 文化观念渊源成为看不见的纽带

在公元前3世纪前后，中国就开始与东南亚地区进行交往，到明清两朝关系更加密切。② 中国传统文化以儒家文化长期占主导，很大程度上

---

① 《区域全面经济伙伴关系协定》，即RCEP自贸协定，包括中日韩、新西兰、澳大利亚、印度（后退出）和东南亚10国。

② 杨保筠：《中国文化在东南亚》，大象出版社2009年版，第57页。

影响着中国历史朝代对内统治体系和对外交往原则。来自中国的儒家思想、汉传佛教和道教，与印度文化、阿拉伯文化、西方文化一起，对东南亚伦理思想的形成和发展产生了深刻的影响。[1] 东南亚呈现出佛教、基督教和伊斯兰教为主的多元信仰。[2]"东南亚世界代表了一种复杂的多样的文化模式"。[3] 此外，历史上伴随着战争及灾害，尤其是王朝更迭，大量中国人不断移民东南亚国家。因此，华人推动了东南亚开发，华侨华人以及跨境民族也成为中国与东南亚国家文化交流与互鉴中的重要纽带。

一 文化温和型特质

中国传统文化主张"以礼相待"和"以德服人"，与东南亚国家温和的文化整合实践相契合。这种文化观念强调道德的感召力量，而非暴力的强势征服。主张专注于提升国家自身文化的文明与德行，通过形成自愿的认识与沟通，进而不断传播发展，感化与影响其他文化。也就是并不倾向于通过暴力施压，迫使对方认可与接受，更多强调的是深层次的理念认同与共同提升，从而达到文化融合与融洽。英国学者巴素在《东南亚之华侨》中写道，华侨对东南亚地区，间接对整个世界而言具有巨大的政治经济及社会的重要性，而且一般华侨的勤俭坚韧谦和已成为当地社会的安定力量。[4] 这说明，具有中国传统文化精神的华人华侨，与东南亚国家温和型文化具有高度契合，也对当地经济发展起到重大推动作用，也为社会稳定与繁荣做出巨大贡献。

---

[1] 张成霞、罗进民：《东南亚国家文化中的中国文化影响》，载《东南亚纵横》2014年第6期，第59—62页。

[2] 进一步细化的话，东南亚大陆以佛教文化为主，海岛以马来文化为主。而按照信仰和文化特征划分，中南半岛中西部的缅甸、柬埔寨、泰国、老挝属于上座部佛教和泼水节文化圈；越南和新加坡主要是儒释道文化；马来群岛的印度尼西亚、马来西亚、文莱主要是伊斯兰教文化，而菲律宾和东帝汶则为天主教文化。参见古小公《东南亚文化》，中国社会科学出版社2015年版。

[3] ［新西兰］尼古拉斯·塔林主编：《剑桥东南亚史》，贺圣达等译，云南人民出版社2003年版，第228页。

[4] 黄水银：《浅析东南亚文化中的中国因素》，载《戏剧之家》2015年第3期，第166页。

二 文化多样性认同

中国传统文化主张"天下大同"和"和合",与东南亚文化固有的多样性、包容性相契合。[①] 这种文化观念主张国家间并没有实质上的竞争与冲突,包括国家在内的天地万物间互动与交往最终将实现和谐共生。这与民族主义、利己主义乃至民粹主义、本国至上主义大相径庭,更多是强调在和谐与融合中实现自身利益最大化和发展可持续,而非本国主义、利己主义关注的狭隘的自身利益,也非民族主义、民粹主义关注的短期的自身利益。也就是自身坚持不通过强权干涉别国内政以及处理国家间矛盾冲突,反对和消减霸权主义,促进国际公正、合理和公平新秩序构建,进而实现天下普遍共识的"和谐"。

三 文化约束型内核

中国传统文化主张"仁、义、礼、智、信",与东南亚国家佛教、基督教、伊斯兰教强烈的等级观和规则约束也相契合。其中,"仁"指"仁爱",也就是对弱小有怜悯和同情之心,宅心仁厚、心胸宽广,与国际关系中扶弱济困的国际人道主义理念趋同。而"义"更是强调了逐利的同时,不可弃义,主张"利"与"义"兼顾,兼济天下和平与发展。"礼"则强调自我约束与规则意识,与国际秩序无政府状态相契合,主张通过自身道德的自发约束与国际规则的强制约束,共同构建有规范、有边界的公平秩序。"智"则是强调在提倡道德约束的同时,也要注重方法的科学性与合理性,与国际关系的共商、共建、共享理念一致,主张通过成熟且睿智,也就是符合各方需求以及客观规律的方式处理国家间的互动关系。"信"则强调"言必信、行必果",指诚实守信、不欺瞒诈骗,在国际关系中构建相互可信赖的国家间关系,形成国家行为相互可预判的确定性,进而提升国际秩序的稳定性。

[①] 唐笑虹:《试析东南亚文化与东盟发展之关系》,载《东南亚纵横》2009年第6期,第24—28页。

四 文化自然性趋势

中国传统文化推崇"天人合一",与东南亚国家尊重与敬畏自然的文化相契合。也就是主张人与自然和谐相处。这也是国际关系中国家与环境责任的不可分割性。随着人类地球活动的不断发展,人与自然间的矛盾不断加深,更多全球性环境问题不断涌现。从人类命运共同联系且不可分割角度看,需要国家间站在全球自然环境更高层次,开展相互合作与自我约束以及向公益性国际组织赋权,为人类在地球可持续发展构建良好自然环境。

第六节 基于竞争合作发展历史与动力体系

对于中国与东南亚国家之间具体战略实施过程中,既存在相互制约甚至敌对的竞争,也存在相互示好以及一致的合作,且国家间时而主动、时而被动,动力因素复杂且多变。战略对接动力因素是基于国家间自身利益竞争之上,同时存在互补、共赢的合作,形成竞争与合作相互交织、动态发展的过程,与国际关系传统的现实主义、自由主义、建构主义和国家安全范式等分析范式相比,更具系统性、全面性和动态性的动力机制。[①] 综上分析,无论动力因素如何变化,基本围绕"硬资源"和"软资源"开展互动,同时也不断从资源竞争型向资源整合型、从封闭消极型向开放合作型、从战争安全考量向全球化发展利益考量等"高阶化"发展。

一 历史渊源动力大于阻力且日趋发展视角的理性

对于东南亚国家而言,虽然与中国有源远流长的交流历史,但中国与东南亚国家客观上存在大小强弱差距,以及由此带来的不对称、不均衡关系。由于自身经济发展、民族调和、外部影响等各种因素影响,东

---

① 卢光盛、段涛:《"一带一路"视阈下的战略对接研究——以中国—中南半岛经济走廊为例》,载《思想战线》2017 年第 6 期,第 160—168 页。

南亚国家对中国的信任程度一直普遍很低。[①] 尤其是近现代，基于意识形态和国家制度上的差异，东南亚国家对中国普遍沿承了疑虑、猜忌、防范甚至对抗心理，倾向于借助外力应对、牵制甚至打压中国。此外，中国与东南亚国家、与东盟在政治和安全方面，特别是南海问题上，存在较大阻碍和制约。东南亚国家借助东盟实施地区合作与"大国平衡"植根于三个因素：第一，个别成员国和东盟的政治经济文化社会利益需要；第二，个别成员国和东盟所追求的价值诉求，如和平、公平、和谐等；第三，个别成员国和东盟的主动性增强，以避免被动状态。[②] 因而，从自身权力相对较弱现实出发，以及相互间市场体制的趋同性，导致东南亚国家在外交诉求上存在同构竞争性，因而倾向于通过与大国结盟来获得强国实力外溢的庇护。而随着中国不断发展壮大，以及东南亚国家日益融入本区域发展意愿增强，在"大国平衡"策略中，中国已经成为重要大国之一，更从历史局限性视角不断升级，更趋于从发展的角度系统考量，日益成为重要友邻国家。

二　地缘利益不可分割并呈现区域一体化相互依存

当前，"一带一路"倡议实际上已经成为影响东南亚安全格局的重要因素。[③] 中国和东南亚国家地缘经济的互补性与相似性共存。在自然资源、农业产业等方面存在互补，在外向型产业、劳动力水平以及国际市场竞争力方面则存在竞争。地缘经济的互补性带来相互经贸战略对接的合作意愿，而相似性则可能产生短期内出口市场上的竞争，通过经济发展水平与工业化程度的提升促进双方出口增长，并且随着经贸往来的逐步加强，经济周期的同步程度也将不断加深。从地缘政治经济视角看，中国与东南亚国家是相互地缘合作的重点区域，包括中国—东盟等区域地缘合作机制，以及澜湄合作、大湄公河次区域经济合作、中国—中南半岛经济走廊、中老及中缅经济走廊、泛北部湾经济合作等次区域地缘

[①] 张云：《国际政治中"弱者"的逻辑》，社会科学文献出版社 2010 年版，第 57—58 页。

[②] 林炳録、郭海龙：《东盟地区合作战略及其推动规律分析》，载《大连海事大学学报》（社会科学版）2015 年第 1 期，第 77—82 页。

[③] 李芸：《"一带一路"战略及其对东南亚安全格局的影响》，载《江苏行政学院学报》2017 年第 1 期，第 87—91 页。

合作机制均不断完善与发展，东南亚国家也倾向于增强东盟在地缘合作方面的沟通平台和平衡主导作用。因此，对于中国与东南亚国家之间具体地缘战略对接过程中，既存在相互制约甚至敌对的竞争，也存在相互示好以及一致的合作。但基于不可分割以及相互依存的地缘相邻关系，以及全球化视角下区域整体性作用和地位日益增强，国家间战略对接合作的主动性大于竞争的主动性，尤其是在中国与东南亚这一山水相连、市场相邻、唇齿相依的区域。

三　政治互信不断深化支撑合作可预测

政治互信是地缘关系和经贸合作发展的前提，中国与东南亚国家在政治互信领域存在意识形态和重大领土争端等挑战，相互间政治互信的战略对接将随国家实力对比变化而变化。但考虑到和平稳定发展环境的需求，中国坚持与东南亚国家保持良好政治互信，通过"21世纪海上丝绸之路"以及"中国—中南半岛经济走廊"等带动区域基础设施建设，为政治互信夯实更加深化经济发展动力与支撑。另外，东南亚国家对中国崛起感受到的威胁程度以及经济收益预期各有不同，在政治互信方面的战略对接上采取追随、制衡甚至是防范等不同态度。可见，东南亚各国也充分认识到以市场需求为基础，以经贸先行扩大利益契合面，以产能支撑巩固利益融合面，并积极畅通战略反馈渠道并引导战略修正，主动构建战略对接的政策约束。[①]

四　非传统安全挑战成为战略对接新兴动力

总体来看，中国与东南亚国家有着良好的安全合作历史，而且基于传统儒家文化和佛教宗教的安全文化也相互趋同，在军事与非传统安全战略对接上具有很强的对接意愿，为进一步扩大安全合作提供了可能性。此外，中国与东南亚国家也面临共同的安全挑战，如恐怖主义等，深化安全合作也成为必由之路。因此，中国与东南亚国家发展战略对接在军事领域仍以谨慎合作为主要趋势，但是针对社会经济和生态环

---

① 卢光盛、段涛：《"一带一路"视阈下的战略对接研究——以中国—中南半岛经济走廊为例》，载《思想战线》2017年第6期，第160—168页。

境领域内的安全威胁,也就是非传统安全领域的对接意愿强烈且成效明显,包括经济稳定、金融市场安全、能源资源安全、水资源安全、粮食安全、生态环境安全、信息网络安全、贩卖毒品、传染疾病防治、跨国有组织犯罪打击、非法移民、武器弹药走私、海盗、洗钱等领域。正是非传统安全挑战不断升级,基于区域甚至全球安全挑战不可"独善其身"的现实考量,迫使各个国家在非传统安全问题上形成共同意识和同步行动,从而形成国家发展战略全面对接的稳固基础和新兴动力。

五 互联互通成为普遍共识的优先领域

从动力因素角度看,互联互通的硬资源整合,不仅会提升各国基础设施硬资源本身的市场价值,更能通过硬资源联通激发各国资源利用效率成倍增加。对于中国与东南亚相互毗邻国家来说,基础设施互联互通是各个毗邻国家之间的优先合作领域,能有效打通国内交通网络并拓展对外交通连接,成为促进战略对接的基础动力和优先项目。对于基础设施互联互通,一方面东南亚国家自身经济发展产生巨大需求,另一方面中国强大的资金、技术和人才优势可以提供良好匹配,并在联通中南半岛以及贯通印度洋通道互联互通网络建设上,都具有共同战略需求和现实利益,具备发展战略对接的强大积极动力。但目前互联互通的跨境设计仍多出于双边考量,以及市场和经济层面需求,缺乏多边联合参与和对安全及民生的全面设计,也缺乏通关便利化措施的统筹推进,导致一些重大互联互通项目难以实施,或者通而不畅。[①] 而对于东南亚国家而言,尽快完善国内基础设施网络,并与中国加强互联互通规划对接。中国与东南亚国家通过"一带一路"等重大机制与平台,能进一步强化在基础设施互联互通资金、技术、人才等全方位对接,加快以骨干铁路和重点海港为基点,打通横贯中南半岛南北以及连通太平洋与印度洋的水陆交通、航空、能源和信息网络,加强海上航线合作提高效率与安全,推动沿线投资与开发,促进中国与东南亚国家全方位、多层次跨领域合作。

---

① 卢光盛、段涛:《"一带一路"视阈下的战略对接研究——以中国—中南半岛经济走廊为例》,载《思想战线》2017年第6期,第160—168页。

六　经贸收益增量成为战略对接核心动力

中国庞大的市场与劳动力资源，加之奉行全方位对外开放方针以及与邻为善、以邻为伴、共同繁荣的周边外交原则，给东南亚国家尤其是周边毗邻国家经济发展带来了巨大动力与空间，相互促进、互为依存态势不断巩固。但基于各种历史原因，中国与东南亚国家缺乏对产业错位的整体设计，导致产业结构长期趋同，生产链水平无法实现错位协同，进而产生大量贸易格局不均衡，东南亚国家之间经济贸易水平参差不齐，且中国与东南亚国家之间也长期存在贸易不均衡现象。在中国与东南亚国家经济发展水平不断拉大的背景下，东南亚国家对中国发展的忧虑与担忧仍长期存在。中国与东南亚国家推进经贸与产业合作符合各国人民的切身利益，后续发展动力关键在于不断创新并创造新的共同利益增长点。新的利益增长点包括让利型，也有增量型，前者是一方让出自身利益实现对方利益增长，后者是通过双方共同合作实现利益总量的增长，主要通过制度化合作、提升第三方市场竞争力而获得。因此，通过创造经贸收益新的增量，为中国与东南亚国家提供互利共赢发展空间，是经贸产业合作成为推动战略对接核心动力的关键因素。

七　文化观念成为战略对接深厚动力

中国与东南亚的文化交流历史悠久，具有崇尚和平、友好相待等特点。[①] 一方面，中国是拥有悠久文明渊源的国家，东南亚国家也拥有悠久历史文化传统，且中国与东南亚国家一样，传统文化对国家政治、军事、经济、社会以及外交等各个方面长期发挥巨大的作用，也成为国家间发展战略对接的深厚动力。但另一方面，东南亚国家也存在合作中的自由主义思维，并不像欧洲基于区域主义认同开展区域合作，而是基于开放环境下的市场资源联系开展合作。[②] 东南亚国家显著的"开放的区域主

---

① 孔远志：《中国与东南亚文化交流的特点》，载《东南亚之窗》2009 年第 1 期，第 40—45 页。

② 周方冶：《"一带一路"视野下中国—东盟合作的机遇、瓶颈与路径——兼论中泰战略合作探路者作用》，载《东南亚纵横》2015 年第 10 期，第 39—47 页。

义"思维，与传统的区域一体化思维和模式不同，而是针对东南亚内部力量不足、外部威胁持续且全球化影响不断注入的形势，从现实利益考量而采取的合作方式。这就使得亚太地区的双多边合作普遍呈现利益导向的弹性架构，很容易在求同存异的前提下开展务实合作，但却很难形成有约束力的规范支撑。①

因此，在中国与东南亚国家间互联互通领域的战略对接中，一方面要持续增强文化观念沟通以强化认同与共识，另一方面更要全程扎实做好项目具体实施，包括细致深入的前期规划对接、互利共赢的中期共商共建、配套完善的后期收益拓展等。通过动力因素从国家安全逐步向市场收益和观念认同发展，也就是从零和博弈向市场收益增量以及国家合作规则溢出升级，进而促进共商、共建、共享的主动积极合作。通过合作层级升级，推动各国在评估与决策、实施与反馈、互动与调适等战略互动全过程中主动磨合，以一个一个具体项目的妥善实施和长效带动，形成经济效益核心动力，才能使文化观念动力实现持久支撑，形成国家间发展战略的有效对接，推动开放地区主义和"高阶"合作的实现。

---

① 周方冶：《"一带一路"视野下中国—东盟合作的机遇、瓶颈与路径——兼论中泰战略合作探路者作用》，载《东南亚纵横》2015 年第 10 期，第 39—47 页。

第五章

中国与东南亚国家发展战略对接实践分析

东南亚区域一直是最具发展活力和潜力的地区之一，也是中国周边关系的热点和难点地区。而随着逆全球化的倾向不断升级，以共商共建、共赢共享全球治理为标志的"新全球化"逐步成为国际关系研究焦点。此外，在"一带一路"为标志的国际秩序转型[①]和中国—东盟命运共同体建设背景下，中国与东南亚国家战略对接应在中国—中南半岛经济走廊、大湄公河次区域经济合作（GMS）、南宁—新加坡经济走廊、[②] 昆明—新加坡经济走廊等该区域已有的区域合作概念和实践基础上，肩负更多次区域合作关系升级版探索和建设的使命，更肩负国家战略对接以及共同体建设的先行先试使命。

第一节 评估与决策分析

随着中国"一带一路"倡议深入推进，东南亚国家均对"一带一路"产生了不同程度的新认知和新反应，并反映在各国自身区域经济合作战略拟定与对接上（见表5—1）。

[①] 束必铨、罗辉、王成至：《"国际秩序转型：全球挑战与治理"会议综述》，载《国际关系研究》2016年第6期，第138—143页。
[②] 《共建中国—中南半岛经济走廊倡议书》，中国一带一路网，https：//www.yidaiyilu.gov.cn/zchj/sbwj/10456.htm。

表5—1 东南亚国家发展战略诉求及与中国对接领域

序号	国家	发展战略	战略诉求	与中国潜在合作领域	与中国潜在竞争领域
1	越南	未来15年国际经济一体化总体战略	工业化；提高民众生活；捍卫领土完整；提升国际地位	产能合作；扩大贸易；政党合作；互联互通	农产品出口；纺织品出口
2	老挝	2020年摆脱最不发达国家行列的战略规划	陆联国；加大出口；农业现代化；能源产业；工业化；减贫；民生	互联互通；农业合作；能源合作；教育科技合作；扶贫减灾；政党合作	农产品出口
3	柬埔寨	国家发展"四角战略"	优化行政管理；发展农业；加强基础设施建设；吸引外资；引进培养人才	机场、港口等基础设施建设；农业合作；产业投资；教育培训；旅游	—
4	缅甸	国家出口战略计划	农产品出口；纺织业；旅游业；能源；基础设施建设；民生	互联互通；能源合作；产业及园区投资；减贫；防灾；环境保护治理	农产品出口；纺织品出口
5	泰国	4.0战略	互联互通；吸引外资；旅游业；扩大出口；高新技术产业；东部经济走廊	东部经济走廊；高新技术产业；旅游业；投资；金融合作	服务贸易
6	马来西亚	第11个计划（2016—2020）	海港及海上航线；工业现代化；农产品出口；旅游	基础设施建设；投资；旅游	农产品出口
7	新加坡	经济社会发展规划	现代物流；现代金融；信息通信；精工机械；电子仪器；石化能源产业；旅游；教育	金融；投资；技术合作；旅游；教育	物流；石化能源

续表

序号	国家	发展战略	战略诉求	与中国潜在合作领域	与中国潜在竞争领域
8	印度尼西亚	全球海上支点	海运；旅游；能源；外资；工业现代化；农业	旅游；能源；基础设施建设；投资	—
9	文莱	2035宏愿	农业；渔业；能源；基础设施；旅游	农业；能源；基础设施；旅游	—
10	菲律宾	10点社会经济议程	农业；基础设施；矿业；渔业；能源；外资；旅游	农业；基础设施；矿业；旅游	农产品出口
11	东帝汶	2011—2030年中长期战略发展规划	基础设施；农业；渔业；能源；矿产；旅游	基础设施；农业；渔业；能源；矿产；旅游	—

资料来源：笔者整理。

一 中国"一带一路"倡议体现区域经济合作意图

2013年中国首次提出"一带一路"倡议，表达了和平崛起、开放拓新、和谐包容、互利共赢和务实推进等区域经济合作意图。中国期望提升与传统合作密切国家诸如巴基斯坦、老挝等之间战略对接的层次，拓展与中南半岛、中亚及北非等国家战略对接发展的空间，同时引导与诸如美国、日本等摩擦国家战略对接正向发展。中国强调以惠及当地国民生为基础目标，确立基础设施建设作为优先领域，并且通过产能合作方式提升当地生产和技术水平，培育本土产业体系，丰富当地产品供应体系，构建互利共赢的区域经济合作新思路。[①] 在加强经贸合作的基础上，中国强调全方位加强文化交流，加深相互了解，夯实双边合作的基础。中国与沿线国家间商业繁华和文化多元的程度也反映出全球经济开放合

---

① An, H., Zheng, W., "The Connotation of the 'Belt and Road Initiative' from the Geopolitical Perspective: Geo-economy and the Construction of a New International Economic Order", *Nanjing Journal of Social Sciences*, 2016.

作的水平。在国际倡议考量之外，中国通过"一带一路"倡议、报告、联合声明和峰会等务实形式，① 从产业链合作以及民生合作等领域进行项目推进，从实际行动上表明了推动区域经济合作的责任和担当。

2017年5月，首届"一带一路"国际合作高峰论坛在北京成功召开，第二届高峰论坛也于2019年4月顺利举办。中国还先后举办了博鳌亚洲论坛年会、上海合作组织青岛峰会、中非合作论坛北京峰会、中国国际进口博览会等。中国提出的共建"一带一路"倡议得到了越来越多国家和国际组织的积极响应，受到国际社会广泛关注，影响力日益扩大。面对包容性全球化的新时代，"一带一路"倡议试图开启对接现有区域经济合作平台的新模式，② 向全球传达中国坚持和平崛起道路的意愿，③ 为促进区域经济与地缘政治合作提供新范式。以共建"一带一路"倡议为标志，中国倡导的共商共建共享国际合作原则，秉持的和平合作、开放包容、互学互鉴、互利共赢的丝绸之路精神，并致力于在政策沟通、设施联通、贸易畅通、资金融通、民心相通等方面开展积极行动和实现各国共同收益，已经从单个国家倡议逐步转化为全球广受欢迎的公共产品、国际规则新理念和国际秩序新准则。尤其在东南亚区域，中国与该区域各个国家的发展战略对接具备良好基础条件，包括共同发展的目标与意愿，维护区域繁荣与稳定的共同诉求，处理国际事务中的共同表达，对亚洲文化尤其是丝绸之路的共同文化理解等。目前，东南亚区域国家政局总体平稳，冲突并没有代替合作成为主流趋势，④ 普遍认可并积极参与中国"一带一路"倡议⑤。

---

① 《"一带一路"国际合作高峰论坛圆桌峰会联合公报》，中国一带一路网，https://www.yidaiyilu.gov.cn/zchj/sbwj/13687.htm；《共建"一带一路"：理念实践与中国的贡献》，中国一带一路网，https://www.yidaiyilu.gov.cn/zchj/qwfb/12658.htm.

② 于立新、裘莹：《中国"一带一路"战略布局思考》，载《国际贸易》2016年第1期，第14—20页。

③ Djankov, S., Miner, S., "China's Belt and Road Initiative: Motives, Scope, and Challenges", *Piie Briefings*, 2016.

④ 张洁：《中国周边安全形势评估（2014构建新型大国关系与塑造和平的周边环境）》，社会科学文献出版社2014年版，第89页。

⑤ 李晨阳：《澜沧江—湄公河合作：机遇、挑战与对策》，载《学术探索》2016年第1期，第22—27页。

二 越南未来 15 年国家综合发展总体战略

自 1986 年开始，越南实行以经济建设为中心的革新开放国家发展战略。2016 年初，越南总理阮晋勇批准了越南未来 15 年国际经济一体化总体战略，并签发《至 2020 年融入国际社会总体战略和 2030 年愿景》。这一战略的综合目标是加强国家综合力量，争取最多国际有利条件以尽早把国家建设成为现代化工业国家，提高民众生活，捍卫国家统一、独立、主权及领土完整，提升越南的国际地位。[①] 中国与越南互为邻国，从政治体制上看都属于社会主义国家。中国与越南之间都将彼此作为毗邻国家关系中的重要部分。近年来，中越两国的政治和外交关系稳步发展，为发展投资、贸易和经济关系奠定了基础，双方签署了许多投资和经济协议。随着双向贸易激增，贸易不平衡逐渐改善，中国已经成为越南最重要的贸易伙伴之一。此外，中越两国持续举行一系列民间交流活动，特别是青年和边境地区居民之间的交流活动。中国已成为越南最大的外国游客来源国，每年中国赴越南旅游人数已超 500 万人，而越南游客访问中国人数也超 300 万人，为加强两国的传统友谊做出了积极贡献。与此同时，中越双方加强了对边境地区安全的管理，在控制海上争端和维护和平与稳定方面达成了共识，同时积极加强了有关海上问题的谈判机制，使中越全面战略合作伙伴关系不断巩固和发展。2017 年，越南和中国签署了关于共同实施"一带一路"和"两廊一圈"计划的合作文件，并将在扩大越南企业和农产品、水产品、电子产品等优势商品进入中国市场，积极促进平衡、可持续的贸易等方面加强合作。

2019 年 4 月，越南政府总理阮春福表示，越中是兄弟近邻，拥有共同的社会主义事业和共同的发展目标，致力于推动越中全面战略合作伙伴关系持续健康稳定发展，支持中国为本地区和世界和平繁荣做出更大贡献，同时指出，越方很早就支持"一带一路"倡议，愿加强共建"一带一路"同"两廊一圈"规划对接，深化广泛领域互利合作，促进地区

---

① 战略指出，越南到 2020 年要力争达到印度尼西亚、马来西亚、新加坡、菲律宾、泰国以及文莱等东盟 6 国发展水准，至 2025 年达到新加坡、马来西亚、泰国、菲律宾等东盟 4 国发展水准，到 2030 年在东盟具有优势地位。

发展。但由于20世纪90年代的中越战争，以及近年来南海争端的升级，中国与越南的关系面临一系列困境。出于自身战略地位较为弱势的担忧，同时考虑到东盟的弱组织性，越南也积极发展与中国的经贸关系，通过边境以及跨境合作寻找突破口。越南与中国在意识形态和价值观上具有一定的趋同性，在文化方面具有不可分割的同源性，在经贸以及相互投资等方面合作不断加深，在区域外交战略上也相互毗邻和契合，都使得两国可以不断深化全面战略伙伴关系。[1]

三 老挝变"陆锁国"为"陆联国"战略

老挝是中南半岛国家中唯一的内陆国家，与中国、缅甸、泰国、柬埔寨和越南五个国家毗邻，但是并不临海。中国与老挝相邻，且同为社会主义国家，两国山水相连，传统友谊源远流长。中国共产党和老挝人民革命党于1959年建立直接联系，中国与老挝于1961年建立外交关系，此后两党两国关系不断拓展和深化。2000年，中国与老挝确立"长期稳定、睦邻友好、彼此信赖、全面合作"方针，2009年，中老两国关系提升为全面战略合作伙伴关系。老挝不仅是中国—东盟自贸区成员，而且是大湄公河次区域（GMS）的成员。为摆脱贫困，老挝政府制定了到2020年摆脱最不发达国家行列的战略规划。[2] 受中国"互联互通"提议启发，老挝提出变"陆锁国"为"陆联国"的战略设想。通过互联互通"陆联"和"过境"的国家战略定位，老挝意图成为连接周边国家的陆上枢纽，并发展为中国与东南亚地区互联互通的关键节点。2018年11月，老挝人民革命党中央总书记、国家主席本扬·沃拉吉表示，老方愿进一步推动"一带一路"倡议与老挝"变陆锁国为陆联国"战略的对接。之前的2017年11月，中老联合签署《关于共建中老经济走廊的合作框架》，明确以中老铁路为依托，开展以互联互通和产能与投资合作为重点的经济贸易合作，统筹推进中老交通、产能、电力、矿产、农业、旅游、

---

[1] 《中越联合公报》，中国一带一路网，https://www.yidaiyilu.gov.cn/zchj/sbwj/13556.htm。

[2] 老挝国民议会通过了《第八个全国五年社会经济发展计划（2016—2020年）》和未来10年（2016—2025）远景规划及2030年战略构想等。《规划》设定，老挝年度国内生产总值（GDP）增长率不低于7.5%。

数字经济等领域务实合作，全力打造好中老磨憨—磨丁经济合作区和万象赛色塔综合开发区，壮大跨境合作和经贸合作区建设。

尽管老挝是最不发达国家之一，但近年来，中国不断加大对老挝投资，中老之间的贸易快速增长，改善了老挝民生，中老间的经济互补性强，合作潜力大。截至2018年底，中国已成为老挝第一大外资来源国、第一大援助国和第一大出口国。中国的"一带一路"重大倡议与老挝变"陆锁国"为"陆联国"的战略高度契合。① 2019年4月，《中国共产党和老挝人民革命党关于构建中老命运共同体行动计划》正式签署。这是中国首份以党的名义签署的构建人类命运共同体双边合作文件，不仅成为开创中老关系新时代的纲领性文件，也在地区和国际上对推动构建人类命运共同体具有重要引领示范意义。

四　柬埔寨提出国家发展"四角战略"

中柬历来和睦相处，被称为国与国之间友好相处和互利合作的典范。自1958年7月份建交以来，中国与柬埔寨经贸关系持续发展，尤其是柬埔寨王国政府1993年成立后，两国经贸关系得到全面恢复和发展。2004年，由洪森继续担任首相的柬埔寨第三届王国政府提出了以优化行政管理为核心的国家发展"四角战略"，即以优化行政管理为核心，加快农业发展、加强基础设施建设、吸引更多投资和开发人才资源的"四角战略"，② 其中，专门提出将推进柬埔寨与地区和世界的一体化进程。作为柬埔寨最大贸易伙伴和外资来源国，中国与柬埔寨在中南半岛区域经济合作有很好的战略契合基础。2016年，中柬两国就签署《关于编制共同推进"一带一路"建设合作规划纲要的谅解备忘录》。2017年，柬埔寨首相洪森出席"一带一路"国际合作高峰论坛期间高度评价"一带一路"

---

① 2016年5月，中老两国在建交55周年之际签署了《中老联合声明》，明确中老是具有战略意义的命运共同体，双方共同推动中国"一带一路"倡议和老挝"变陆锁国为陆联国"战略有机结合，编制完成共同推进"一带一路"建设合作规划纲要。

② 基于上届政府稳定局势、重建经济、融入国际社会的"三角战略"提出，其中包括积极响应《东盟成员国一体化倡议》，积极参与执行《大湄公河次区域计划》，执行柬埔寨、越南和老挝《发展三角区计划》，以及柬埔寨、老挝、泰国和缅甸《经济合作战略》，与邻国共同执行经济合作的战略，继续致力于贸易和服务在国内以及地区和世界其他合作伙伴国间的自由流通，创立经济发展三角区和在边境地区设立经济加工自由区等。

对柬中两国共同发展的重要意义,并指出"一带一路"倡议很好地契合了柬国家发展规划,特别是与柬政府目前正致力于推进的"四角战略"第三阶段以及工业发展政策相对接。

柬埔寨是 21 世纪海上丝绸之路沿线国家,积极参与"一带一路"建设将给中柬各领域合作带来重大机遇,包括加强国家间的互联互通、带动基础设施建设、深化贸易和金融等领域的融合、促进不同文化和文明之间的共同繁荣,进一步促进柬埔寨经济增速发展、"2015—2025 工业发展计划"的有效对接。[①] 2018 年,中柬双边贸易额达 73.9 亿美元,中国赴柬游客达 200 万人次,中国不仅是柬埔寨最大外资来源国和第一大贸易伙伴,也成为柬埔寨外国游客最多的客源国。2019 年 4 月,中国银行与柬埔寨财经部签署《柬埔寨"四角战略"对接"一带一路"倡议合作谅解备忘录》。之前的 2019 年 1 月,由中国企业承建的柬埔寨金边第三环线公路项目开工。在开工仪式上,柬埔寨首相洪森表示,在中国的帮助下,柬埔寨已建成数千千米的道路和桥梁,这些基础设施不仅打通了柬国内交通网,还帮助柬埔寨与邻国连通。同年 3 月,由中国企业投资建设的柬埔寨首条高速公路"金边至西哈努克港高速公路"开工,这是中柬在"一带一路"框架下高质量合作的重点项目,不仅是柬埔寨人民的圆梦之路、发展之路,更是中柬友谊之路、合作之路。

五 缅甸国家出口战略计划和可持续发展计划

缅甸国家出口战略计划于 2016 财年启动。该战略实施期为 5 年(2015—2019),预计耗资 9 亿美元,将由国际贸易中心和德国国际合作署提供资金援助与技术支持。大米、豆类、油料作物、水产品、林产品、纺织产品、橡胶、旅游业等被列为重要出口商品。实施该战略目标是为实现缅甸政府减贫、农村地区发展、国民经济平衡发展等目标。2018 年 8 月,缅甸规划和财政部发布了《缅甸可持续发展计划(2018—2030)》,重点通过改善融资和市场准入,土地使用权担保以及机械和技术的获取,创造高质量的就业机会,同时发展私营企业,作为环境意识和社会责任

[①] 《中华人民共和国和柬埔寨王国联合声明》,中国一带一路网,https://www.yidaiyilu.gov.cn/zchj/sbwj/7270.htm。

经济增长的引擎。缅甸政府把经济发展作为工作重心，不断改善经济发展环境，制定完善投资政策、法律法规，放宽管控，鼓励和吸引国内外投资，这也为中缅深化经贸合作提供了更广阔的空间。2018年9月，中缅双方签署中缅经济走廊谅解备忘录。同年11月，中缅签署皎漂深水港项目框架协议，其所在地若开邦是缅甸第二大不发达地区，非常需要包括公路、铁路在内的基础设施建设，也非常需要电力，和曼德勒、马圭、伊洛瓦底省的连接线也需要加快建设。

  缅甸是中国提出的古代"南方丝绸之路"中的重要一站，也是中国提出的"21世纪海上丝绸之路"重要一环，成为中国面向印度洋并连通太平洋的关键合作伙伴。在"21世纪海上丝绸之路"中，缅甸可以发挥面向印度洋的重要港口的历史辉煌。而作为丝绸之路经济带的一部分的"孟中印缅经济走廊"，缅甸也是串联中国与印度最重要的板块。作为缅甸第一大贸易伙伴国和外资来源国，中国与缅甸经贸合作基础夯实且链式互补性也较强。缅甸可以借此搭上中国经济快速发展的"便车"。①2019年1月，缅甸央行宣布人民币为官方结算货币。作为"一带一路"建设的先导项目的中缅油气管道项目于2017年4月正式投入运行。截至2019年1月，中缅油气管道项目累计为缅甸贡献直接经济收益约2.1亿美元，项目用工累计超过290万人次。而在之前的2018年12月，缅甸宣布成立实施"一带一路"指导委员会，由缅甸国务资政昂山素季任委员会主席，缅甸第一副总统敏瑞任委员会副主席，委员会成员均为政府部长或省邦首席部长等，负责落实"一带一路"倡议下共建中缅经济走廊的相关事务。在指导委员会首次会议上，缅甸国务资政昂山素季表示："'一带一路'不仅涵盖基础设施建设，其领域非常广泛。缅甸地处'一带一路'沿线，对缅甸和整个地区发展来说，参与'一带一路'都是有益机遇。"②可见，缅方愿积极参与"一带一路"建设，推动中缅共同建设中缅经济走廊，深化各领域互利合作，推动中缅全面战略合作伙伴关系发展。

---

① 李晨阳、宋少军：《缅甸对"一带一路"的认知和反应》，载《南洋问题研究》2016年第4期，第20—30页。
② 《昂山素季说一带一路对缅甸有益》，《人民日报》2019年2月19日。

六 泰国提出"泰国4.0战略"

泰国位于中南半岛地区的核心地带,是东南亚陆海交通、现代物流、贸易金融和人文教育等中心。作为"21世纪海上丝绸之路"的跨太平洋和印度洋的重要陆桥,泰国是东盟与中国的经贸合作桥梁,也是大陆东南亚国家与海洋东南亚国家之间天然的桥梁,是"一带一路"倡议推进的重要支撑枢纽。近年来,为保持政局稳定和经济开放增长,泰国不断推出对外发展战略和定位,并相应开展了多项内部改革措施,包括互联互通、吸引外资、培育跨境旅游产业、扩大出口以及高新技术国际合作等。泰国于2013年提出了"2020创造泰国未来"计划,提出在新形势下强化其与邻国间的经济联系。[①] 2016年,泰国正式提出"泰国4.0"高附加值经济模式,目标是推动高新技术和创新技术应用,[②] 积极发展高附加值产业推动经济可持续增长,促进经济全面转型升级,跨越中等收入陷阱。"泰国4.0战略"中,值得关注的是横跨北柳、春武里和罗勇三府的东部经济走廊(EEC)建设,通过大力发展基础设施建设及实行一系列投资优惠政策吸引高附加值产业到此落户,是泰国正在实施的"泰国4.0战略"旗舰项目。通过该走廊建设,可以连接缅甸土瓦深水港和柬埔寨西哈努克港以及越南头顿港,打造该区域成为东盟的海上交通重要中心。"东部经济走廊"办公室网站的中文版已经开通。目前,泰国"东部经济走廊"全力推进三大机场连接高铁、乌塔堡机场、廉差邦港口三期、航空维修中心、东部航空城五大基础设施项目建设。截至2019年1月,中国企业在"东部经济走廊"的投资总额已达到600亿泰铢(约合120亿元人民币)。[③]

[①] 钟振明:《泰国的区域经济合作战略评析》,载《当代亚太》2007年第9期,第46—52页。

[②] 根据"泰国4.0战略"计划,投资将向"核心技术、人才、基础设施、企业和目标产业"五大领域倾斜,确立了十大目标产业,包括新一代汽车制造、智能电子、高端旅游与医疗旅游、农业与生物技术、食品深加工等五大原有优势产业,还有工业机器人、航空与物流、生物能源与生物化工、数字经济、医疗中心等五大未来产业。

[③] 《泰国"东部经济走廊"促进产业升级》,人民网,http://world.people.com.cn/n1/2019/0125/c1002-30589952.html。

泰国注重国家战略制定和对接，[①] 并积极参与中国提出的"一带一路"等重大合作倡议，推进铁路、农业、旅游等各领域合作。与"一带一路"倡导的目标一样，泰国同样追求互联互通和可持续发展的目标，并已将其写入了"20年国家发展战略"和"泰国4.0"规划中。2019年4月，泰国总理巴育在参加第二届"一带一路"国际合作高峰论坛时表示，泰国非常支持"一带一路"倡议，期待在"一带一路"框架下进一步拓宽泰国、东盟与中国的合作，并指出还可以共同推进粤港澳大湾区和泰国东部经济走廊的无缝对接，同时通过挖掘本地区澜沧江—湄公河合作、《东盟互联互通总体规划2025》等多个合作框架以及"一带一路"倡议的潜力进一步加强泰中两国的合作。作为2019年东盟轮值主席国的泰国提出，通过"互联互通再连接"概念促进东盟整体建设，促进《东盟互联互通总体规划2025》与"一带一路"倡议和中南半岛三河流域合作机制对接。

七 马来西亚2015年推出第11个计划（2016—2020）

马来西亚是古代海上丝绸之路上的重要国家，意图于2020年成为高收入国家，明确了该阶段经济发展的重点领域，确立并部署了海上互联互通节点的战略方向。此外，马来西亚于2010年推出了转型计划，包括经济转型计划（ETP）和十二大国家关键经济领域、六大策略改革倡议等。[②] 中国是马来西亚第一大贸易伙伴，马来西亚也是中国在东盟最大贸易伙伴。[③] 马来西亚倡导的"全球温和主义"与"21世纪海上丝绸之路"倡议的开放包容理念高度契合，也是最早响应"一带一路"倡议的国家之一。在"一带一路"框架下，中马两国积极对接发展战略，推进务实合作。截至2018年，中国连续10年成为马来西亚最大贸易伙伴，中马双边贸易额2018年达1086亿美元，双向投资累计超过135亿美元。中国连续3年成为马最大外资来源国，2018年马来西亚吸引的外资中有32%是

[①] 2017年6月22日，泰国立法议会通过《制定国家战略法草案》。
[②] 雷小华：《中国—东盟全面经济合作框架协议签署以来广西与东盟经贸合作分析》，载《东南亚纵横》2012年第11期，第32—38页。
[③] 舟丹：《中国已成亚洲16国最大贸易伙伴》，载《中外能源》2018年第1期，第21页。

中国投资。2018年，中国来马游客达294万人次，比上年增加30%。①

马来西亚虽然对"一带一路"倡议给予正面回应和支持，但其也以实现本国经济目标为诉求，坚持东盟是外交第一方向，参与"一带一路"建设过程中并不希望本国和东南亚成为大国博弈的场所。② 2018年8月，中马两国发表联合声明指出，马方欢迎、支持并将继续积极参与"一带一路"合作。中马双方将加快落实两国政府《关于通过中方"丝绸之路经济带"和"21世纪海上丝绸之路"倡议推动双方经济发展的谅解备忘录》，共同编制两国《经贸合作五年规划（2018—2022）》，发挥好"两国双园"联合协调理事会机制作用，共同推进中马钦州产业园和马中关丹产业园建设。

八　新加坡自由贸易港和开放战略

新加坡是建国于1965年的资源匮乏、面积只有700平方千米的东南亚岛国。作为资源欠缺、建国时间短以及人才缺乏的小微国家，从立国之初就以自由贸易港建设作为开放发展的核心战略。通过推行高效率、低税率的自由贸易制度，直接推动了港口物流、仓储、金融保险等服务业繁荣，间接推动了加工制造业、电子产业和能源产业发展，并带动区域经济全面繁荣发展。③ 新加坡是中国的友好近邻和重要合作伙伴，深度参与中国改革开放进程。双方政治互信巩固，务实合作成果丰硕，互为重要贸易投资伙伴。自2013年中国正式发布"一带一路"倡议后，新加坡利用其自身地理位置和互联互通优势，积极行动并主动参与，已逐步成为"21世纪海上丝绸之路"的重要节点之一。2015年11月，中国与新加坡发表联合声明，建立与时俱进的全方位合作伙伴关系，并明确指

---

① 《驻槟城总领事鲁世巍在"马来西亚与'一带一路'"论坛上的讲话》，中国外交部网站，https：//www.fmprc.gov.cn/web/dszlsjt_673036/zls_673040/t1649929.shtml。
② 许培源、陈乘风：《马来西亚在"海上丝绸之路"建设中的角色》，载《亚太经济》2016年第5期，第70—74页。
③ 新加坡先后经历了60年代劳动密集型产业、70年代经济密集型产业、80年代资本密集型产业、90年代科技密集型产业，直到21世纪初发展为知识密集型产业等多次产业转型，一跃发展成为继纽约、伦敦和香港之后的第四大国际金融中心，亚洲竞争力多年蝉联第一，2016年全球集装箱港吞吐量仅次于上海港成为全球第二。

出"新加坡欢迎中方'一带一路'倡议,这一倡议契合本地区发展需要"。① 中国与新加坡在"一带一路"框架下推动了多领域深度合作,"中新(重庆)战略性互联互通示范项目"更是新加坡政府以实际行动支持"一带一路"倡议的表现。

2017年2月,新加坡未来经济委员会发布报告,提出七大战略勾勒出未来五年至十年经济发展愿景。② 七大战略中,专门提出要深化并扩展国际联系,包括加强贸易和投资合作、设立全球创新联盟、加深对海外市场了解。报告还指出,要通过三大途径落实这七大战略。其中首要途径就是要保持新加坡开放和互联互通。虽然,之后在南海等问题上,新加坡与中国关系一度紧张。但2017年9月,新加坡总理李显龙访华,标志着两国关系在经历数月的不确定性之后重回正轨。李显龙总理公开发表《积极促进他国繁荣发展 "一带一路"让中国融入区域与国际体系》,并在接受新华网专访时,对"一带一路"倡议做出积极评价。③ 2018年11月,中新共同签署《"国际陆海贸易新通道"谅解备忘录》,陆海并进,推进双向互联互通,同时签署了中新《自由贸易协定升级议定书》,对原中新自由贸易协定的原产地规则、海关程序与贸易便利化、贸易救济、服务贸易、投资、经济合作等6个领域进行升级,还新增电子商务、竞争政策和环境等3个领域,并首次纳入"一带一路"合作。2018年11月,新加坡正式宣布核准《"一带一路"融资指导原则》,并在2019年1月计划设立由中国、新加坡和其他"一带一路"国家与地区资深争议解决专员组成的委员会,协助企业解决"一带一路"建设中产生的商业纠纷。这些都将深化双方全方位合作、实现共同发展目标、建立和强化互联互通以及促进地区和平发展。总之,新加坡在"一带一路"倡议中发

---

① 《中华人民共和国和新加坡共和国关于建立与时俱进的全方位合作伙伴关系的联合声明》,中国外交部网站,https://www.fmprc.gov.cn/web/zyxw/t1312918.shtml。
② 《新加坡经济社会发展规划》,中华人民共和国驻新加坡共和国大使馆经济商务参赞处网站,http://sg.mofcom.gov.cn/article/ztjx/jmxw/201705/20170502580238.shtml。
③ 李显龙受访时说:"'一带一路'倡议是一个方法,能够使中国积极地与周边国家、贸易伙伴国、欧洲、亚洲甚至非洲国家连接起来,加强彼此间的密切合作,深化基础设施、贸易、旅游等方面的互惠互利。这样一来,中国可以融入整个区域和国际经济体系中,同时也可以积极促进其他国家的繁荣发展。"

挥着积极的支持者、实质性的参与者和努力的协调者的良好示范作用。①

九 印度尼西亚"全球海上支点"战略

印度尼西亚有"千岛之国"之称，是东南亚地区最大的经济体和海上大国，横跨印度洋和太平洋，是"海上丝绸之路"的重要枢纽。此外，印度尼西亚作为二十国集团（G20）中唯一的东盟国家，在东南亚乃至亚太地区都有着重要的影响力。2013 年，中国国家主席习近平在印度尼西亚首次提出共同建设 21 世纪海上丝绸之路倡议，同年，中国—印尼关系升格为全面战略合作伙伴关系。2014 年，佐科竞选获胜后随即提出旨在振兴印尼在亚太地区经济与政治地位的"海洋强国"战略，大力发展"海上高速公路"建设，倡导将印尼建成"全球海上支点、全球文明枢纽"的愿景（Poros Maritm Dunia）。② 在就职演说中，佐科提到"我们要努力使印尼再次成为一个海洋国家；大洋、海域、海峡和海湾是我们文明的未来"。③ 他也曾公开表示："印尼正在努力建设海洋强国，而中国提出建设'21 世纪海上丝绸之路'，这两项倡议高度契合。"④ 2015 年 3 月，在佐科总统访华期间，中国与印尼双方同意共同打造全方位的"海洋发展伙伴"关系。⑤ 2018 年 5 月，中国与印度尼西亚发表联合声明指出，双方积极对接"21 世纪海上丝绸之路"倡议和"全球海洋支点"构想、深化务实合作取得显著成效，同意在全面战略伙伴关系框架下加强双边、地区及国际层面三个支柱合作，特别是在"一带一路"倡议和"全球海洋支点"构想框架内继续推进雅加达—万隆高速铁路建设，并就"区域

---

① 王虎、李明江：《支持、参与和协调：新加坡在实施"一带一路"倡议中的作用》，载《南洋问题研究》2016 年第 4 期，第 43—52 页。
② 《印度尼西亚：全球海上支点战略》，中国一带一路网，https：//www.yidaiyilu.gov.cn/zchj/gjjj/1063.htm。
③ "President-Elect Jokowi Calls for 'United Indonesia'", *The Jakarta Globe*, July 22, 2014, http：//jakartaglobe.beritasatu.com/news/president-elect-jokowi-calls-united-indonesia/.
④ 许利平：《从贫民窟到总统府：印尼传奇总统佐科（中印尼文双语本）》，社会科学文献出版社 2015 年版，第 127 页。
⑤ 《中印尼将携手打造"海洋发展伙伴"》，中国人民网，http：//world.people.com.cn/n/2015/0327/c1002-26759244.html。

综合经济走廊"建设合作进行探讨。① 2019年4月,印度尼西亚副总统卡拉表示,印尼是"一带一路"国际合作的重要伙伴,愿同中国加强贸易、投资、教育等交流合作,开展好"区域综合经济走廊"建设。

　　印尼提出"全球海上支点"战略的核心是实施新的国家发展战略,改革经济发展模式,消除长期以来制约印尼经济发展的瓶颈。印尼的"全球海上支点"优先考虑建成五个支点,即复兴海洋文化、保护和经营海洋资源、发展海上交通基础设施、进行海上外交、提升海上防御能力。对于印尼"全球海上支点"战略与中国"21世纪海上丝绸之路"倡议,两国积极对接,全面深化合作,取得丰硕成果。中国—印尼的双边贸易及中国对印尼投资快速增长,交通运输、旅游、农业、非金矿业以及基础设施等领域合作日益加强,并在海洋产业开发、房地产及建材、能源、军工技术、人力资源培训和教育等方面具有巨大合作潜力。印尼已经成为中国企业走出去和推进"一带一路"倡议的重要合作国。此外,中国和印尼同为发展中国家,两国之间的合作也是南南合作和优化全球治理的重要内容。中国与印尼的合作框架也可以超越与东盟国家的合作范围,同时在印度洋地区开展"环孟加拉湾合作"。② 但在中国对印尼出口贸易及投资合作中,科技技术转让规模仍然不足。中国企业对印尼的科研投入和人力资源培训有待提升和加强,尤其是海洋领域的人力资源开发。③ 印尼方面也希望中国企业更多使用当地原料和员工,实现本地化生产制造,支持当地供应链建设,提升产业对接和产能合作水平,带动印尼企业共同发展,同时重视产品质量和企业形象,善尽企业社会责任。

十　文莱"2035宏愿"

　　文莱北濒南中国海,是东盟最富裕且高度依赖能源产业的马来伊斯

---

① 《中华人民共和国政府和印度尼西亚共和国政府联合声明》,中国一带一路网,https：//www.yidaiyilu.gov.cn/zchj/sbwj/54867.htm。
② 马博:《"一带一路"与印尼"全球海上支点"的战略对接研究》,载《国际展望》2015年第6期,第33—50页。
③ 沙菲雅·F. 穆希芭:《印尼海洋主张如何对接"一带一路"？》,李骁译,载《社会观察》2015年第12期,第14—15页。

兰君主制国家。[①] 中国与文莱的关系源远流长，文莱自古就是海上丝绸之路的重要枢纽，两国人民之间有着长期的友好交往的历史。[②] 文莱是东南亚国家中最早和中国建交的国家之一，[③] 与中国交流合作关系尤其是经贸合作关系方面有良好合作基础。2008年1月19日，文莱公布《文莱达鲁萨兰国长期发展计划》，计划分三部分："2035年远景展望"、"2007—2017年发展战略和政策纲要"和"2007—2012国家发展计划"。[④] 该计划被称为文莱"2035宏愿"，并提出到2035年，拥有最高国际标准衡量的受过良好教育和技术熟练的人民；人民生活质量进入全球前十列；充满活力的可持续发展经济，人均收入进入世界前十列。[⑤] 具体来看，"2035宏愿"围绕着将文莱打造成一个具有高质量基础设施、高素质人才的东盟区域贸易、加工和中转中心而进行规划[⑥]，并有意将文莱打造成为"东盟东部成长区"[⑦] 中心。[⑧]

2016年，文莱苏丹哈桑纳尔在会见中国外交部长王毅时明确表示，愿意推动"一带一路"倡议同文莱"2035宏愿"更好对接，在提升能源

[①] 黄瑛、罗传钰、黄琴：《文莱经济社会发展与"一带一路"建设的互动分析》，载《东南亚纵横》2015年第11期，第15—19页。

[②] 彭俏：《建交以来的中国与文莱关系》，广东外语外贸大学，硕士学位论文，2016年。

[③] 19世纪末期，文莱沦为英国的保护国之后，两国关系被迫中断。直到1984年文莱独立之后，文莱与中国的关系逐步恢复正常化。1991年两国建交后，双方在各个领域的交流与合作逐步开展，双方高层接触频繁，两国关系稳步发展。

[④] 《"文莱2035宏愿"基本情况介绍》，中国驻文莱大使馆经济商务参赞处网站，http://bn.mofcom.gov.cn/article/about/greeting/201609/20160901398768.shtml。

[⑤] 为实现这些目标，文莱将实施由八大战略构成的国家战略部署：教育战略、经济战略、安全战略、机制发展战略、本地企业发展战略、基础设施发展战略、社会保障战略和环境保护战略。

[⑥] 马博：《文莱"2035宏愿"与"一带一路"的战略对接研究》，载《南洋问题研究》2017年第1期，第62—73页。

[⑦] 1992年，"东盟东部成长区"（BIMP - EAGA）的设想最先由菲律宾总统拉莫斯提出，主要包括文莱、印度尼西亚的加里曼丹、苏拉威西，马来西亚的沙巴、沙捞越、纳闽岛，菲律宾的棉兰佬4个国家的全部和部分地区，人口近7000万人的一个次区域。参见 Cheong, I. P. A., *Brunei Darussalam*, Young People and the Environment. Springer Netherlands, 2002, pp. 93 - 101。

[⑧] 2015年，文莱苏丹表示文莱将全力促使"东盟东部成长区"蓝图的实现，并且希望文莱在成长区的贸易往来、投资以及基础设施建设中发挥"交会点"的作用。参见 Anaman, K. A., "Determinants of economic growth in Brunei Darussalam", *Journal of Asian Economics*, Vol. 15, No. 4, 2005, pp. 777 - 796。

开采、基础设施建设等重点领域合作，并且共同推进"广西—文莱经济走廊"建设。① 文莱是"21世纪海上丝绸之路"沿线国家之一，非常欢迎这项倡议的提出。② 2017年9月，文莱国家元首哈桑纳尔在与中国国家主席习近平会谈中表示，支持中方提出的"一带一路"倡议，文方正在推进"2035宏愿"，欢迎中方企业参与这一进程，并愿在农业、渔业、能源、基础设施建设、清真食品、数字经济等领域加强同中方的务实合作。③ 2019年4月，文莱苏丹哈桑纳尔表示，文方愿同中方加强"2035宏愿"同"一带一路"倡议对接，拓展各领域合作和人文交流。当前，中国和文莱的经贸合作主要是油气开发以及相关基础设施建设领域，逐步扩展到农业、旅游业、文化产业以及通信技术方面，并且通过"文莱—广西经济走廊"项目④打造次区域合作示范。2017年双边贸易额同比增长36.5%，达到10亿美元，而其中文莱对华出口额同比增长58.8%。⑤ 2018年文莱货物贸易的35.2%来自中国。2019年5月，中国在文莱最大投资项目恒逸石化大摩拉岛综合炼化项目正式进入生产试运行阶段，将助力文莱产业升级，减轻该国对油气出口的依赖。当然，由于文莱经济九成以上依赖油气产业，国际油价对文莱国内经济影响强烈，也将影响中国与文莱之间的合作。此外，文莱国内政治的稳定性，以及贸易规则和制度体系的稳定性，还有南海问题可能存在的复杂化，都会影响中国和文莱之间的战略对接与合作实效。未来，中国与文莱之间应妥善处理潜在海洋纠纷，共同应对内部政治不确定性，共同推动双边以及地区贸易模式的转变，促进两国之间的战略对接和合作达到新的高度。

---

① 《文莱苏丹哈桑纳尔会见王毅》，中国外交部网，https：//www.mfa.gov.cn/web/zyxw/t1357471.shtml。

② 董彦、魏嘉琳：《文莱驻华大使张慈祥：文莱积极参与"一带一路"建设》，载《中国报道》2015年第10期，第36—37页。

③ 《习近平同文莱苏丹哈桑纳尔会谈　两国元首共同规划两国未来合作》，中国新闻网，http：//www.chinanews.com/gn/2017/09-14/8330375.shtml。

④ 中文两国在2014年9月签署了《文莱—广西经济走廊经贸合作谅解备忘录》，探索进行次区域合作的新模式。双方确定在农业、工业、物流、清真食品加工、医疗保健、制药、生物医药等领域开展全面合作，推动"文莱—广西经济走廊"成为"21世纪海上丝绸之路"的重要组成部分。

⑤ 《习近平到访"和平之邦"：促中国文莱"一带一路"合作再升级》，中国一带一路网，https：//www.yidaiyilu.gov.cn/xwzx/xgcdt/72158.htm。

十一　菲律宾"10点社会经济议程"以及"大建特建"计划

菲律宾是东南亚国家中继印度尼西亚之后的第二人口大国，也是近年来保持经济较快增长的发展中国家。中国与菲律宾地理位置相邻，菲律宾自古就是海上丝绸之路的重要一站，双方交流历史悠久。① 2012年黄岩岛事件后，菲律宾不顾中国强烈反对，执意将南海问题提交至国际仲裁庭，致使中菲两国关系降到冰点。中菲两国关系不断恶化，两国交流与经贸合作全面停滞。即使中国并未将菲律宾排除在"一带一路"倡议之外，菲律宾对此也并不热心，最后一刻才加入中国倡导建立的亚洲基础设施投资银行（AIIB）。直至2016年底菲律宾新总统杜特尔特上任，采取了与前任阿基诺三世截然不同的对华政策，搁置所谓"南海仲裁案"裁决，推出了"10点社会经济议程"，意图改善投资环境，降低对中国私营企业在菲投资的门槛。2016年10月，杜特尔特顺利访华，这使中菲关系得以回转，双方回到"一带一路"倡议下，深入推进双方各项经贸合作，② 最主要的是贸易、基础设施建设、能源、旅游等领域。2017年，菲律宾宣布正式推出一项名为"大建特建"（Build Build Build）的大规模基础设施投资计划。③ 2018年8月，菲律宾财长多明计斯在接受采访时称，中国提出的"一带一路"倡议影响巨大，愿在"一带一路"框架下加强与中国在基础设施建设方面的合作。同年11月，中菲两国共同签署了《中华人民共和国政府与菲律宾共和国政府关于共同推进"一带一路"建设的谅解备忘录》《中华人民共和国政府与菲律宾共和国政府关于油气开发合作的谅解备忘录》等多项双边合作文件。

与此同时，虽然中菲两国对南海问题采取搁置争议以及冷处理，但潜在负面影响仍然十分强烈。南海问题对"一带一路"倡议在菲律宾的

---

① 20世纪70年代中菲建交以来，双方便在贸易、投资、农业、矿业、工程承包、劳务等诸多领域开展了合作。21世纪初，中菲两国又开拓了金融、航空领域的合作。阿罗约总统执政期间（2001—2010），中菲合作处于黄金时期，农业合作不断深入，还开辟了渔业合作和资源开发合作，中国政府向菲律宾提供出口信贷，用于基础设施建设。

② 杜特尔特访华期间，中菲双方签署13个合作备忘录，达成150亿美元的投资承诺和90亿美元的融资安排。

③ 该计划将在六年内投资8.4万亿比索（约合1.16万亿元人民币），在全国进行基础设施建设，涵盖道路、桥梁、机场、铁路、港口、防洪设施等各个领域。

推进仍是一种不可忽视的阻力。① 加之中菲之间政府以及民间交流并不充分，菲律宾对中国、中国产品以及中国移民长期存在不信任感。此外，由于纺织和电子等产业结构趋同，菲律宾一直处于中菲贸易中的逆差地位，菲律宾对中国经济"入侵"的担忧与日俱增。在"一带一路"逐渐深化的过程中，菲律宾国内政治形势的发展也会对倡议的推行产生影响。2019 年，菲律宾总统杜特尔特在与中国国家主席习近平会见时表示，菲方对共建"一带一路"充满信心，愿用好"一带一路"合作带来的机遇，实现国家发展目标，同时表示，菲方愿妥善处理好海上问题，不使其影响两国关系的发展。可见，菲律宾政府一方面愿意和中国建立良好的关系，另一方面也愿意利用个别争议事件，作为从中国获得可能的益处的条件。②

十二　东帝汶国家 2011—2030 年中长期战略发展规划

东帝汶是亚洲最不发达国家之一，经济主要依赖石油出口。东帝汶是亚洲唯一完全位于南半球的国家，中国与东帝汶之间地理位置虽然相距甚远，但两国关系却源远流长。东帝汶自 2002 年独立并建国之日便与中国建交，无论是从民间交流还是政府间合作，都保持良好往来，成为大小国家间友好相处、互利合作的典范。③ 尤其是中国的援助为东帝汶国家的重建发挥了重要的作用。④ 2008 年东帝汶向中国四川汶川地震灾区捐款 50 万美元，系东帝汶政府首次向外国捐款。近年来，中东两国经贸合作已经从援助合作逐步扩大到投资与工程承包等多领域合作。

2010 年，东帝汶政府颁布国家 2011—2030 年中长期战略发展规划，指出在未来 20 年基础设施领域的投资将达到 100 亿美元，包括基础设施、

---

①　陆建人、蔡琦:《"一带一路"倡议下中国与菲律宾的经济合作》，载《国际经济合作》2017 年第 3 期，第 12—19 页。

②　吴杰伟:《菲律宾社会对中国"一带一路"倡议的反应》，载《南洋问题研究》2016 年第 4 期，第 31—42 页。

③　张宁容:《东帝汶积极参与"21 世纪海上丝绸之路"原因分析》，载《商》2016 年第 12 期，第 107—107 页。

④　马提丝:《中国对外援助及其对东南亚发展的影响：中国—东帝汶关系的案例分析》，吉林大学，硕士学位论文，2010 年，第 165 页。

农业合作、海洋渔业、能源矿产、旅游酒店、商业贸易、交通运输等领域。① 东帝汶从 2010 年 7 月 1 日起，可享受中国给予最不发达国家 95% 商品进口零关税待遇，但出口产品主要是咖啡等。2012 年东帝汶新政府上台后，采取了更为积极务实的经济发展战略，国家建设步伐逐步加快，为外来投资创造更为有利的环境。自 2013 年中国提出"一带一路"构想以来，作为"海上丝绸之路"地区之一的东帝汶积极响应。② 2014 年，中国总理李克强在三亚同东帝汶总理沙纳纳举行会谈期间，沙纳纳表示，东帝汶视中国为东亚最重要的合作伙伴，愿积极参与"21 世纪海上丝绸之路"建设，为推进葡语国家与中国的合作发挥积极作用。③ 2015 年，中国外交部长王毅在北京会见陪同东帝汶总统来华出席中国人民抗日战争暨世界反法西斯战争胜利 70 周年纪念活动的东帝汶外长科埃略时，王毅表示，东帝汶是海上丝绸之路沿线重要国家，中方希望与东方加强各领域合作，共建 21 世纪海上丝绸之路；科埃略也表示，中方共建"一带一路"倡议与东发展战略高度契合，欢迎中国更多参与东经济社会建设。④ 2016 年两国贸易额由 2015 年的 1.1 亿美元增长至 1.6 亿美元，中国成为东帝汶第二大贸易伙伴，但东帝汶处于绝对的贸易逆差地位。2018 年，中国与佛得角、几内亚比绍、圣多美和普林西比、东帝汶葡语国家的贸易总额为 2.589 亿美元。而 2018 年，东帝汶对外贸易总额为 6.11 亿美元。⑤ 截至 2016 年底，中国对东帝汶投资存量为 1.62 亿美元，东帝汶还未有对中国投资；中资企业在东帝汶已完成或在建工程承包项目合同总额超过 15 亿美元。其中，中核 22 公司承建的东帝汶国家电网项目，以及中国海外与中铁一局联营体承建的东帝汶南部高速公路第一标段项目，均成为东帝汶与中国互利合作的典范。

---

① Bank, A. D., *Timor-Leste: Country Operations Business Plan (2011–2013)*, 2011.
② 张宁容：《建交以来的中国与东帝汶关系》，广东外语外贸大学，硕士学位论文，2016 年，第 45 页。
③ 《李克强同东帝汶总理沙纳纳举行会谈》，新华网，http://www.xinhuanet.com/politics/2014-04/09/c_1110163044.htm。
④ 《王毅会见东帝汶外长》，中国外交部网站，https://www.fmprc.gov.cn/web/gjhdq_676201/gj_676203/yz_676205/1206_676428/xgxw_676434/t1293286.shtml。
⑤ 《2018 年东帝汶经贸情况》，中国商务部网站，http://www.mofcom.gov.cn/article/i/jshz/new/201904/20190402853024.shtml。

2017年5月的第一届"一带一路"国际合作高峰论坛期间，东帝汶和中国同国际社会一道发出了合力推动"一带一路"国际合作、携手构建人类命运共同体的积极信号。其间，中东两国政府签署了"一带一路"合作谅解备忘录，标志着中东两国合作迈上了新的历史台阶。随着中国"一带一路"倡议与东帝汶深度对接，以及两国经贸联委会机制作用不断发挥，中国与东帝汶在能源、基础设施建设、国防、教育和人员往来等领域合作将不断加深。

第二节　实施与反馈分析

中国与东南亚国家在拟定各自发展战略后，将通过各国自身力量进行实施与推进，并在该过程中产生与相关国家的信息沟通，形成信息相互反馈的过程。

一　国家元首引领

国家战略的全局性和宏观性，使国家元首成为国家战略的表达主窗口，也成为国家间战略对接的主渠道。中国与东南亚各国均以国家高层互访为引领，形成战略意图表达传递的第一推动力，推动战略对接有序发展。各国充分发挥国家核心元首外交的独特作用，常态化与非常态化相结合、双边与多边相结合，构建中国与东南亚国家之间元首的互访与沟通机制。在此基础上，各国不断丰富国家元首间沟通成果设计与实现机制，形成首脑引领、外交推进、部门执行、社会拓展以及市场倒逼良性循环体系，开创性建立中国与东南亚国家间新型国家关系。充分发挥首脑定期会晤机制在统筹规划和推动国家间务实合作方面的主导作用，保持投资、能源、人文、经贸、地方各级各层合作高效运转。

2013年10月以来，中国与东南亚国家元首之间动态开展及时互访与会晤，这有效推进了中国与东南亚国家关系发展。双方领导人进行了有效的沟通与交流，增进了政治互信，对共同推进"一带一路"倡议达成了战略共识。中泰双方就铁路、水利、能源、教育等领域合作达成多项共识。① 中老双方提出"携手打造牢不可破的中老命运共同体"。② 中国和印度尼西亚提出积极对接 21 世纪海上丝绸之路倡议和"全球海洋支点"构想。③ 中柬双方提出要加强多边事务协调，继续为维护地区稳定和中国—东盟合作大局做出贡献。④ 中缅双方提出要积极探讨建设中缅经济走廊等新的合作增长点。⑤ 中新双方提出要实现"一带一路"倡议同东盟发展规划更好对接，"构建更为紧密的中国—东盟命运共同体"。⑥ 中越双方提出要加快推进"一带一路"和"两廊一圈"对接并及早确定优先合作领域。⑦ 中菲双方提出要妥善处理南海问题，做共同发展的好邻居、好伙伴。⑧ 可见，通过国家元首之间的互动，可以形成国家战略之间最高效和最准确的信息沟通。同时，基于国家元首的唯一代表性和权威性，也能提高战略对接的效率，再结合国家元首自身的人格魅力和独特个人亲和力等，可以为国家战略对接提供良好辅助动力环境。

二 国家外交引导

国家外交是国家发展战略的重要表达渠道，具有重要的战略对接引导作用。通过国家外交层面，不仅能准确表达国家战略意图，而且能从技术上保持常态化沟通，并为国家间重大战略互动提供基础支撑和外交引导。2013 年 3 月，中缅就发展两国全面战略合作伙伴关系、加强两国

---

① 《商务部：中泰铁路合作达成多项共识》，新华网，http://www.xinhuanet.com//world/2015-10/08/c_128297602.htm。

② 《打造牢不可破的中老命运共同体》，人民网，http://politics.people.com.cn/n1/2017/1107/c1001-29630825.html?form=rect。

③ 《习近平会见印度尼西亚总统佐科》，新华网，http://www.xinhuanet.com/world/2016-09/02/c_1119502818.htm。

④ 《习近平会见柬埔寨国王西哈莫尼和太后莫尼列》，新华网，http://www.xinhuanet.com/world/2017-03/06/c_1120578626.htm。

⑤ 《习近平会见缅甸国务资政昂山素季》，新华网，http://www.xinhuanet.com/politics/2017-12/01/c_1122045014.htm。

⑥ 《习近平会见新加坡总理李显龙》，新华网，http://www.xinhuanet.com/politics/2018-04/10/c_1122662387.htm。

⑦ 《习近平会见越南国会主席阮氏金银》，新华网，http://www.xinhuanet.com/world/2017-11/13/c_1121943421.htm。

⑧ 《习近平会见菲律宾总统杜特尔特》，新华网，http://www.xinhuanet.com/world/2017-11/11/c_1121941116.htm。

经贸合作、推进缅北和平进程等交换意见。① 2016 年 12 月，中柬就推进新形势下中柬全面战略合作达成重要共识。② 2017 年 1 月，中文就推动各领域务实合作取得更多成果，提升双边关系水平达成共识。③ 2017 年 3 月，中柬双方再次就推动区域合作交换了意见，共同为推动中国—东盟战略伙伴关系全面深入发展作出积极努力。④ 2017 年 5 月，中文双方就中国—东盟关系及两国合作共建"一带一路"等议题交换意见。⑤ 中菲关系实现了从全面转圜到巩固深化的重大转变，发展势头良好，合作成果喜人。⑥ 中越双方共同认为当前中国"一带一路"倡议、粤港澳大湾区建设为加强中国内地、香港与越南之间的合作提供了新的增长点。⑦ 2018 年 3 月，中老双方提出要认真落实澜湄合作第二次领导人会议共识，打造澜湄流域经济发展带，共建澜湄国家命运共同体。⑧ 2018 年 10 月，中方提出支持文莱打造东盟东部增长区枢纽，共同促进南海和地区和平与发展。⑨ 2019 年 1 月，中国提出愿同马来西亚推动中国—东盟关系提质升级，建设开放型世界经济。⑩ 2019 年 1 月，中国提出和印度尼西亚共同推进雅万高铁、区域综合经济走廊等重大项目，深化在经贸、执法安全、

---

① 2013 年 3 月 14—16 日，中国外交部亚洲事务特使王英凡访问缅甸。双方就发展两国全面战略合作伙伴关系、加强两国经贸合作、推进缅北和平进程等交换意见。
② 2016 年 12 月 13 日，外交部副部长刘振民同柬埔寨财经部国务秘书翁赛维索举行中柬政府间协调委员会秘书长会晤。
③ 2017 年 1 月 15—16 日，外交部副部长刘振民访问文莱，推动各领域务实合作取得更多成果，提升双边关系水平。
④ 2017 年 3 月 28—29 日，外交部副部长刘振民赴柬埔寨。双方就推动区域合作交换了意见，同意加强在中国—东盟、澜沧江—湄公河合作等机制框架下的协调与配合，中方表示将全力支持柬方担任澜湄合作主席国，共同为推动中国—东盟战略伙伴关系全面深入发展做出积极努力。
⑤ 2017 年 5 月 12 日，外交部副部长刘振民会见来华出席"一带一路"国际合作高峰论坛高级别会议的文莱首相府部长兼外交与贸易部第二部长林玉成，双方就中文关系、中国—东盟关系及两国合作共建"一带一路"等议题交换意见。
⑥ 2017 年 11 月 2 日，外交部部长助理孔铉佑在马尼拉会见了菲律宾外长卡亚塔诺。
⑦ 2017 年 8 月 18 日，中华人民共和国外交部驻香港特别行政区谢锋特派员会见越南驻港总领事黄志忠。
⑧ 2018 年 3 月 6 日，外交部部长助理陈晓东会见来访的老挝澜沧江—湄公河合作高官、老挝外交部经济司长宋甘。
⑨ 2018 年 10 月 31 日，外交部副部长孔铉佑访问文莱，会见文莱第二外长艾瑞万。
⑩ 2019 年 1 月 28 日，外交部副部长孔铉佑访问马来西亚。

人文等领域合作。可见，在国家元首之间达成重点战略对接的前提下，通过国家外交可以很好形成专业信息沟通，建立常态化官方交流机制。此外，基于国家外交的常设性和专业性，通过国家间外交互动，可以为国家元首以及国家战略对接重大决策提供经验积累和路径探索。

三 智库技术推进

国家间战略对接除了要依托国家元首和国家外交官等人力因素外，主要内容还需要进行大量可行性研究和论证，也需要国家之间对相互战略诉求的科学评估。因此，在国家间战略互动过程中，智库层面以及技术层面都是不可或缺的一环，也为国家之间战略互动良性开展提供了基础支撑。自2009年《中国—东盟自由贸易区投资协议》签订以来，在"一带一路"倡议、东南亚大国倡议、东盟一体化以及全球大变革的背景下，智库、媒体和联合研究主体在中国与东南亚国家区域合作中的作用日益凸显。中国—东盟智库战略对话会议成功举行11届、中国—南亚东南亚智库论坛成功举行7届、东南亚论坛成功举行2届、中国（海南）—东盟智库论坛成功举行2届。这些智库合作平台的有效推进，为加强中国与东南亚国家之间的战略信息交流与合作提供了重要渠道。2018年6月，第六届中国—南亚东南亚智库论坛在云南昆明举行，会议期间各国智库机构之间签署了《关于建立中国——南亚东南亚智库网络机制的倡议》。中国—南亚东南亚智库论坛现已成为中国与南亚东南亚国家间智库交流的重要渠道，也为双边和多边国家之间更进一步形成务实战略合作提供了智力支持。云南省社会科学院是最早倡议孟中印缅经济走廊建设的智库之一，孟中印缅经济走廊已经从智库倡议上升到国家战略。可见，在中国与东南亚国家战略对接过程中，智库特别是双边国家高端智库以及国际智库作用显著，都积极发挥了二轨外交的独特作用。通过国家间智库交流沟通，以及与国际智库的对话合作，开展一系列智库论坛、联合研究、共同项目可行性论证以及各自领域的决策咨询等形式，为各国专家和学者以及官员提供了区别于政府间互动的宽松平台，对各国战略对接的有效启动、深入对接以及后续调整，都提供了智力保障。

四 市场合作实施

国家间战略对接除了智库层面提供智力支持，政府层面进行决策评估以及具体实施外，最终落脚点必须依靠市场动力，并也要以市场收益为核心反馈于目标。随着全球市场国际化分工不断加深，国家间的市场或者说是企业合作甚至已经成为国家间战略对接的窗口。市场和企业的需求影响国家间战略对接的具体设计，国家间战略对接的具体成果，通过双边或者多边制度性安排，也服务和促进市场合作。2009 年全球金融危机之后，中国成为东南亚地区最重要的贸易伙伴，中国在东南亚地区对外贸易中的份额不断上升。2016 年，中国与东南亚地区贸易额为4554.4 亿美元，占中国与"一带一路"沿线国家贸易总额的 47.8%。[1]东南亚国家从中国的进口不仅包括消费品，还包括大量中间产品，服务并支撑东南亚国家生产加工体系。越南是中国在东南亚地区的最大贸易伙伴。2018 年中越双方贸易逐月均超 100 亿美元。[2] 尤其是，中国—东盟自由贸易协定（ACFTA）生效以来，以越南为代表，东南亚地区的电子行业迎来新一波投资潮，这也促使中国中间品和资本品向东南亚大量出口。在"一带一路"倡议提出来以后，中国阿里巴巴再次向东南亚电商平台 Lazada 投资了 40 亿美元，此外由中国腾讯支持的新加坡平台提供商 Sea 成功在美国上市，中国另外一家电商公司京东则启动对 Tokopedia 进行重大投资。与此同时，包括中国钢铁企业在内的众多资源加工大型企业，开始大量转移生产线至东南亚国家，如中国五矿集团有限公司、青山控股集团、昆明钢铁集团、河北新武安钢铁集团等不断在东南亚国家投资建厂。通过与当地企业开展产能合作，借此获得更多市场空间。除中国国有企业外，还有亚洲基础设施投资银行、国家开发银行等政策性银行也通过庞大的基础设施项目贷款，积极参与东南亚经济发展。同时，作为反应最为灵敏以及与当地结合最为紧密的中国私营企业，也持续扩大在东南亚国家投资，并促进了东南亚国家资本进入中国，在双向产业链上开展市场合作，在地区经济关系中发挥了更加重要的作用。可见，

---

[1] 商务部网，www.mofcom.gov.cn。

[2] 《菲律宾每日询问者报》，http://www.inquirer.net/。

中国和东南亚国家均已经成为全球生产链的重要环节，各自之间市场合作空间广泛，是全球重要的生产中心和价值链环节以及消费市场。国家间战略对接不仅互为市场企业提供了环境保障，也为国际市场风险救济提供了重要渠道。通过市场间生产分工和消费合作，市场与企业诉求通过国家间战略对接进行体现和谈判，最终形成国际化制度体系和双多边协议规范，进一步服务和促进国家间市场化合作，为全面战略对接提供更加丰富的增量收益动力。

第三节　互动与调适分析

中国与东南亚国家在具体实施各自发展战略过程中，通过对国家间意图、目标及意见等进行相互沟通，形成战略互动过程，并在该过程中不断调适自身发展战略设计与实施，形成动态对接。

一　国家间达成开放包容共识与共建共商共享渠道

国家发展战略的互动与调适，主要通过国家间的沟通与合作渠道开展，包括双边以及多边，也包括单个领域和全面合作渠道。在单个领域方面，如"发展三角区"次区域合作渠道的建立就是很好的例子。2010年7月7日，越、老、柬三国在柬埔寨桔井市召开会议，会议的主题是探讨国会在推动越、老、柬三国"发展三角区"[①]计划中的角色和作用，三方将设立共管的边检站、建设相关网站，同步应用英语和三国语言。2018年3月，柬老越发展三角区第十届峰会在河内举行。会议预计审查该区域经济社会发展总体规划执行情况，讨论未来合作方向，加强三国间经济互联互通。这也为中国与东南亚国家间陆路毗邻地区的共管共治，以及经济联通与一体化发展提供了很好的样板。中国与东南亚国家合作历史较为悠久，在多边参与以及全面合作领域方面，以大湄公河次区域

---

① 柬老越三角区是于1999年，由三国总理共同倡议成立，并制定计划以发展三国边界地区，发挥当地经济、社会和资源潜能，同时提升基础设施和发展机制。三角区范围包括柬埔寨的桔井、上丁、拉达那基里和蒙多基里省，老挝的阿速坡、西公和沙拉湾省，以及越南的昆嵩、嘉莱、多乐和达农省。

经济合作（GMS）①为代表，2018年3月30日至31日，GMS第六次领导人会议在越南河内举行，会议通过《领导人宣言》、《河内行动计划》和《区域投资框架》，总结GMS成立25年来成就和经验，探讨下一步合作方向，展望长期愿景。

此外，在双边跨境经济合作方面，中国与东南亚国家也构建了以跨境经济合作区为代表的独具特色的双多边规则体系，共同促进边境地区经济发展，共同面对跨境犯罪威胁。2015年8月，中老两国共同签署了《中国老挝磨憨—磨丁经济合作区建设共同总体方案》。2016年11月，中老两国签署《中国老挝磨憨—磨丁经济合作区共同发展总体规划（纲要）》。2018年5月14日，中国老挝磨憨—磨丁经济合作区联合协调理事会第一次会议召开。中老双方成立了合作区联合协调理事会，建立了中老中央政府、地方政府及合作区管理委员会三级联动的工作机制。此次会议上，双方一致表示，将在理事会机制下，共同推进合作区建设，便利贸易投资和人员往来，推动两国产业合作，造福两国边境地区和人民。"一带一路"倡议的提出，为园区"走出去"打开了新的大门。尤其是双向园区的投资和运作成为扩大双向投资的亮点，如泰中罗勇工业区、老挝万象赛色塔综合开发区、老挝磨丁特区、老挝云橡产业园是其中的代表。

二 构建企业间合法务实共赢合作的市场机制

中国与东南亚国家间的企业合作，主要体现在经贸投资领域的合作，而这又是以中国—东盟自由贸易区建设为核心代表，并为全球贸易自由化提供了有益借鉴。围绕深化双边、多边各领域合作，中国与东南亚国家之间建立了诸多合作机制和对话平台，如中国—东盟"10＋1"、澜沧江—湄公河合作（LMC）、亚欧会议（ASEM）、亚洲合作对话（ACD）、亚太经合组织（APEC）、亚信会议（CICA）、大湄公河次区域（GMS）

---

① 大湄公河次区域经济合作是由澜沧江—湄公河流域内的六个国家，即中国、缅甸、老挝、泰国、柬埔寨、越南共同参与的一个次区域经济合作机制，成立于1992年。其宗旨是加强次区域国家的经济联系，促进次区域的经济和社会共同发展。亚洲开发银行是该机制的发起者、协调方和主要筹资方。

经济合作、博鳌亚洲论坛、中国—东盟博览会等。中国连续多年成为东盟的最大贸易伙伴,而东盟则成为中国的第三大贸易伙伴。2018年11月5日中新双方签署《中华人民共和国政府和新加坡共和国政府关于升级〈自由贸易协定〉的议定书》。2018年11月26日,在文莱召开了中国—东盟东部增长区[①]合作首次部长级会议。会议审议通过《中国—东盟东部增长区升级合作文件》。中国与东盟各国均认同国家发展战略对接的必要性,提出"一带一路"倡议和《东盟东部增长区2025年愿景》《东盟愿景2025》以及《东盟互联互通总体规划2025》等东盟发展战略进行积极对接,并在互联互通、贸易和投资、农渔业加工、人力资源发展、旅游及社会文化交流、减贫和包容发展、电力和能源等多个领域开展重点合作。2019年1月22日,中国与东盟十国部长在马来西亚吉隆坡正式签署中国—东盟自贸区升级谈判成果文件,对标货物贸易、服务贸易、投资、经济技术合作等领域,实现自贸区进一步升级发展,促进中国与东盟经贸交往,为全球自由贸易区建设提供有益经验。

三 全领域推进形成全面互动支撑保障体系

不仅在政治、经贸以及文化领域全面加强战略对接,中国与东南亚国家还持续推动全方位互动,形成良性支撑和保障体系。如农业合作方面,2015年11月16—20日,来自柬埔寨、泰国、老挝、越南和中国的近百位农业官员和专家在昆明参加"大湄公河次区域农业科技交流合作组第七届理事会暨农业科技合作交流"研讨会。[②] 又如司法合作方面,2016年在老挝万象举办了中国与东盟各成员国第十届总检察长会议。法律服务合作也是中国与东南亚国家进一步深化合作的基础工程。2016年,中国贸促会(云南)南亚东南亚法律服务中心成立,为中国与南亚、东

---

① 东盟东部增长区(简称BIMP – EAGA,以下简称增长区)是东盟内三个次区域合作之一,指包含马来西亚东部的沙捞越州(Sarawak)、沙巴州(Sabah)和纳闽岛(Labuan),印度尼西亚东部的加里曼丹(Kalimantan)、苏拉威西(Sulawesi)、伊利安查亚(Irian Jaya)和马鲁古群岛(Maluku),菲律宾南部的棉兰佬岛(Mindanao)和巴拉望岛(Pahlawan),以及文莱(Brunei)全部地区,总面积156万平方千米。

② 与会者对建立联合研究中心和多年来合作成果转化等事宜进行研讨,表示将推动农业科技多边合作机制与平台建设,促进次区域农业可持续发展。

南亚国家政府和企业搭建了法律服务平台。

当然，作为地缘相互毗邻，且具有共同非传统安全挑战的区域。中国与东南亚国家在联合打击犯罪和恐怖分子方面开展了大量机制对接，形成了一系列合作体系和平台，为深化政治、经贸和人文交流合作提供了保障。2015年10月9日，第四届东盟与中国（10+1）和第七届东盟与中日韩（10+3）打击跨国犯罪部长级会议召开，通过一系列联合打击犯罪申明，并通过了中国与东盟《关于非传统安全领域合作谅解备忘录》。[1] 2011年10月31日发表《中老缅泰关于湄公河流域执法安全合作的联合声明》。[2] 2011年12月9日，中老缅泰湄公河联合巡逻执法指挥部在中国云南西双版纳正式揭牌。2015年10月24日，湄公河流域执法安全合作部长级会议举行，通过《关于加强湄公河流域综合执法安全合作的联合声明》。

四　联合制定并提升可持续的双多边规则体系

而在多边以及全方位合作领域，澜湄合作机制成为当前区域一体化发展的典范。2015年"澜湄合作"启动，是澜沧江—湄公河流域合作的新机制、新实践和新平台。2015年11月12日，澜沧江—湄公河合作首次外长会在云南景洪举行。各方经过深入探讨，宣布澜湄合作机制正式建立。2016年1月29日，澜湄合作第二次外交工作组会议发表了《三亚宣言》和《澜湄国家产能合作联合声明》，通过了45个早期收获项目联合清单，确立了"3+5合作框架"，[3] 标志着澜湄合作机制正式启动。2016年6月14日，澜湄国家互联互通合作联合工作组正式成立。2016年6月23日，澜湄国家减贫合作联合工作组正式成立。2016年9月13日，澜湄国家产能合作联合工作组正式成立。2017年9月11日，澜沧江—湄公河合作农业联合工作组正式成立。2017年9月中下旬，全球湄公河研

---

[1] 陈文、黄德雪、聂润庆：《东盟2017年："携手变革，融入世界"》，载《东南亚纵横》2018年第4期，第45—58页。

[2] 四国携手宣布：切实履行维护湄公河流域治安稳定责任，迅速建立四国湄公河流域安全执法合作机制，还沿岸各国人民以和平安宁。

[3] "3"指的是三大支柱，分别是政治安全、经济和可持续发展、社会人文；"5"就是五个优先领域：互联互通、产能、跨境经济、水资源、农业和减贫。

究中心成立。2017 年 10 月 10 日，澜沧江—湄公河合作柬埔寨国家秘书处在金边正式成立。澜湄合作不仅创造了澜湄速度，也为全球治理新秩序构建提供了新探索和新经验。

鉴于金融的独特性和重要性，为有效应对和防范诸如 1997 年亚洲金融危机再次爆发，中国与东南亚国家构建了一系列双多边规则体系。2010 年 7 月 24 日，中国央行和新加坡金融管理局在北京签署了双边本币互换协议。从 2011 年中国人民银行与泰国银行在曼谷签署了中泰双边本币互换协议，直至 2019 年 1 月 30 日，缅甸央行宣布，将使用人民币和日元作为国际支付和转账的结算货币。[①] 作为区域经济一体化的重要组成部分，区域金融合作既是稳定器，更是加速器。[②] 通过中国—东盟自由贸易区、"一带一路"和澜湄合作等倡议与机制，中国与东南亚国家合作已不再仅限于经济领域，通过金融深入合作，中国与东盟实现了地区间加速融合发展。

第四节　外部应对分析

东南亚国家作为中国"三环外交"中第一环的一个重要环节，[③] 对中国地缘战略具有重要的政治、经济和文化意义。[④] 近年来，特别是 2008 年金融危机以及美国"重返亚太"以来，美国、欧盟、日本以及亚洲开发银行（亚行）等对中南半岛区域表现出极大的兴趣，积极主导或参与有关机制和项目的实施，汇聚构筑了当代亚太竞争与合作并存的竞合型国际体系。从"表象—载体及机制—效应"三位一体的国际经济学意义上"竞合"的狭义定义上看，中国与东盟经贸关系符合"竞合"关系，[⑤]

[①] 《缅甸央行宣布人民币为官方结算货币》，新浪网，http://finance.sina.com.cn/roll/2019-01-30/doc-ihqfskcp1878475.shtml。

[②] 孙芙蓉、贾瑛瑛：《深化亚洲金融合作是大势所趋——访中国工商银行行长易会满》，载《中国金融》2016 年第 9 期，第 12—14 页。

[③] 朱陆民、陈丽斌：《地缘战略角度思考中国与中南半岛合作的重要意义》，载《世界地理研究》2011 年第 2 期，第 20—28 页。

[④] 周素勤、雷满玉：《地缘战略与中国同中南半岛国家关系的发展》，载《北方经贸》2008 年第 3 期，第 9—10 页。

[⑤] 刘一姣：《中国东盟经贸关系中的竞合》，中国经济出版社 2015 年版，第 87 页。

且东盟国家的大国平衡策略则加剧了大国的竞争效应。① 美国退回孤立主义和双边主义②等新形势也带来更加复杂的新挑战。

一 政治和安全领域角力更趋复杂

美国奥巴马政府 2009 年上台后，实施"亚太再平衡"战略，将中南半岛作为重要"前沿阵地"，③ 并在 2013 年发展为涵盖南亚的印太再平衡战略，④ 意图"塑造"一个由美国主导的东亚均势体系来约束中国的对外行为及中国崛起对东亚格局可能产生的影响。⑤ 在安全上强化同盟体系，政治上积极参与地区事务，并突出制度化和全面性特点。⑥ 日本 2006 年就提出并在 2012 年全面实施"自由与繁荣之弧"计划。⑦ 安倍政府积极推进对湄公河次区域的开发援助，形成了开发援助战略，⑧ 保持并扩大日本在该地区的影响力。印度积极奉行更加务实和全方位的"东向"政策，在东盟框架内积极发展与缅、越、泰等国家关系。⑨ 2009 年和 2012 年，韩国也分别与越南及泰国建立战略合作伙伴关系。中日韩与东盟"10 +

---

① 王箫轲、张慧智等：《大国竞争与中国对东南亚的经济外交》，载《东南亚研究》2015 年第 1 期，第 27—32 页。

② 张蕴岭：《变动中的亚太格局与应对之策》，载《东南亚南亚研究》2016 年第 4 期，第 1—4 页。

③ 杜兰：《中美在中南半岛的竞争态势及合作前景》，载《南洋问题研究》2016 年第 3 期，第 95—104 页。

④ 薛力：《美国再平衡战略与中国"一带一路"》，载《世界经济与政治》2016 年第 5 期，第 56—73 页。

⑤ 王博煊：《美国"亚太再平衡"战略背景下的中国周边外交政策》，载《东南亚纵横》2016 年第 3 期，第 44—48 页。

⑥ 如美国将东盟成员国常驻华盛顿大使组成华盛顿委员会，每月由负责东亚和太平洋事务的助理国务卿召集举行会议。借此，美国在中南半岛以"军事硬实力"为底子，标榜"民主软实力"，推进"文化巧实力"，意图形成区域内美国主导局面。

⑦ "自由与繁荣之弧"计划联合中南半岛区域的越南、老挝和柬埔寨等新兴民主国家，开展外交合作甚至插手南海等热点敏感问题，提升越南和菲律宾等国海上军事能力，激发区域不稳定因素。

⑧ 张继业、钮菊生：《试析安倍政府的湄公河次区域开发援助战略》，载《现代国际关系》2016 年第 3 期，第 31—39 页。

⑨ 2000 年发起的"恒河—湄公河合作倡议"，1997 年的"孟印缅斯泰经济合作组织"，泰国发起"环孟加拉湾多领域经济技术合作倡议"，2005 年发起"湄公河发展论坛：促进印度—湄公河经济合作"会议等。此外，印度主导的北印度洋海域"米兰"联合军演的参与者就包括缅甸和泰国。

3"的竞合框架反而促进了东盟经济合作的快速发展。除此之外，澳大利亚积极加入"湄公河下游之友"西方国家援助体系，俄罗斯从能源合作及军售方面也取得显著拓展，欧盟也积极通过东盟地区论坛、亚欧会议、香格里拉对话等政治安全机制介入次区域事务。与此同时，大国在政治和安全领域的竞争，会进一步推动东南亚各国倾向于采取"大国平衡"策略。因此，在政治和安全领域，域外多元角力且日趋激化、区域内倾向于大国平衡策略，整体态势不确定性和复杂性显著增强。

二 经济和贸易领域竞争更趋激烈

自 20 世纪 80 年代中后期以来，东南亚地区已成为外来投资的热土，由外债、外国直接投资、证券投资和外国私人基金投资等组合而成的私人资本投资成为投资主体。与此同时，东南亚国家需要通过外资弥补国内基础设施建设投资不足以及产业升级所需资金及技术短缺。因此，域外大国纷纷从战略布局出发，提升在该区域基础设施扶持力度，并开始产业转移以削减成本，经济上加强贸易、投资和开发援助。美国启动"湄公河下游行动计划"，[①] 开启美国—东盟商务论坛，全面扩大经济往来和加强经济合作。韩国参与东南亚事务主要是通过商业和金融联系，[②] 其 LG 公司在越南海防建厂并计划建成东南亚最大家电生产工业园区。日本不断加大在缅甸、老挝和泰国的基础设施以及制造产业方面投资，强化亚行等平台参与机制，为东南亚国家免除债务并提供近万亿日元的官方发展援助（ODA），参与多条铁路和道路等基础设施项目，并在高附加值农业、矿产资源开发、水电开发等领域，尤其针对中国高铁在东南亚区域的战略布局，进一步加大与美国、韩国合作程度，应对中国投资的竞争。因此，在经济和贸易领域，全球化下区域市场竞争不断增强，域外大国经济外交战略布局冲突日益激烈。

---

① 2009 年 7 月，美国国务卿希拉里与湄公河下游国家外长举行了会议，启动了湄公河下游行动计划（Lower Mekong Initiative）。

② 布莱恩·布里奇斯、许丽丽：《从 ASPAC 到 EAS：韩国与东南亚》，载《南洋资料译丛》2016 年第 1 期，第 71—82 页。

三 区域合作领域机制更趋拥堵

冷战结束后，东南亚国家一直致力于自身的经济发展与区域合作，成为参与东盟一体化建设的重要力量，① 也积极参与东盟规则体系的建设和发展。② 在此基础上，中国与该区域建立了密切的经济联系进而强化政治互信和拓展命运共同体建设。近年来，从经济上开拓市场、政治上扩大影响力以及安全层面抑制中国独大等考虑出发，美国、日本等域外大国纷纷介入东南亚，建立各种形式和多层次的合作机制，试图从战略层面提升各自影响力，呈现出合作"机制拥堵"的局面。③ 2009 年以来，美国致力于在湄公河下游地区建立美湄合作新框架，加强与湄公河下游地区国家的关系。日本跟随美国强化在东南亚的存在，与湄公河流域中下游的柬埔寨、老挝、缅甸、泰国、越南五国在政治和经济领域保持着密切联系，先后通过战后赔偿、联合国开发合作、ODA、亚行主导的GMS 经济合作以及直接投资等众多渠道，成为该区域最大的援助国和投资国。此外，印度、韩国、澳大利亚等国在东南亚区域的竞争与合作态势日趋复杂。因此，在区域合作领域，呈现多边合作机制林立、互为竞争，各国核心利益又互为制衡、难以激化和越界的悬停状态。

四 文化等其他领域潜在冲突加剧

美国于 2009 年推行了与湄公河流域国家多边合作的"美湄合作"，与柬埔寨、泰国、老挝、越南四国共同签署《东南亚友好合作条约》，主要涉及环保、卫生和教育领域。通过美国—东盟奖学金等教育领域项目，美国通过提高该区域青少年英语能力的同时，逐步推动教育领域的美式西化。日本在 2013 年发表"日本东南亚外交新五原则"，开展将西方自由、民主、基本人权等"普遍价值"进行渗透推广的所谓"价值观外

---

① Wang, Q., "Formation and Development of ASEAN Economic Community——Also on the ASEAN Economic Community and the 'Belt and Road' Initiative", *Frontiers*, Vol. 4, 2016, pp. 34 – 46.

② Li, H., Xiao, J., "Exploration on Evolving Development of ASEAN Economic and Trade Market under the vision of 'the Belt and Road'", *Around Southeast Asia*, Vol. 9, 2016, pp. 78 – 81.

③ 毕世鸿：《机制拥堵还是大国协调——区域外大国与湄公河地区开发合作》，载《国际安全研究》2013 年第 2 期，第 58—73 页。

交"。2001年就通过日本合作机构对柬埔寨金边城市交通规划进行援助，并持续援助建设其城市防洪工程和排水系统。在民主、人权、资源开发、环境保护等领域，各种国际机构以及非政府组织的作用也不可忽视，且非政府组织机构运作理念及方式几乎都是由西方国家主导。值得注意的是，相对于美日欧强调从法律法规、规范设定、技术标准等方面进行中间层面的衔接和渗透，中国则要么进行楼堂馆所援建或者高层接触，要么开展零散小额支持或者市场低层次项目运作，亟待系统反思和有效调整。因此，在文化等其他领域上，温和的表象下暗流涌动且矛盾日益加深。

第六章

中国与东南亚国家发展战略对接趋势与政策思考

国家战略对接的根本，是基于各自核心利益最大化的博弈，也是基于当前与长远均衡收益的考量，既包括军事、领土等传统安全，也包括经贸、文化和意识形态等非传统安全。[①] 战略对接理论是对传统的国际关系理论进行更新迭代和包容超越。在"一带一路"倡议的全新视角下，探索构建战略对接是符合国际关系新秩序发展趋势的必然路径。

第一节 发展趋势

在"一带一路"倡议深入推进背景下，全球国际合作规则重构与秩序治理不断调整，世界各国竞争不断加剧、合作也不断深化，中国与东南亚国家间是目前来看，最有条件成为中国与全球开展国家发展战略对接的先行先试区域，可以积累与各类国家合作经验，成为探索并示范推广的重点优先区域。

一 回应世界和平与发展的时代主题

和平与发展需要各国秉持与捍卫开放、合作、共赢的国家间互动关系准则。坚持公平发展、开放发展、全面发展，反对各种形式的霸权主义、保护主义和单边主义，实现共商、共建、共享的基本理念，使各国

[①] 卢光盛、段涛：《"一带一路"视阈下的战略对接研究——以中国—中南半岛经济走廊为例》，载《思想战线》2017年第6期，第160—168页。

都能做世界发展的参与者以及贡献者,同时也成为受益者。坚持让发展成果更多更好地惠及人民,努力实现中国与东南亚国家经济、社会、环境协调发展。摒弃单边主义、霸权主义和"零和思维"等规则模式,推动顺应合作共赢时代发展潮流的新秩序,构建新规则和新治理。全球各国应以相互尊重、平等信任为基础,以相互支持为核心价值,以共同繁荣为目标,共同面对全球问题,共同担负起全球化带来的新责任。在各国战略互动中,应致力于平等信任前提下,积极主动开展相互支持,实现共同繁荣,并坚定不移推动和深化全球政治互信。与此同时,各国在战略对接中也应坚持独立自主,做到互不干涉内政,以和平共处五项原则为基础,恪守友好合作的基本准则,相互在外交上建立伙伴关系。通过共商共议,积极推动经济全球化不断发展,促进全球贸易自由化,通过市场机制与国际道义相结合,持续推动各国和区域发展振兴。

二 应对全球普遍危机与挑战的共同努力

全球一体化和信息全球化发展,要求各国加强应对恐怖主义、自然灾害、跨国犯罪等非传统安全威胁的合作,开展人道主义援助,共同应对气候变化。全球对非传统安全合作的机制建设和论坛平台建设需求持续提升。中国与东南亚国家多属发展中国家甚至不发达国家,经济社会发展和民生保障需求巨大,还面临粮食安全、资源短缺、人口压力、环境污染以及跨境犯罪等诸多共同挑战。在东南亚区域,澜湄合作机制的领导人、外长等会议沟通渠道和平台作用不断强化。中国—东盟自由贸易区、亚太经合组织(APEC)等多边机制发展趋势良好,中国进口博览会、博鳌亚洲论坛、中国—南亚博览会、中国—东盟博览会等平台促进多边国际交流合作功能不断提升。

三 构建共商、共建、共享的可持续国家互动模式

共商、共建、共享逐步成为世界各国间互动的准则。各国通过加强高层磋商,切实推动形成基于共识的系列多边框架规划,推动各国就"战略对接"达成共识并形成联合框架性文件。根据国际形势和国家间关系发展需要,世界各国也趋向于保持高层密切交往。通过不断调整、充实和完善各国间高级别对话交流机制,丰富国家间共商渠道架构、

机构职能和内涵共识。以区域整体关系发展为中心，加强政府各部门、地方和民间团体等多层次合作，推动双多边关系统筹协调发展，对区域一体化合作形成有益促进和补充。在尊重各国利益诉求与合作意愿基础上，与东南亚国家或者跨区域组织进行发展战略、规划以及各类优先政策的全面深入对接，将成为构建共商共建共享国家互动模式的趋势与途径。

四 顺应人类命运更加紧密相互共生共存的必然趋势

全世界共享一个地球，全球各国共处同一个世界，世界各国人民不可分割地相互影响、相互依赖。面对经济全球化、政治多极化、文化多样化和社会信息化不断发展，国际社会日益显现出"你中有我、我中有你"的相互共生状态。中国与东南亚国家发展战略对接的过程，既是各个国家各自发展的需要，也是中国与东南亚国家责任共担、发展共享的命运共系过程。按照亲诚惠容理念发展毗邻国家间关系，建立发达国家与不发达国家深化互利合作模式。倡导国家交往中正确的义利观，深化国家间务实合作，实现同呼吸、共命运、齐发展。中国与东南亚各国不仅要在经济上的合作日益紧密和谐，还应在维护社会安全上的合作日益互信可靠，更需在人文交流上的合作顺畅舒心，通过政治、经济和文化多领域搭建沟通平台，让命运共同体意识在次区域国家民众间形成共识。以文化上的"同心同向"为目标，不断凝结各国彼此的共同命运，推动利益共同体、责任共同体、命运共同体形成全球共识和发展方向。

第二节 发展挑战

中国与东南亚国家发展战略对接有良好基础支撑，也面临一系列阻碍和挑战，但整体上看动力大于阻力。对于缺乏区域共识、区域整体经济局势错综复杂、经济走廊国家发展水平参差不齐、贸易格局不均衡[①]、

[①] 阳茂庆、杨林、胡志丁:《"一带一路"背景下中国与中南半岛贸易格局演变及面临的挑战》，载《热带地理》2015年第5期，第55—663页。

基础设施的互联互通困难重重、非传统安全因素困扰加剧[①]以及中国推进统筹承接不力等具体问题，既是中国与东南亚国家发展战略对接面临的问题，也是"一带一路"倡议推进中面临的普遍问题。

一 各国对外开放与内部改革

国家发展战略对接需要国家开放与改革推动，通过国内规则改革与接轨国际形成战略对接的持续动力和保障。这需要各国推动国内规则与国际通行规则或者先进标准接轨，完善国内产业发展政策、环境治理政策、金融便利化政策、竞争保护政策、知识产权保护政策等方面的规章制度，清理与国际通行规则不相符的部分。各国应切实聚焦维护共同安全，合力应对区域传统和非传统的安全威胁与挑战，大力推进各领域安全合作，联合促进各自国家稳定以及区域和平安宁。虽然，现代社会各国均强调开放与改革作为国家发展的根本遵循。然而，在具体领域和实施层面仍然存在诸多现实阻碍。例如，面对日益严重的恐怖主义等"现实紧迫"安全威胁，执法安全合作机制平台既存在缺失的问题，也存在沟通机制运转不力的问题，在统筹协调、整体推进各国执法安全合作存在诸多"不便利性"。尤其在合作打击分裂主义、民粹主义、恐怖主义、极端主义活动以及毒品、武器等方面，缺乏多边以及双边有效的政策协调。又比如，在共同面临的环境保护与污染治理等方面，缺乏各国协调一致的持续投入与合作。在跨界河流保护、应对气候变化的不良影响、跨境自然保护区建设、环境灾害应急等合作方面，缺乏长效以及高效协作机制，也未建立废物处理等领域的专门合作机制。此外，各国需要加大对内改革力度，提升对外开放水平。针对毗邻国家边境合作，通过加强口岸基础设施建设，提升通关便利化水平，探索新的产业、经贸以及社会管理新模式，推动边境地区构建合作园区以及自由贸易区。

二 国家间包容与合作

中国与东南亚国家文化多样，国家发展历程与目标也千差万别，导

---

① 卢光盛、周洪旭：《中国与东南亚国家反恐合作的态势、问题及对策》，载《云南师范大学学报》（哲学社会科学版）2016年第6期，第63—72页。

致国家间相互认同与包容合作存在诸多不确定性与阻碍。各国对当今世界的文化差异要有足够的理解与尊重，推动各国文明交流互鉴。中国与东南亚国家各文明间建设性协作不够，文明交流互鉴在推动区域进步与和平稳定中作用发挥并不明显。独立平等、互相尊重理念遵循不足，单边主义、霸权主义和地区主义影响仍十分明显，区域文化互鉴和共同发展的持续动力不足。中国与东南亚国家文化合作共同体建设缺乏实质进展，在追求本国安全与经济利益时，对其他国家文化平等和发展诉求兼顾不足，传统文化和现代文化共同发展存在分歧，更加平等均衡的新型全球发展伙伴关系阻力重重。尤其是在市场合作领域，缺乏包容与共赢市场规则体系，更多是贸易关税壁垒和非关税"隐形"阻碍。各国优先发展领域相互对接不力，缺乏务实合作，未能构建一体化市场，资源要素流通成本较高。整体市场需求未能充分刺激并有效供给，区域产业发展动能不足，缺少巩固区域合作关系持续发展的物质基础。各国对各自优势的充分挖掘不足，同时也对其他国家发展要提升客观认识，发现相互之间的合作点与突破口。互惠互利和相互理解原则遵循不够，在围绕各国发展战略对接时沟通不足，尤其在"一带一路"建设与东盟战略对接方面，地区一体化建设进程缓慢。中国—东盟自由贸易区升级发展成效不足，缺乏开放、透明和考虑彼此利益的机制建设。中国与越南、老挝、缅甸等周边国家间，以及东南亚各个国家间的边境合作与自由贸易区建设进展缓慢，围绕构建周边命运共同体，制定相关发展目标、规划与具体措施不力。

三　基础设施互联互通环节

在基础设施互联互通领域，国家间协商不力，重大项目推进的务实措施不足，中国与东南亚国家之间互联互通发展滞后，存在诸多瓶颈与断点。铁路干线建设方面推进乏力，除中老铁路推进顺利外，区域内铁路运输大动脉尚未建成框架。跨境公路建设合作不足，各国间均存在瓶颈路段和关键断头路段，无法满足甚至严重制约日益增长的运输需求。如中缅间的中国畹町口岸至缅甸105码间公路等级差、中缅北部跨境公路发展缓慢、中越铁路标准未统一贯通等。与此同时，跨境河流航运功能未能充分有效发挥，澜沧江—湄公河、红河、中缅伊洛瓦底江陆水联运等发展缓慢，航运合作机制有待进一步完善。中老、中泰铁路，中缅陆水联运等大项目推进乏力，边境地区经济区和产业园区、投资区和交通网发展缓慢，面向国际市场的产品交易中心、物流中心、仓储中心以及综合加工生产交易基地网络建设仍处于概念阶段，区域内跨境现代物流业水平十分低下。在跨境产业园区建设与合作方面，缺乏以自建、合建及"园中园"等多种方式的创新探索，难以成为区域产能合作基地。中国与老挝、泰国和柬埔寨重点方向以及铁路、产能等重点领域合作方面，缺乏集中规模化投入，难以激发后发动力和聚集效应，也未能有效开展基于可持续发展的市场化运作。在区域互联互通领域，总体上缺乏联合沟通与协调机制，在找准各自利益契合点，形成优先领域方向和项目清单方面，缺乏实际措施与成效。

四 外部介入与影响

中国与东南亚国家不可避免地参与世界经济和全球治理，也受域外大国介入影响，包括积极影响以及消极影响。全球市场既是中国与东南亚国家外部资源和动力，也是竞争对手与制约因素。在构建面向全球的新型伙伴关系方面，中国与东南亚国家间政治信任水平有待提升，中国—东盟国家"睦邻友好和平条约"还未全面签署以及完善，中国—东盟"命运共同体"构建仍处于概念发展阶段，中国与东南亚国家间关系由"量增"到"质变"仍需要更具魄力与创新举措。在中国与东南亚国家各领域务实合作方面，仍需进一步坚持以伙伴关系为依托，秉持共赢理念，不断巩固与扩大合作内涵和外延，推动区域治理规则体系创新发展。此外，各国之间政治耐心不足，在南海纷争、中国—东盟经贸合作等议题方面缺乏可持续对话与互动。

与此同时，从现实局势看，欧美、俄罗斯、日本等国家在东南亚地区合作有待协同，竞争日益激烈。中国与东南亚国家在与域外大国构建全方位新型大国关系方面，还缺乏更加公正与合理的国际秩序支撑，以实现和积累各国发展和维护新型国家关系的共同经验，推动中国与东南亚国家团结和共同利益实现。与域外国家间国际领域战略协作仍然存在缺失，在外交工作中缺乏优先重视就国际问题进行沟通，各自重大政策和行动缺乏事先协调，难以对国家间长期可持续合作的维系提供引领与保障。

第三节　政策思考

中国应围绕新型国际秩序和国际治理规则，推动构建中国与东盟新型战略伙伴关系，推动"一带一路"倡议同东南亚国家发展战略实现高效对接，构建新型"对接"理论体系和操作范式，统筹引导和推进"一带一路"在东南亚区域国家率先取得示范带动效应。

一　增强战略意图错位协同，提升对接动力因素契合度

战略意图是国家发展的基本理念和长久遵循，也是国家外交互动中的对外基本主观表达，构成国家间战略对接的基础信息支撑和首要考量前提。通过国家元首、发展战略、规划文件等一系列形式，在国家战略意图形成与表达过程中，实现"共同期盼"的协同，实现"合作发展"的错位，为国家间战略对接构建稳定持续的共同理念基础，探寻更加广阔的合作共赢市场空间。应积极推动国家之间智库合作，开展基于战略对接的可行性研究，以及针对拓展合作开展联合研究，动态形成双边、多边以及自身国别不同层级的战略规划，同时围绕实际需求拟定重点引领性项目清单。应突出针对各自资源优势的科学评估，寻找各自发展需求互补点，通过战略有效对接实现各国间的资源充分整合以及市场全面整合，带动政府合作，并逐步拓展和巩固民间合作。要在中国—东盟大框架下，充分研究各国现实情况以及发展需求，开展双、多边重大项目的合作可行性梳理，联合研究并构建形成不同优先实施层级的清单，不断丰富和明确推进先后时序，形成动态项目清单和资源库。在区域规则层面，通过共同建立诸如澜湄合作等新型机制，各国针对区域共同责任目标，共商、共建、共享推进规则和权利形成共识，逐步上升为区域规则，依次规范和引导更多早期收获项目有效实施，形成项目示范和带动。通过良性的竞争与合作使东南亚国家从中得到实惠，以此来兼顾各方的感受和顾虑，真正形成区域内国家间的相互支持和信任。

二 增强信息表达传递效率，提升对接互动信息对称度

战略信息的表达与传递是战略意图的对外延伸，也是国家间互动中对战略意图的主观表达和映射。战略信息的表达决定于战略意图本身，但通过表达与传递效率把控，也反作用并塑造战略意图。通过权威稳定、全面持续、充分沟通、良性反馈等表达与传递实施，才可以确保战略意图准确表达、正确认知和高效沟通，避免信息不对称式沟通以及技术误解误判。中国与东南亚国家之间，应加快建立健全更多层级交流机制，从各国中央政府及领导人互访，到毗邻以及重点地方各级政府之间常态化沟通渠道，形成高层战略谋划与基层解决实际问题相互配合的国家间信息表达机制。针对国家间达成合作的协议，深化各国间层次丰富、渠道畅通的政府以及市场对话平台，加强各国国家部门、地方政府、市场企业之间信息交流，搭建争端处理与调解机制，促进相互之间的理解与信任。开展包括国家议会以及政党之间的高层沟通，通过决策层面信息传达效率的提升，促进战略信息的沟通与共识。充分发挥民间组织力量，重视媒体合作，构建智库常态化沟通机制，支持各国间开展各种形式交往合作，全方位增进民间相互了解。智库层面就大型基础设施建设、建立更高层次的政府间合作机制、发挥地方政府和社会组织作用等重大问题不断深化研究，做好政策储备。

三 共商共创收益增量，培育良性和可持续对接主动力

在经济深度全球化和各国发展内需不断强烈的当前时期，战略对接持续发展的核心动力仍然是经贸合作。区别于国家间安全竞争与政治结盟，经贸合作可以通过资源整合与共赢合作，按照共商、共建、共享原则，创造出新的市场增量和收益空间。通过国家间合作共同开发第三方市场，共同创造市场空间和收益增量，进而形成国家间战略对接的持续动力。推动签署"产能合作联合声明""交通运输便利化协定"等重点领域合作框架，并加快实施协议的执行落地。针对能源等基础领域合作，坚持长期互利、共同开发、共享发展以及可持续原则，积极构建能源战略伙伴关系，务实开展能源领域合作。尤其是针对东南亚部分国家基础能源供应不足、能源网络建立不够完善等迫切需求，强化对外援助力度，

创新方式方法，开展多种形式的援建、合建以及联合运营等，形成能源基础带动。继续巩固各国之间的经贸往来，提升贸易便利化和投资便利化水平，突出重点领域以及新型业态，挖掘各国经贸合作潜能。鼓励以农业合作为重点，广泛推进农林牧渔等深度农业合作，围绕农业合作产业园为基地，完善农业投资相关保护机制。加大各国在检验检疫领域的技术合作，采取跨境合作以及窗口前移等形式，探索两国及多国间市场一体化监管合作。加大科技合作力度，共建科技合作基地和联合实验室。增强对知识产权的保护合作，为市场公平竞争和企业创业提供良好执法环境。充分挖掘各国产业差异化特点，发挥各国资本、技术、人才、金融等市场资源的比较优势，推动产业发展与资本双向投资相结合。积极倡导企业社会责任以及境外公共意识，争取吸纳当地民众参与项目合作，切实保护当地环境和资源，为各国可持续双向投资夯实基础。

四 拓展对接利益接合点，提升内部对接动力

中国与东南亚国家发展战略对接既是基于全球化的一部分，也是区域一体化的重要实践。在现实推进层面，既需要共同面对外部市场，共创增量收益形成外部动力，也需要共同面对内部市场，提升内部效能、减少内部耗损，通过降低内部成本提升内部动力。应以基础设施互联互通为首要，科学错位各个国家国内自身的产业功能和市场布局，合理构筑资源整合与合作发展格局。加快推进支撑性基础项目落地，推动资源和环境可持续，扩大产能及民生合作，形成内部一体化协同发展的低成本、高效益机制。

推动与东南亚国家间种植业合作，开展规模化种植、产业化经营、专业化生产，提高周边国家农业发展水平。发挥农作物技术和产业优势，鼓励企业在建立生产基地，积极开展甘蔗、茶叶、水果、咖啡等特色经济作物种植，并通过示范种植、订单带动、科技推广等方式，带动当地种植业发展。根据各地气候特点和资源条件，适应国际市场需要，优化种植结构，推广先进种植技术，提升农业科技含量。支持农业品牌化建设，合作开展 GAP 认证，生产高品质无公害农产品、绿色食品、有机食品和地理标志农产品，提升增值空间。开展东南亚国家间农副产品加工业合作，支持建设农产品生产加工基地，特别是天然橡胶、咖啡、茶叶、

甘蔗、大豆、大米、玉米等作物和水产品、畜牧产品加工基地，提升农产品附加值。支持建设现代农业示范园区，开展科技示范、科教培训，推广现代生产技术、质量安全检测技术、食品加工装备，推动优良品种、农机设备、农技人才等加快流动。支持企业引入一流生产技术，采用国际先进标准，开展农产品深加工，面向国际市场销售。利用区域生物资源优势，引进高端国际医学研究和医疗资源，建设国际联合实验室、高水平医学中心和传统医学交流中心，推动传统医药合作。

五 有效应对影响因素，降低对接的外部干扰

在中国与东南亚国家发展战略对接中，一方面应积极面对域外大国介入，化竞争因素为潜在合作以及市场空间；另一方面还应积极构建区域内外合作规则体系，塑造公平、公正国际新秩序和新规则。与此同时，还应注重对区域内机制平台的建设与运用，以此反作用于外部因素。积极推动以联合国为核心的国际多边机制不断发展，倡导以对话解决冲突的渠道和平台建设。针对地区重大安全和稳定问题，采取广泛协作方式，以公开、公平、公正和透明方式共同应对。在以国际法为核心的基础上，积极发挥各国主动性，实现发达国家与发展中国家以及不发达国家共同书写国际规则。与此同时，要共同专注于区域内机制平台的功能提升，通过内部协同水平的发展，增强外部应对效果。加快推进澜湄合作等新型机制建设，同时注重与大湄公河次区域经济合作以及亚洲开发银行等传统区域机制的相互协同，为多边机制发展提供更多经验。积极融入和发展中国—东盟合作机制升级版建设，推进"21世纪海上丝绸之路"与老挝陆联国、泰国东部经济走廊等充分对接，构建中国与东南亚国家内部强大的公共产品供给体系，共促"命运共同体"意识不断形成区域性共识。借助澜湄合作机制经验，在国际和地区事务中，构建更加密切有效的协作机制及平台，共同促进地区的和平稳定和繁荣发展。加强在重大区域性甚至全球性问题上的沟通，建立专门和常态化协调机制，建立健全宏观经济、具体政策以及重大项目的协调机制，完善非传统安全以及灾害共同应对机制，为实现世界和平、稳定、繁荣提供更多区域公共产品。

六 建立平等互信关系，加强对接高层级稳定性

平等是国家主权独立的必然体现，也是国家发展战略对接的逻辑起点。国家发展战略对接是国家动态决策过程，需要在一系列不确定因素中做出决策，并与对方国家达成共识。通过平等沟通与协商，建立互信关系，能更加迅速达成战略对接的共同愿景，一方面成为战略对接的基础支撑，另一方面也成为战略对接克服干扰因素、实现持续发展的保障。发挥智库作用，建设好智库联盟和合作网络，建立智库网络联盟。举办媒体交流年加强两国媒体新闻领域合作，举办大型媒体活动、推广广播、电影与电视节目、翻译出版图书、扩大无须国际通讯社中转直接进行的视频资料和日常信息交换，以及加强其他领域合作。鼓励媒体、智库、妇女、青年等交流，打造媒体论坛。

积极致力于扩大人文领域交流合作，不断增进友谊，巩固社会和民意基础。用好历史文化遗产，联合打造具有丝绸之路特色的旅游产品和遗产保护，挖掘南方丝绸之路文化遗产，联合申报世界文化遗产。在文化、体育、医疗、卫生领域，创新合作模式，推动务实项目落地见效，相互参与各国重点文化艺术节庆活动，联合举办文艺展演，共同举办大学生运动会等体育赛事。继续鼓励各国青年友好交流与互学互鉴，传承世代友好理念。切实重视旅游及基础润滑作用和产业带动作用，完善共同旅游市场规划，联合开发旅游产品，共同打造高品质旅游跨境服务，积极探索边境以及跨境旅游环线合作。推动教育领域合作，尤其是针对职业教育优先领域，不断扩大互派留学生及奖学金规模，探索学历以及职业资格证书互认，鼓励联合办学和国际化办学。建立国际次区域合作学院，为满足次区域合作搭建培训教育的平台，培养更多熟悉各国国情、政策、文化，具有国际合作专业知识的人力资源队伍。加强防灾、减灾、救灾领域合作，重点在专家培养、救援技术分享、风险评估等方面开展务实合作。

七 强化国际规则塑造，构建开放地区主义秩序环境

当前国际秩序面临单边向多边、霸权向协商、逆全球化向全球化不断挑衅的严峻挑战，国际规则体系的不确定性和非公平性趋势更加突出。

国家发展战略对接概念本身即是在开放、合作、共赢全球治理新秩序需求背景下的探索与运用,既需要遵循现有国际规则体系,也需要通过中国与东南亚国家相关实践,引领与塑造新型国际规则体系,形成良性互动以及对全球的贡献。应树立共同聚焦可持续发展的目标,围绕双边以及多边和区域合作的规则体系,秉持基于包容性合作,以及全球化共享等理念,共建全球新秩序治理的新规则。积极参与中国—东盟及澜湄合作相关平台建设,以自由贸易区为目标,主动推动区域经贸与投资规则体系完善与提升。坚决维护全球经贸多边主义体系,积极行动参与全球多边经贸规则制定,为新兴经济体、发展中国家以及周边国家在国际经济格局中谋求更多话语权。

与此同时,应针对中国与东南亚国家现实需求,重点加强澜湄合作等核心规则平台建设。通过澜湄合作等国际合作机制,倡导先进的全球治理理念,制定国际认可的通行规则和标准,促进国际经济合作的公平、互利与透明,从而引领当今国际政治经济秩序的改革方向。大力推动中国—东盟自由贸易区升级版建设。加快中老、中缅、中越以及中老泰等双多边机制建设,形成规则探索与引领效果。鼓励开展云南—越北、云南—老北、广西—北部湾以及滇缅等地方机制平台建设,探索次区域以及地方层面合作经验,完善边境治理与共同发展规则体系。

八 推动中国与东南亚国家向命运共同体发展

以接壤国家为优先,以毗邻东南亚国家为重点,推动和谐边境共建与共同发展,以中国—中南半岛经济走廊等廊道为重点,构建绿色、健康、智力、和平的中国与东南亚国家经济廊道发展网络。充分利用澜湄合作机制,强调国与国之间的共生共荣,正视并科学地对待他国发展选择,尊重彼此的国情与历史传统。在澜湄合作层面上进行聚焦,协同大湄公河次区域合作机制,充分发挥中国与东南亚国家山水相连的地缘特点,利用亚洲共同人文和渊源相通的优势,在次区域合作新理念中,主动完善和倡导命运共同体建设的相关内容,为以澜沧江—湄公河合作机制为代表的"一带一路"新平台建设提供有力支撑,服务"一带一路"倡议全面和深入推进。

在中国与东南亚各国双边关系的层面,优先设计并推进与中国关系密切国家，尤其是合作基础扎实、政治互信度高的国家，加快命运共同体建设并取得突破，形成示范。推动构建新型周边外交关系，打造中国与东南亚区域合作的升级版，为东盟共同体合作发展机制化建设发挥先导作用。在中国—东盟地区合作层面上的整体推进，加强政策沟通、道路联通、贸易畅通、货币流通、民心相通等多个方面的互联互通。充分依靠中国与东南亚国家既有的双多边机制，与中国—东盟等区域合作平台互动。以中老两党《关于构建中老命运共同体行动计划》为标志工程，通过利益融合和文化沟通，为人民搭建友谊平台，形成人文交流友好频繁、经贸合作互通有无、战略对接同心同向的共赢格局，示范带动中国与东南亚国家"人类命运共同体"的最终实现。

第七章

结 束 语

对国家间发展战略互动关系的研究是维持国家发展良好国际环境的关键途径,是深入推进"一带一路"倡议的必然要求。对于东南亚国家来说,既是中国国家发展战略制定的关键考量,也是战略执行的重点地域,更是试验战略全球协同的核心区域。

一 战略对接的理论建构

"对接"概念可以归纳为国家主权管辖权涉及区域合作领域,国家间通过主动磨合和调适,共商、共建、共享形成互利和稳定状态的"高阶"合作。国家发展战略的对接包括发展阶段、发展思路、发展目标以及发展规划的对接,是最终形成合作共赢新型国际关系的实践。经济全球化促进了国家产业自然分工,进而形成了国家经济发展战略的自然对接。而政治冷战化促进了全球外交冷战化,阻碍了经济发展战略对接的升级发展,在市场自主配置或者说对接的同时,需要围绕国际规则进行国际调控性对接。战略对接的阶段分为战略评估与决策、战略执行与反馈、战略互动与协同三个阶段,战略对接的影响因素体系包括内部动力、外部影响和国际机制等,阶段与因素叠加组合并权重互动即形成评估系统。战略对接的核心目标是共赢共享,关键路径是链式错位,首要策略是沟通协作。但国家发展战略本身就是个复杂行为。在传统国际关系理论分析方法的基础上,初步提出了"战略对接"理论分析框架体系。但对于战略对接作为构建新型国际秩序"应然"范式,在功能阶段细分、影响要素拓深、分层模型构建、互动机制推演、动态案例运用分析以及论证"战略对接"理论单列发展可行性等方面,应继续批判和延展,完善新型国际规范、机制、制度和体系等国际关系协调新工具。可见，战略对接是更高阶的国际关系互动体系，并可以从以下几个方面进行理论建构。

（一）对接是基于错位发展的高阶合作形式

"对接"概念可以归纳为国家主权管辖权涉及区域合作领域，国家间通过主动磨合和调适，共商、共建、共享形成互利和稳定状态的"高阶"合作。[①] 在以上定义的基础上，从合作形式的"高阶性"、合作行为的主动性、合作原则的共商共建共享、地区主义的开放性、对接过程的磨合调适性、对接实质的利益创造和分配性等方面，对国家发展战略对接的理论内涵进行梳理建构。在国家发展战略对接的实施过程中，要实现"高阶"合作，必须以国家间资源错位和互补性合作为目标，倒推设计国内优势资源挖掘和特色产业培育。国家间战略对接的表象是合作，前提是有共同增量收益的预判，动力是实现共同发展和利益的合理分配。在全球化市场和产业链角度看，必须通过错位发展创造合作的潜在空间。因此，培育各国基于各自优势资源和特色产业的发展诉求，是各国可以可持续对接与合作的动力之源。

（二）战略对接可分为聚焦国家发展战略互动的三个阶段

从阶段过程方面，提出国家发展战略对接可划分为战略评估与决策、战略实施与反馈、战略互动与调适三个阶段，并针对不同阶段过程，结合中国与东南亚国家之间的战略互动实践，进行全过程的系统性阐述，最终提出主动型、联动型和关联型等三类战略对接阶段的不同类别。在各个阶段中，要充分发挥国家的战略思维和长远目标，减少国内政治和社会民众意识对国际企业市场化合作的干扰和阻碍。国家发展战略既可以实现国内资源的充分整合性，也会带来国内消极因素的外溢和消极影响。从国家发展战略拟定方向来看，必须站在全球以及全人类角度，才能理解区域甚至全球命运共同体的思维。而国家内部的政治体制错综复杂，尤其是社会民众意识受外部影响较大，会干扰和阻碍国际市场中的企业市场化合作，以及由此影响国家间战略对接的动力体系。

[①] 卢光盛、段涛：《"一带一路"视阈下的战略对接研究——以中国—中南半岛经济走廊为例》，载《思想战线》2017年第6期，第160—168页。

(三) 对接动力三因素的核心仍然是利益

从动力因素方面，提出国家发展战略对接动力因素主要包括国家安全、国家利益和文化认同三个因素，并分别从战略对接维度进行阐述，最终提出国家发展战略对接的动力因素，要在考量保障安全底线的基础上，以国家间利益合作并创造增量为主要目标，兼顾国家文化交流与规则合作，形成互利共赢和可持续战略对接动力体系。无论从国家、社会、企业、个人还是国际组织等参与方分析，国家战略对接虽然涉及众多参与方，但合作与竞争的核心动力仍然是利益，仍然是以市场利益为代表的发展利益。因此，引导和约束国家利益合作竞争的实施主体——企业，在对接动力培育中显得十分重要。国家利益合作与竞争的核心是利益，利益的载体就是以企业为主的市场主体。在国际市场上，国家间利益的动态调整通过企业的合作与竞争予以实现。国家发展战略的设计和实施上，一方面要以战略对接的对象国为目标进行考虑和设计，另一方面也要针对市场规则和企业特性，进行市场化的引导和培育。

(四) 对接两层次模型升级转换的关键仍然是政治互信

在国家发展战略对接机理模型方面，分类分析硬资源和软资源不同对接机理，进而归纳战略对接高和低的两层次模型，提出竞争、中性、合作与共生四类基本关系。与经济学领域针对企业主体不同，国际关系领域针对主权国家主体，更趋于社会学领域针对社会人主体，不仅具有单纯的利益驱动和抉择，更具有国家身份和国际形象的"国家身份建构与认同"，因而从国家间相互了解、认可和信任方面，能对国家行为产生较大影响。对于对接层级的提升，要注意以政治互信为主要考量因素。通过政治互信的增强，提升国家间稳定合作的可预判性和可持续性。相互信任是国家间战略对接的前提，一方面包括双方国家双边之间的信任关系，主要体现在国家首领和外交官员之间的良好沟通与默契，也体现在国家间重大合作项目的协调一致；另一方面，国家间战略的政治互信也包括对区域乃至世界发展主题的认同，以及对超越自身的全球发展方向和理念的共识，这主要体现为在区域规则以及国际秩序方面发出"共同的声音"。

二 中国与东南亚国家战略对接分析结论

总体看，中国与东南亚国家战略对接仍处于"探索与建构"初期。一方面由于东南亚国家大都规模较小、实力不强且内部一致性较涣散，各自基于自身国家不断变换的现实需求，以及受制于变动频繁的政权政体，更倾向于竞争性合作理念。东南亚区域一体化发展缓慢，难以形成可以支撑战略对接所需的外部环境。另一方面，中国一直强调和平崛起以及共同发展理念，基于此提出"一带一路"倡议，进而提出战略对接等国际秩序新模式、新路径和新规则，却也呈现出口号多、概念多、理论体系少、具体内容不明晰等弊端，缺乏自身理论体系的丰富与完善，难以对区域各国达成理念共识提供基础支撑。

（一）区域未形成普遍性合作理念

当前，国际形势变幻剧烈，国际社会结构不断重组，国际秩序与规则面临进一步重构，各类新旧理念纷繁复杂、粉墨登场，既为新理念提供了发展新空间，也为一些错误的旧理念提供了滋生可能。战略对接作为构建国际新秩序的中国方案，也只是在中国提出"一带一路"倡议，并在一系列国际合作实践中逐步完善和发展的国家互动模式。因而，作为新兴概念的战略对接，除了自身缺乏完整理论框架和实践体系外，也缺乏对东南亚国家乃至国际社会的深入了解。此外，作为国际社会国家间互动新模式，战略对接过程也需要各国直接参与，并由各国的实践经验进行逐步充实完善，这本身就是个动态过程。但面对自身发展以及国际社会诸多挑战与问题，各国也出现单边主义、狭隘民粹主义、封闭排外等思想的发展。尤其是在一些具体问题和眼前利益的处理上，诸如领土领海分歧、贸易顺逆差、跨境污染治理与犯罪打击投入等方面，更体现出不顾其他国家和长远可持续发展需求的国家行动。与此同时，随着全球经济一体化发展深入推进，区域内国家间经贸往来日益密切，共同利益同样伴生分歧与猜忌，导致零和博弈理念不断上升，甚至通过周边制约、区域牵制、外部平衡等方式，试图通过打压别国实现和保障本国发展。

（二）规范性规则与技术路径缺乏共识

从初步构建的理论体系来看，国家发展战略对接主体为主权国家，客体为国家主权管辖权涉及区域合作领域，通过共商、共建、共享形成互利和稳定合作状态为共同目标，方式是开展持续主动磨合和调适。因此，战略对接的过程本身也是在达成共同目标的前提下，在规则与路径上形成协同的过程。这需要对接双方国家采取相对一致的规范性规则，包括开放包容的目标一致、共商、共建、共享的路径一致以及主动磨合和调适的方法一致。然而从现实来看，中国与东南亚国家在国家政体方面存在很大差异，国家战略水平与国家治理能力也各不相同。中国与东南亚国家并未形成较为稳固的开放包容目标体系。例如在总体国家发展战略方面，中国一直致力于构建社会主义国家，并致力于全球和全人类共同发展；越南重视南北协调发展和领海保护；老挝以及柬埔寨重视社会经济发展；缅甸重视国内统一、民族团结和开放改革；泰国注重经济转型升级以及培育更强国际市场竞争力；新加坡注重保持全球最具竞争力自由贸易港以及创新国家地位；马来西亚和印度尼西亚等国家注重自身海洋经济和区域地位提升。有的国家具有相对成熟的国家发展规划能力和技术水平，有的国家则存在不同程度的内部封闭以及外部依赖状况。

与此同时，从战略对接的过程来看，战略评估与决策、战略实施与反馈、战略互动与调适三个阶段都分别具有不同的特征，也对应需要不同的规范性规则与技术路径。而中国与东南亚国家在这方面能力水平参差不齐，也缺乏普遍性的共识。在战略评估与决策阶段，有的国家缺乏以开放理念释放自身战略诉求的能力，在此基础上并不具备合理且成熟的决策机制，包括决策信息收集和处理技术能力，以及民主公开的决策流程规范。在战略实施与反馈阶段，有的国家缺乏以包容理念对待别国战略主张的能力，未能全面彻底和准确一致地释放战略信息，无法及时和客观地反馈战略诉求，在建立传递通畅、交互高效的信息沟通渠道，以及能公正和共商处理反馈信息的外交能力等方面存在不足。在战略互动与调适阶段，有的国家缺乏以互利共赢理念处理战略分歧的能力，未能积极开展战略互动，也未能错位进行战略调适，未能共创增量收益扩大合作动力，难以创造更大的合作公约数。此外，中国与东南亚国家也缺乏对发展战略对接动力因素的全面共识。一些国家侧重于国家安全，一些强调国家利益，一些则固守文化认同，未能达成保障安全底线的基础共识，未能达成以国家间利益合作并创造增量为目标共识，未能形成互利共赢和可持续战略对接动力体系。

（三）国际公共产品与服务供给的系统支撑不足

国家发展战略对接是基于全球一体化的宏大视角，核心是通过资源整合，克服国际秩序无政府状态导致的"零和博弈"趋势，克服国际市场资源配置失灵的影响，并由资源整合产生战略对接的增量收益，实现"1+1大于2"的效果。这需要构建国际或者区域协作系统，供给有效的公共产品与服务。但从目前中国与东南亚区域现状看，存在大量各类区域内外合作机制以及国际组织，包括东盟以及东盟10+1、东盟10+3、大湄公河次区域经济合作、澜湄合作等合作机制，也包括亚洲开发银行、亚洲基础设施投资银行等各类国际组织。一方面类似东盟等机制本身较为松散，且一定程度上受域外影响，难以提供基于本地区真正发展需求的国际公共产品；另一方面类似大湄公河次区域经济合作等机制本身发展创新不足，难以提供开创性和务实性国际公共产品。从整体上看，面对新型全球一体化以及国际新秩序构建大背景，中国与东南亚区域仍然缺乏具有新型全球创新视野的国际公共产品和服务供给系统，在区域合作乃至一体化发展方面缺乏务实成效。无论从信息情报收集处理、智库咨询服务、媒体引导等方面，还是国际合作规则、风险防控、损失救济、纠纷仲裁、制裁激励等方面，均亟待突破传统模式，构建更具时代性国际公共产品和服务供给系统，推动区域内国家发展战略对接，实现互利共赢合作。

（四）未形成应对与协同外部介入的良性局面

中国与东南亚国家发展战略对接持续面临着外部风险与挑战，既有来自美国、日本、印度等大国的战略性防范、挑战与分化，又有东南亚国家对"一带一路"倡议的疑虑与担忧。[①] 从战略对接动力因素来看，硬资源和软资源具有不同对接机理，其中相对于软资源来说，硬资源的整合更需要对接双方的错位，以此为竞争中的合作提供更大的潜力和空间。然而，从当前中国与东南亚国家的发展阶段来看，大多数东南亚国家之间发展阶段和产业及消费结构均趋同，导致各自国家发展战略之间缺乏

---

① 熊琛然：《"一带一路"建设在中南半岛面临的挑战与中国地缘战略重构》，载《东南亚纵横》2016年第4期，第3—9页。

错位，进而难以形成稳定的内部合作状态，极易受到外部介入的控制与影响。此外，东南亚国家长期形成外部平衡和大国平衡思维，对东南亚区域内毗邻国家反而存在猜忌。这不仅在经贸投资领域，也在互联互通、基础设施、关键产业及技术，甚至社会政治等战略领域，也一定程度上助长和提高了外部介入的可能性以及程度。

因此，"一带一路"倡议将对中国与东南亚国家间的发展战略对接产生重要且深远影响。体现在中国与东南亚国家发展战略对接上，中国坚持走改革开放道路，坚持以开放参与全球竞争，以改革增强自身动力，采取了以国家内部创新发展提升国家权力之路，从而获得战略对接中更高的权力位序。而东南亚国家则通过东盟这一成功的多边联盟形式，形成弱国结盟来获得数量上的群体合力效应，增强了在国际舞台投票权数的相互协同统一，从而实现自身国家权力外衍式提升。但东南亚国家自身权力相对较弱，以及相互间市场体制的趋同性，导致外交诉求的竞争性，削弱了东南亚国家之于东盟"1+1大于2"的实际影响力。中国与东南亚国家间发展战略对接将以国家综合实力为基础，通过国际制度的不断磨合和协调，形成区域竞争与合作状态的动态平衡，并逐步向和平、开放、包容、互利的命运共同体发展。

参考文献

一 中文文献

（一）著作

曹卫东：《中国"一带一路"投资安全报告（2015—2016）》，社会科学文献出版社2016年版。

崔晓麟：《东盟黄皮书：东盟发展报告（2017）》，社会科学文献出版社2018年版。

方长平：《国家利益的建构主义分析》，当代世界出版社2002年版。

黄仁伟：《中国崛起的时间和空间》，上海社会科学院出版社2002年版。

黄兴球、庄国土：《东盟黄皮书：东盟发展报告（2012）》，社会科学文献出版社2012年版。

江帆：《东盟安全共同体变迁规律研究》，中国社会科学出版社2013年版。

梁英明：《东南亚史》，人民出版社2010年版。

刘一姣：《中国东盟经贸关系中的竞合》，中国经济出版社2015年版。

钮先钟：《孙子三论：从古兵法到新战略》，广西师范大学出版社2003年版。

钮先钟：《西方战略思想史》，广西师范大学出版社2003年版。

彭文平：《经济安全与东盟区域经济合作：以东盟自由贸易区为个案》，世界知识出版社2014年版。

祁广谋、钟智翔主编：《东南亚概论》，世界图书出版公司2013年版。

时殷弘：《国际政治与国家方略》，北京大学出版社2006年版。

王子昌：《东盟外交共同体：主体及表现》，时事出版社2011年版。

熊武一等编著：《军事大辞海》，长城出版社2000年版。

许树柏：《层次分析法原理》，天津大学出版社1988年版。

阎学通：《中国国家利益分析》，天津人民出版社1996年版。

杨保筠：《中国文化在东南亚》，大象出版社2009年版。

杨善民：《"一带一路"环球行动报告（2015）》，社会科学文献出版社2015年版。

杨晓强：《东盟黄皮书：东盟发展报告（2015）》，社会科学文献出版社2016年版。

杨晓强、庄国土：《东盟黄皮书：东盟发展报告（2014）》，社会科学文献出版社2015年版。

杨毅：《全球战略稳定论》，国防大学出版社2005年版。

张洁主编：《中国周边安全形势评估（2016）——"一带一路"：战略对接与安全风险》，社会科学文献出版社2016年版。

张云：《国际政治中"弱者"的逻辑》，社会科学文献出版社2016年版。

[美] 奥兰·扬：《世界事务中的治理》，陈玉刚、海燕译，上海人民出版社2007年版。

[美] 彼得·卡赞斯坦：《国家安全的文化：世界政治中的规范与认同》，宋伟、刘铁娃译，北京大学出版社2009年版。

[英] 伯兰特·罗素：《权力论》，吴友三译，商务印书馆1991年版。

[美] 肯尼斯·沃尔兹：《现实主义与国际政治》，张睿壮等译，北京大学出版社2012年版。

[美] 罗伯特·基欧汉：《霸权之后：世界政治经济中的合作与纷争》，苏长和、信强、何曜译，苏长和校，上海人民出版社2012年版。

[法] 夏尔-菲利普·戴维：《美国对外政策：基础、主体与形成》，钟震宇译，社会科学文献出版社2011年版。

[新加坡] 许通美：《美国与东亚：冲突与合作》，李小刚译，中央编译出版社2004年版。

[美] 詹姆斯·艾尔特、玛格丽特·莱维、埃莉诺·奥斯特罗姆：《竞争与合作：与诺贝尔经济学家谈经济学和政治学》，万鹏飞、常志霄、梁江译，北京大学出版社2011年版。

(二) 文章

阿隆、吴耀辉：《外交事务哲学的探讨》，《国外社会科学文摘》1965年第7期。

毕海东：《"一带一路"在东南亚面临的地缘政治风险与中国的政策选择》，《战略决策研究》2016年第2期。

薄贵利：《论国家战略的科学内涵》，《中国行政管理》2015年第7期。

苏长和：《自由主义与世界政治——自由主义国际关系理论的启示》，《世界经济与政治》2004年第7期。

陈菲：《"一带一路"与印度"季风计划"的战略对接研究》，《国际展望》2015年第6期。

陈慧君、冷树青：《国家间的竞争合作与借鉴创新》，《理论导报》2013年第6期。

陈敏华：《国家行为与属性的模塑——一种社会化视角的分析》，《国际观察》2004年第1期。

陈庆、梁炳猛：《牵制与竞争——21世纪初中美的东南亚战略》，《南洋资料译丛》2009年第2期。

陈水胜、席桂桂：《"一带一路"倡议的战略对接问题：以中国与印度的合作为例》，《南亚研究季刊》2015年第4期。

陈翔：《中越关系属性的四维分析》，《战略决策研究》2016年第1期。

陈遥：《中国—东盟政治互信：现状、问题与模式选择》，《东南亚研究》2014年第4期。

陈玉刚：《中国的大国关系与大国战略》，《当代世界》2014年第10期。

程心、尼文：《2015年东南亚地区经济形势：表现及展望》，《东南亚南亚研究》2016年第1期。

仇发华：《结构性地区主义与开放性地区主义——西欧与东亚的比较》，《当代亚太》2011年第2期。

储昭根：《竞合主义：国际关系理论的新探索》，《太平洋学报》2015年第8期。

崔宏伟：《中俄欧在中亚的能源竞合关系——地缘政治与相互依赖的制约》，《国际关系研究》2014年第2期。

董磊：《国际关系三大理论范式与国际安全观的建构》，《南京政治学院学报》2003 年第 4 期。

董漫远：《全人类共同利益与中国的和平发展》，《国际问题研究》2005 年第 5 期。

董柞壮：《联盟类型、机制设置与联盟可靠性》，《当代亚太》2014 年第 1 期。

杜兰：《中美在中南半岛的竞争态势及合作前景》，《南洋问题研究》2016 年第 3 期。

段涛、卢光盛：《中国—中南半岛经济走廊建设：进展、问题及对策》，《复旦国际关系评论》2017 年第 2 期。

房广顺：《和谐世界视角下中国外交战略的理论创新》，《东南亚纵横》2009 年第 7 期。

冯维江：《"一带一路"的战略对接》，《当代金融家》2016 年第 9 期。

冯维江、张斌、沈仲凯：《大国崛起失败的国际政治经济学分析》，《世界经济与政治》2015 年第 11 期。

甘均先：《中美印围绕新丝绸之路的竞争与合作分析》，《东北亚论坛》2015 年第 1 期。

甘雪春、邵建平：《中越战略命运共同体：内涵基础和建设路径》，《云南大学学报》（社会科学版）2018 年第 1 期。

高潮：《"一带一路"建设开局　中巴经济走廊成为旗舰项目》，《中国对外贸易》2015 年第 3 期。

苏格：《国际格局变化与中国外交战略》，《国际问题研究》2015 年第 4 期。

宫力：《跨世纪的中国对外战略和策略》，《科学社会主义》2001 年第 1 期。

郭隆隆：《中国战略利益与国际多边机制的关系（上）》，《探索与争鸣》2000 年第 11 期。

国家开发银行丝绸之路经济带的战略性项目实施策略——重点国家的战略评估与政策建议课题组：《欧洲经济一体化战略及其对"一带一路"建设的启示》，《国际研究参考》2016 年第 10 期。

韩敬：《我看儒家思想的历史作用》，《思想战线》1990 年第 3 期。

韩献栋：《同盟政治的安全困境——连累抛弃模型的解释力及其局限》，

《国际论坛》2006 年第 5 期。

胡宗山：《国际关系中的多边主义：概念、理论与历程》，《社会主义研究》2007 年第 4 期。

华倩：《"一带一路"与蒙古国"草原之路"的战略对接研究》，《国际展望》2015 年第 6 期。

黄梅英：《美国单边主义外交政策析》，《边疆经济与文化》2010 年第 2 期。

黄耀东、黄韬：《菲律宾：2015 年回顾与 2016 年展望》，《东南亚纵横》2016 年第 2 期。

黄瑛、罗传钰、黄琴：《文莱经济社会发展与"一带一路"建设的互动分析》，《东南亚纵横》2015 年第 11 期。

黄永弟：《"21 世纪海上丝绸之路"与印尼"全球海洋支点"的战略对接》，《宏观经济管理》2017 年第 3 期。

黄云卿、庞中英：《演进中的共生秩序与多重权力竞合——一种东亚地区治理框架》，《太平洋学报》2017 年第 25 期。

惠耕田：《层次分析视角下的国际竞争与合作》，《国际安全研究》2009 年第 2 期。

霍国庆、顾春光、张古鹏：《国家治理体系视野下的政府战略规划：一个初步的分析框架》，《中国软科学》2016 年第 2 期。

杰克·斯奈德：《一个世界，对立的理论》，朱雅文译，《国外社会科学文摘》2005 年第 3 期。

金英姬：《中国与印尼发展战略的对接与经济合作》，《太平洋学报》2016 年第 11 期。

金应忠：《为什么要倡导共生型国际体系——与熊李力先生对共生性学说理论批判的商榷》，《社会科学》2014 年第 9 期。

雷小华：《中国—东盟全面经济合作框架协议签署以来广西与东盟经贸合作分析》，《东南亚纵横》2012 年第 11 期。

李晨阳：《澜沧江—湄公河合作：机遇、挑战与对策》，《学术探索》2016 年第 1 期。

李晨阳：《中国东南亚政治研究的反思与建构》，《国际政治研究》2017 年第 1 期。

李进、杨艳明：《21世纪以来中国与老挝关系的发展》，《东南亚纵横》2016年第4期。

李强：《全球化、主权国家与世界政治秩序》，《战略与管理》2001年第2期。

李少军：《论国家利益》，《世界经济与政治》2003年第1期。

李少军：《探讨国际战略的研究框架》，《国际政治研究》2007年第4期。

李少军：《战略评估的理论视角》，《现代国际关系》2003年第8期。

李双双、卢锋：《中美当代"丝绸之路"战略比较分析》，《国际经济评论》2016年第4期。

李皖南、王亚琴：《从雅万高铁看中国印尼战略对接》，《亚太经济》2016年第4期。

李伟：《非传统安全与新国家安全观》，《国际政治》2003年第1期。

李晓燕：《战略文化与国家行为——江忆恩战略文化理论述评》，《世界经济与政治》2006年第7期。

李颖：《西方建构主义国际关系理论评介》，《国际政治研究》2001年第4期。

刘娟：《文化的社会意义与提升文化"软实力"的思考》，《扬州大学学报》（人文社会科学版）2009年第6期。

刘丽荣：《"一带一路"与中欧合作：对接发展的机遇与障碍》，《复旦国际关系评论》2015年第1期。

刘鸣：《建立新型大国关系的一项议题：国际规范与对外安全战略关系的协调》，《国际关系研究》2013年第6期。

刘青建：《中非合作发展的先导作用与"一带一路"倡议》，《当代世界》2018年第6期。

刘永涛：《西方新现实主义理论与建构主义批评》，《世界经济与政治》1998年第11期。

柳红霞：《国际关系理论视野下的国家权力》，《当代亚太》2007年第2期。

卢光盛、别梦婕：《澜湄合作机制：一个"高阶的"次区域主义》，《亚太经济》2017年第2期。

卢光盛、邓涵：《经济走廊的理论溯源及其对孟中印缅经济走廊建设的启示》，《南亚研究》2015 年第 2 期。

卢光盛、段涛：《"一带一路"视阈下的战略对接研究——以中国—中南半岛经济走廊为例》，《思想战线》2017 年第 6 期。

卢光盛、周洪旭：《中国与东南亚国家反恐合作的态势、问题及对策》，《云南师范大学学报》（哲学社会科学版）2016 年第 6 期。

陆建人、蔡琦：《"一带一路"倡议下中国与菲律宾的经济合作》，《国际经济合作》2017 年第 3 期。

路艳丽：《变动中的缅甸与中国对缅安全战略》，《学术探索》2017 年第 3 期。

罗梅：《新加坡：2015 年回顾与 2016 年展望》，《东南亚纵横》2016 年第 2 期。

马博：《文莱"2035 宏愿"与"一带一路"的战略对接研究》，《南洋问题研究》2017 年第 1 期。

麦哲、谭晓梅、潘忠岐：《文化与国际关系：基本理论述评（上）》，《国外社会科学文摘》1997 年第 5 期。

毛艳：《制度化与国家间关系刍议》，《学理论》2014 年第 3 期。

梅冠群：《俄罗斯对"一带一路"的态度、原因与中俄战略对接》，《西伯利亚研究》2018 年第 2 期。

门洪华：《国际机制与中国的战略选择》，《中国社会科学》2001 年第 2 期。

门洪华、刘笑阳：《中国伙伴关系战略评估与展望》，《世界经济与政治》2015 年第 2 期。

门洪华：《如何进行大战略研究——兼论中国大战略研究的意义》，《国际政治研究》2004 年第 4 期。

聂军：《结构现实主义的国际相互依赖观及其形成机理》，《社会主义研究》2006 年第 4 期。

潘忠岐、谭晓梅：《论文化与国际关系——基本理论模式述评》，《欧洲研究》1996 年第 6 期。

庞中英：《论"一带一路"中的国际"对接"》，《探索与争鸣》2016 年第 5 期。

彭金智：《关于"合作竞争"的若干思考》，《现代经济探讨》2002 年第

7 期。

秦亚青：《多边主义研究：理论与方法》，《世界经济与政治》2001 年第 10 期。

秦亚青：《关系本位与过程建构：将中国理念植入国际关系理论》，《中国社会科学》2009 年第 3 期。

秦亚青：《国际体系的无政府性——读温特〈国际政治的社会理论〉》，《美国研究》2001 年第 2 期。

秦亚青：《国际政治的社会建构：温特及其建构主义国际政治理论》，《欧洲》2001 年第 3 期。

秦亚青：《国家身份、战略文化和安全利益——关于中国与国际社会关系的三个假设》，《世界经济与政治》2003 年第 1 期。

秦亚青：《建构主义：思想渊源、理论流派与学术理念》，《国际政治研究》2015 年第 3 期。

秦亚青：《全球治理失灵与秩序理念的重建》，《世界经济与政治》2013 年第 4 期。

苏若林、唐世平：《相互制约：联盟管理的核心机制》，《当代亚太》2012 年第 3 期。

苏珊·斯特兰奇：《全球化与国家的销蚀》，《马克思主义与现实》1998 年第 3 期。

邵峰：《大国竞合的四类主要分歧及化解之道》，《国家治理》2015 年第 25 期。

邵峰：《国家形象战略的逻辑模型及其对中国的启示》，《东南亚研究》2014 年第 6 期。

沈铭辉、张中元：《"一带一路"背景下的国际产能合作——以中国—印尼合作为例》，《国际经济合作》2017 年第 3 期。

石斌：《相互依赖·国际制度·全球治理——罗伯特·基欧汉的世界政治思想》，《国际政治研究》2005 年第 4 期。

时殷弘：《国家大战略理论论纲》，《国际观察》2007 年第 5 期。

时殷弘：《国家大战略理论与中国的大战略实践》，《现代国际关系》2004 年第 3 期。

宋伟：《国际政治系统理论的真正架构——浅析肯尼思·沃尔兹的结构现

实主义》,《世界经济与政治》2000年第8期。

孙吉胜:《国际关系中的言语与规则建构——尼古拉斯·奥努弗的规则建构主义研究》,《世界经济与政治》2006年第6期。

孙晋平:《国际关系理论中的国家安全理论》,《国际安全研究》2000年第4期。

孙利辉、徐寅峰、李纯青:《合作竞争博弈模型及其应用》,《系统工程学报》2002年第17卷第3期。

谭瑶:《21世纪海上丝绸之路建设研究综述》,《东南亚纵横》2016年第3期。

唐笑虹:《试析东南亚文化与东盟发展之关系》,《东南亚纵横》2009年第6期。

万军:《意识形态与国家利益关系研究综述》,《当代世界与社会主义》2007年第4期。

汪丁丁、罗卫东、叶航:《人类合作秩序的起源与演化》,《社会科学战线》2005年第4期。

王博煊:《美国"亚太再平衡"战略背景下的中国周边外交政策》,《东南亚纵横》2016年第3期。

王海萍:《供应链管理理论框架探究》,《经济问题》2007年第1期。

王虎、李明江:《支持、参与和协调：新加坡在实施"一带一路"倡议中的作用》,《南洋问题研究》2016年第4期。

王华:《治理中的伙伴关系：政府与非政府组织间的合作》,《云南社会科学》2003年第3期。

王鸣鸣:《国际战略决策中的三个问题》,《科学决策》2009年第9期。

王庆忠:《大湄公河次区域合作：域外大国介入及中国的战略应对》,《太平洋学报》2011年第11期。

王士录:《大湄公河次区域经济合作的国际关系学意义解读》,《当代亚太》2006年第12期。

王翔宇:《文明变迁对"一带一路"的影响分析》,《国际观察》2016年第1期。

王星宇:《日本对外经济援助政策新动向与中日"一带一路"合作》,《当代世界》2018年第7期。

王义桅：《在科学与艺术之间——质疑国际关系理论》，《世界经济与政治》2002 年第 9 期。

王逸舟：《国家利益再思考》，《中国社会科学》2002 年第 2 期。

王逸舟：《未来 10 年中国的国际关系、国际战略》，《国际关系研究》2013 年第 1 期。

王勇辉：《"21 世纪海上丝绸之路"东南亚战略支点国家的构建》，《世界经济与政治论坛》2016 年第 3 期。

王志远：《"一带一盟"：中俄"非对称倒三角"结构下的对接问题分析》，《国际经济评论》2016 年第 3 期。

魏炜：《均势的理论化及其对国际关系的影响》，《国际观察》2006 年第 1 期。

吴功荣：《全球化进程中的"国际利益"解析》，《现代国际关系》2003 年第 11 期。

吴建民：《中国外交需要大战略》，《国际关系研究》2013 年第 1 期。

吴杰伟：《菲律宾社会对中国"一带一路"倡议的反应》，《南洋问题研究》2016 年第 4 期。

吴思科：《"一带一路"框架下中国与中东国家的战略对接》，《阿拉伯世界研究》2015 年第 6 期。

夏征难：《克劳塞维茨战争哲学思想研究》，《哲学动态》1986 年第 12 期。

熊李力：《共生型国际体系还是竞合型国际体系——兼议亚太地区国际体系的历史与现实》，《探索与争鸣》2014 年第 4 期。

熊理然、胡志丁、骆华松：《次区域合作研究方向的变迁及其重新审视》，《人文地理》2011 年第 1 期。

薛力、肖欢容：《"一带一路"倒逼中国外交决策机制改革》，《东南亚研究》2016 年第 2 期。

杨怡爽：《跨界发展：从 21 世纪海上丝绸之路到亚洲生产网络的边界扩展》，《当代亚太》2017 年第 28 期。

叶航、汪丁丁、罗卫东：《作为内生偏好的利他行为及其经济学意义》，《经济研究》2005 年第 8 期。

叶静：《浅析多边主义的历史演变与当代发展》，《理论月刊》2008 年第

10 期。

尹继武:《单边默契、信号表达与中国的战略选择》,《世界经济与政治》2014 年第 9 期。

于京东:《国际关系中的边缘化战略》,《东北亚研究》2008 年第 2 期。

于立新、裘莹:《中国"一带一路"战略布局思考》,《国际贸易》2016 年第 1 期。

余珍艳:《印度尼西亚基础设施建设现状及"一带一路"倡议推进下中国与印度尼西亚合作的路径》,《东南亚纵横》2017 年第 6 期。

喻常森:《试论朝贡制度的演变》,《南洋问题研究》2000 年第 1 期。

岳鹏:《供需平衡原则对国家间战略对接成败的影响》,《国际关系研究》2015 年第 6 期。

昝廷全:《系统经济:新经济的本质——兼论模块化理论》,《中国工业经济》2003 年第 9 期。

昝廷全:《系统经济学的对象内容与意义》,《经济学动态》1996 年第 10 期。

昝廷全:《系统经济学的公理系统:三大基本原理》,《管理世界》1997 年第 2 期。

昝廷全:《系统经济学探索:资源配置新论》,《社科纵横》1992 年第 2 期。

昝廷全:《系统经济学研究:经济系统的定义与类型》,《兰州大学学报》1997 年第 1 期。

张成霞、罗进民:《东南亚国家文化中的中国文化影响》,《东南亚纵横》2014 年第 6 期。

张春:《主权国家转型与大国的未来角色》,《国际关系研究》2015 年第 1 期。

张贵洪:《竞争与合作:地区视角下的中印关系》,《当代亚太》2006 年第 12 期。

张骥、陈志敏:《"一带一路"倡议的中欧对接:双层欧盟的视角》,《世界经济与政治》2015 年第 11 期。

张建新:《建构主义国际体系理论及其社会结构观》,《世界经济与政治》2002 年第 12 期。

张文喜、李万鹰：《温特建构主义国家利益理论述评》，《国外理论动态》2007年第8期。

张宇燕、冯维江、刘玮：《当前中国面临的国际战略环境》，《新金融评论》2017年第5期。

张蕴岭：《变动中的亚太格局与应对之策》，《东南亚南亚研究》2016年第4期。

张蕴岭：《周边是中国崛起的战略依托》，《中国领导科学》2015年第10期。

章百家：《改变自己　影响世界——20世纪中国外交基本线索刍议》，《中国社会科学》2002年第1期。

赵铎：《非传统安全问题与国际安全合作》，《科学决策》2007年第2期。

赵可金：《从旧多边主义到新多边主义——对国际制度变迁的一项理论思考》，《世界经济与政治》2006年第7期。

赵可金：《中国对外战略的决策路径》，《决策与信息》2010年第11期。

郑安光：《"分合论"的世界观和当代世界政治中的权威迁移——解读詹姆斯·罗斯诺的全球治理思想》，《国际政治研究》2004年第2期。

郑国富：《"一带一路"建设背景下中国与文莱双边贸易合作发展的提升路径》，《东南亚纵横》2016年第4期。

周桂银：《中国周边外交的当前态势和未来重点》，《东南亚研究》2017年第1期。

周建仁：《战略分歧、自助能力与同盟解体》，《世界经济与政治》2013年第1期。

周鹏：《指向合作与和谐的理论——2005年度诺贝尔经济学奖得主学术贡献评介》，《经济学动态》2005年第12期。

周士新：《演进中的中越关系：转型与前瞻》，《东南亚纵横》2016年第6期。

朱杰进、黄超：《交往密度与国际体系的演变——约翰·鲁杰建构主义思想述评》，《国际政治研究》2015年第1期。

庄国土：《略论朝贡制度的虚幻：以古代中国与东南亚的朝贡关系为例》，《南洋问题研究》2005年第3期。

（三）学位论文

代江花：《阿诺德·沃尔弗斯国际政治理论初探》，天津师范大学，硕士学位论文，2009年。

傅云威：《美国"亚太再平衡"战略和新形势下的中国对策》，外交学院，硕士学位论文，2016年。

高衍玉：《论中国国家利益的实现》，山东师范大学，硕士学位论文，2007年。

郭安娜：《当代中国与东南亚国家政党外交研究》，外交学院，硕士学位论文，2016年。

姜志达：《中美规范竞合与东亚秩序重塑》，外交学院，博士学位论文，2014年。

李眉颖：《战略文化视角下的东南亚国家安全战略选择》，国防科学技术大学，硕士学位论文，2012年。

刘舸：《冷战后美国霸权战略与世界格局走向》，解放军外国语学院，硕士学位论文，2001年。

刘智勇：《中国国家身份与外交战略的选择（1949—2004）》，外交学院，博士学位论文，2005年。

娄季芳：《国际比较视角下的人民币国际化研究》，中共中央党校，博士学位论文，2012年。

卢光盛：《地区主义视野中的东盟经济合作》，复旦大学，博士学位论文，2006年。

茅海燕：《建构主义视野中的国际无政府状态》，苏州大学，硕士学位论文，2003年。

彭俏：《建交以来的中国与文莱关系》，广东外语外贸大学，硕士学位论文，2016年。

桑巴特（KEM SAMBATH）：《中国的"和谐世界"政策及其对中国—东南亚国家关系的启示》，吉林大学，硕士学位论文，2012年。

王玉主：《亚太地区：开放的地区主义》，中国社会科学院研究生院，硕士学位论文，2000年。

尹君：《冷战后中日在湄公河地区竞争与合作研究》，云南大学，硕士学位论文，2011年。

赵俊:《论国际关系中的文化因素》, 山东师范大学, 硕士学位论文, 2004 年。

赵杨:《克拉托赫维尔规范建构主义理论研究》, 中国人民大学, 硕士学位论文, 2009 年。

周罕雯:《中国对东盟直接投资对我国总出口及劳动密集型产品出口影响的实证研究》, 上海交通大学, 硕士学位论文, 2014 年。

二　外文文献

Agmon, T., Who Gets What: The MNE, the National State and the Distributional effects of Globalization, *Journal of International Business Studies*, Vol. 34, No. 5, 2003, pp. 416 – 427.

Amitav Acharya, *The Quest for Identity: International Relations of Southeast Asia*, London: Oxford University Press, 2000.

Beeson, M., ASEAN Plus Three and the Rise of Reactionary Regionalism, *Contemporary Southeast Asia A Journal of International & Strategic Affairs*, Vol. 25, No. 2, 2003, pp. 251 – 268.

Bjereld, U., Demker, M., Foreign Policy as Battlefield: A Study of National Interest and Party Motives, *Scandinavian Political Studies*, Vol. 23, No. 1, 2010, pp. 17 – 36.

Ciorciari, J., D., The Balance of Great-power Influence in Contemporary Southeast Asia, *International Relations of the Asia-Pacific*, Vol. 9, No. 1, 2008, pp. 157 – 196.

David, I., Steinberg, *Burma/Myanmar, What Everyone Needs to Know*, London: Oxford University Press, 2010.

David, I., Steinberg, Burma, *The State of Myanmar*, Washington. D. C: Georgetown University Press, 2001.

Derek da Cunha, *Southeast Asian Perspective on Security*, Singapore: Institute of Southeast Asian Studies, 2000.

Gerard Ruggie, J., Katzenstein, P. J., Keohane, R. O., et al., Transformations in World Politics: The Intellectual Contributions of Ernst B. Haas, *Annual Review of Political Science*, Vol. 8, No. 51, 2005, pp. 271 – 296.

Ghauri, P., Harris, S., Strategy Formation by Business Leaders: Exploring the Influence of National Values, *European Journal of Marketing*, Vol. 34, No. 2, 2000, pp. 126 – 142.

Goh, Evelyn, Great Powers and Hierarchical Order in Southeast Asia: Analyzing Regional Security Strategies, *International Security*, Vol. 32, No. 3, 2008, pp. 113 – 157.

Graff, D. A., Cultural Realism: Strategic Culture and Grand Strategy in Chinese History (review), *China Review International*, Vol. 4, No. 2, 1997, pp. 450 – 453.

Harvey, M. G., Kiessling, T. S., Richey, R. G., Global Social Time Perspectives in Marketing: a Strategic Reference Point Theory Application, *International Marketing Review*, Vol. 25, No. 2, 2008, pp. 146 – 165.

Jones, M. E., Forging an ASEAN Identity: The Challenge to Construct a Shared Destiny, *Contemporary Southeast Asia A Journal of International & Strate*, Vol. 26, No. 26, 2004, pp. 140 – 154.

Joseph, S., Nye. Jr. & David A. Welch, Understanding Global Conflict and Cooperation: An Introduction to Theory and History, 8thed., *Pearson Education Asia Ltd.*, 2012.

Jurgen Haaccke, *ASEAN's Diplomatic and Security Culture Origins*, London. Routledge Cuzon, 2003.

Langlois, A. J., The ASEAN Intergovernmental Commission on Human Rights: Institutionalising Human Rights in Southeast Asia, *Australian Journal of International Affairs*, Vol. 67, No. 1, 2013, pp. 123 – 124.

Lingjie Kong, The Belt and Road Initiative and China's Foreign Policy Toward Its Territorial and Boundary Disputes, *China Quarterly of International Strategic Studies*, Vol. 1, No. 2, 2015, pp. 325 – 345.

Liu, H., Wuzhati, Y., Wang, C., Impacts of the Belt and Road Initiative on the spatial pattern of territory development in China, *Progress in Geography*, Vol. 29, No. 11, 2015, pp. 2080 – 2087.

Mallory, W. H., Chinese Minorities in Southeast Asia, *Foreign Affairs*, Vol. 34, No. 2, 1956, pp. 258 – 270.

Masviriyakul, S., Sino-Thai Strategic Economic Development in the Greater Mekong Subregion (1992 – 2003), *Contemporary Southeast Asia*, Vol. 26, No. 2, 2004, pp. 302 – 319.

Rothstein, R. L., Global Bargaining, *Foreign Affairs*, Vol. 32, No. 32, 2015, pp. 988 – 989.

Roy, D., China and Southeast Asia: ASEAN Makes the Best of the Inevitable (Asia-Pacific Security Studies. Volume 1, Number 4, November 2002), 2002.

Roy, D., Lukewarm Partner: Chinese Support for U. S. Counter-Terrorism in Southeast Asia, *Contributions of the Society for Research on Meteorites*, Vol. 3, No. 8, 2006, pp. 59 – 61.

Roy, D., Southeast Asia and China: Balancing or Bandwagoning? *Contemporary Southeast Asia A Journal of International & Strate*, Vol. 27, No. 2, 2005, pp. 305 – 322.

Ryu, Y., Identity and Security Identity Distance Theory and Regional Affairs in Northeast and Southeast Asia, *Dissertations & Theses-Gradworks*, Vol. 220, No. 4, 2012, pp. 321 – 322.

Snedden, C., South and Southeast Asia: Responding to Changing Geo-Political and Security Challenges, *Australian Journal of International Affairs*, Vol. 67, No. 1, 2013, pp. 119 – 120.

Sokolsky, B. R., Rabasa, A., Neu, C. R., *The Role of Southeast Asia in U. S. Strategy toward China*, 2001, pp. 1 – 4.

Sun, H. H., International Political Marketing: A Case Study of United States Soft Power and Public Diplomacy, *Journal of Public Affairs*, Vol. 8, No. 3, 2008, pp. 165 – 183.

Tow, W. T., Asia's Competitive "Strategic Geometries": The Australian Perspective, *Contemporary Southeast Asia*, Vol. 30, No. 1, 2008, pp. 29 – 51.

Wagner-Pacifici R., The Innocuousness of State Lethality in an Age of National Security, *South Atlantic Quarterly*, Vol. 107, No. 3, 2009, pp. 4459 – 483.

Womack, B., China Among Unequals, Asymmetric Foreign Relationships in Asia, World Scientific, 2010.

Yeo, L. H., "Can the EU be a Serious Security Actor in Asia?", *Asia Europe Journal*, Vol. 11, No. 4, 2013, pp. 465 – 467.

Yilmaz, S., Liu, C., The Rise of New Eurasianism: China's "Belt and Road Initiative" and Its Implications for Euro-Atlanticism, *China Quarterly of International Strategic Studies*, Vol. 2, No. 3, 2016, pp. 401 – 419.

三　网络文献

《打造牢不可破的中老命运共同体》，人民网，http://politics.people.com.cn/n1/2017/1107/c1001 – 29630825.html?form = rect。

《第19次中国 – 东盟领导人会议暨中国—东盟建立对话关系25周年纪念峰会联合声明》，中国一带一路网，https://www.yidaiyilu.gov.cn/zchj/sbwj/2403.htm。

《共建"一带一路"：理念实践与中国的贡献》，中国一带一路网，https://www.yidaiyilu.gov.cn/zchj/qwfb/12658.htm。

《共建"一带一路"：理念、实践与中国的贡献》，中华人民共和国国家发展和改革委员会网站，http://www.ndrc.gov.cn/gzdt/201705/t20170511_847228.html。

《共建中国—中南半岛经济走廊倡议书》，中国一带一路网，https://www.yidaiyilu.gov.cn/zchj/sbwj/10456.htm。

《澜沧江—湄公河国家产能合作联合声明》，中国一带一路网，https://www.yidaiyilu.gov.cn/zchj/sbwj/2423.htm。

《澜沧江—湄公河合作首次领导人会议三亚宣言》，中国一带一路网，https://www.yidaiyilu.gov.cn/zchj/sbwj/8120.htm。

《落实中国—东盟面向和平与繁荣的战略伙伴关系联合宣言的行动计划（2016—2020）》，中国一带一路网，https://www.yidaiyilu.gov.cn/zchj/sbwj/8115.htm。

《商务部：中泰铁路合作达成多项共识》，新华网，http://www.xinhuanet.com//world/2015 – 10/08/c_128297602.htm。

《推动共建丝绸之路经济带和21世纪海上丝绸之路的愿景与行动》，中国一带一路网，https://www.yidaiyilu.gov.cn/yw/qwfb/604.htm。

《习近平关于实现中华民族伟大复兴的中国梦论述》，中国共产党新闻网，

2019 年 1 月 31 日，http：//theory. people. com. cn/n/2013/1205/c40555 - 23756883. html。

《习近平会见菲律宾总统杜特尔特》，新华网，http：//www. xinhuanet. com//world/2017 - 11/11/c_1121941116. htm。

《习近平会见柬埔寨国王西哈莫尼和太后莫尼列》，新华网，http：//www. xinhuanet. com/world/2017 - 03/06/c_1120578626. htm。

《习近平会见缅甸国务资政昂山素季》，新华网，http：//www. xinhuanet. com//politics/2017 - 12/01/c_1122045014. htm。

《习近平会见新加坡总理李显龙》，新华网，http：//www. xinhuanet. com//politics/2018 - 04/10/c_1122662387. htm。

《习近平会见印度尼西亚总统佐科》，新华网，http：//www. xinhuanet. com//world/2016 - 09/02/c_1119502818. htm。

《习近平会见越南国会主席阮氏金银》，新华网，http：//www. xinhuanet. com//world/2017 - 11/13/c_1121943421. htm。

《习近平谈"一带一路"》，人民网，http：//politics. people. com. cn/n1/2017/0412/c1001 - 29203823. html。

《习近平："一带一路"建设不是另起炉灶、推倒重来》，新华网，http：//www. xinhuanet. com/world/2017 - 05/14/c_129604248. htm。

《"一带一路"国际合作高峰论坛圆桌峰会联合公报》，中国一带一路网，https：//www. yidaiyilu. gov. cn/zchj/sbwj/13687. htm。

《中华人民共和国和柬埔寨王国联合声明》，中国一带一路网，https：//www. yidaiyilu. gov. cn/zchj/sbwj/7270. htm。

《中华人民共和国和柬埔寨王国联合新闻公报》，中国一带一路网，https：//www. yidaiyilu. gov. cn/zchj/sbwj/13962. htm。

《中华人民共和国和老挝人民民主共和国联合公报》，中国一带一路网，https：//www. yidaiyilu. gov. cn/zchj/sbwj/1719. htm。

《中华人民共和国和马来西亚联合声明》，中国一带一路网，https：//www. yidaiyilu. gov. cn/zchj/sbwj/2415. htm。

《中华人民共和国政府和哈萨克斯坦共和国政府关于"丝绸之路经济带"建设与"光明之路"新经济政策对接合作规划》，中国一带一路网，https：//www. yidaiyilu. gov. cn/yw/qwfb/2163. htm。

《中老联合声明》,中国一带一路网,https://www.yidaiyilu.gov.cn/zchj/sbwj/2410.htm。

《中越联合公报》,中国一带一路网,https://www.yidaiyilu.gov.cn/zchj/sbwj/13556.htm。